Günter Öhrlich

Synchronisierung der Herzen

Im Rhythmus des Himmels leben

GloryWorld-Medien

1. Auflage 2022

Bibelzitate sind, falls nicht anders gekennzeichnet, der Elberfelder Bibel, Revidierte Fassung von 2006, entnommen. Weitere Bibelübersetzungen:

LUT: Lutherbibel, Revidierte Fassung von 2017
SLT: Schlachter 2000
NLB: „Neues Leben. Die Bibelübersetzung", Holzgerlingen, 2017

Das Buch folgt den Regeln der Deutschen Rechtschreibreform. Die Bibelzitate wurden diesen Rechtschreibregeln angepasst.

Lektorat: Klaudia Wagner
Satz: Manfred Mayer
Umschlaggestaltung: Jens Neuhaus, www.7dinge.de
Foto: pixabay
Druck: arkadruk.pl

Printed in the EU

ISBN: 978-3-95578-609-0
Bestellnummer: 356609

Erhältlich beim Verlag:

GloryWorld-Medien
Beit-Sahour-Str. 4
D-46509 Xanten
Tel.: 02801-9854003
Fax: 02801-9854004
info@gloryworld.de
www.gloryworld.de

oder in jeder Buchhandlung

Stimmen zum Buch

In wunderbarer Einfachheit und Klarheit schreibt Günter Öhrlich über seine Einsichten in das Herz Gottes. Seine geistlichen Erfahrungen sind lebensnah und echt. Beim Lesen hat man den Eindruck: Hier schreibt jemand, der in einer tiefen Freundschaft mit Gott lebt. Das Buch hat mich sehr berührt!

Dr. Christoph Schrodt, Theologe, Dozent und Autor

Günter Öhrlich nimmt mit auf eine leidenschaftliche Entdeckungstour: Ein Reiseführer zum Herzen Gottes, der uns einlädt zu tieferem Vertrauen, größerer Hingabe und einem lebenslangen Weg der Transformation.

Ulrich Eggers, 1. Vorsitzender *Willow Creek Deutschland*

Dieses Buch erscheint zur genau passenden Zeit. Die ganze Welt verstrickt sich in Alltagssorgen und gibt der Angst Raum. Gottes guter Geist leitet uns aber in eine andere Richtung: „Finde Ruhe, Geborgenheit und Frieden in der Nähe deines guten Gottes. Bewahre dein Herz. Ja, bringe es in Einklang mit dem Herzen Gottes."

Dazu lädt uns Günter Öhrlich sehr persönlich ein – biblisch gut fundiert und vor allem selbst durchlebt und im Alltag bewährt. Für viele Leser wird dadurch eine Reise tiefer ins Herz Gottes – und auch in das eigene – beginnen. Andere werden ermutigt, ihren Weg weiterzugehen.

Matthias Hoffmann, VATERHERZ BEWEGT

Beim Lesen dieses Buches ging es mir so, dass ich innerlich eingetaucht bin in die Gnade und Herrlichkeit des lebendigen Gottes. Sein Herz wird uns hier in ganz unterschiedlichen Facetten beschrieben. Für mich ist Gott wie ein herrlicher, facettenreicher, reiner Diamant – je nachdem, woher das Licht gerade kommt, wird eine andere Facette hervorgehoben. Dadurch wurde mein Herz mit Gottes Herz synchronisiert!

Susanne Plessing, Beratende Seelsorgerin (ICL)

Dieses Buch ist ein Volltreffer in das Herz eines jeden Lesers, der unseren himmlischen Vater nicht mit dem Kopf, sondern mit dem Herz kennenlernen möchte. Eine der großen Lasten, die wir Christen tragen, ist, dass wir der glaubensdistanzierten Welt nur das geistliche Leben von Kopf zu Kopf gelehrt haben und nicht von Herz zu Herz. Und vor lauter „Lehre" über Gott haben wir „Leere" über Gott erzeugt! Ich freue mich sehr, dass dieses Buch einen völlig anderen Ansatz hat, und bin mir sicher, dass sein Inhalt viele Herzen neu erfüllen und beleben wird!

Uwe Dahlke, *Life Journeys Ministries*

Inhalt

Widmung und Dank

Ich widme dieses Buch meinen Glaubensbrüdern und Freunden Ole Wanner und Wolfgang Schuler, die mein Leben auf besondere Weise bereichert haben; zwei Jesus-Liebhaber aus unterschiedlichen Generationen, die durch eine Leidenszeit hindurch nun in der ewigen Gegenwart ihres Jesus und Abba-Vaters sein dürfen. Beide haben mich auf unterschiedliche Weise gelehrt, dass Glaube immer etwas mit Leidenschaft zu tun hat, die sich im Sichtbaren auswirkt. Ihr zwei Wegbegleiter: Wir sehen uns wieder!

Von Herzen danke ich allen Weggefährten meines Lebens. Ich bin gesegnet darin, dass viele Menschen mein Leben auf unterschiedliche Weise bereichern. Danke für eure Freundschaft.

Meiner Frau Katrin und meinen fünf wunderbaren Kindern verdanke ich so vieles. Ihre Liebe, Geduld und Ermutigung kann ich nicht genug wertschätzen. Ihr macht mein Leben reich: Ich liebe euch!

Vor allem danke ich meinem Gott – dem Vater, dem Sohn und dem Heiligen Geist. Er hat mein Herz tief berührt, und aus seiner Liebe und Gnade lebe ich. Mit diesem wunderbaren Gott das Leben zu gestalten, ist das Kostbarste, was es gibt.

Wir alle aber schauen mit aufgedecktem Angesicht die Herrlichkeit des Herrn an und werden so verwandelt in dasselbe Bild von Herrlichkeit zu Herrlichkeit, wie es vom Herrn, dem Geist, geschieht (2. Korinther 3,18).

... bis Christus in euch Gestalt gewonnen hat (Galater 4,19b).

Vorwort

Als ich im Jahr 2018 damit begann, diese Gedanken aufzuschreiben, war ich mir noch nicht sicher, sie in einem Buch veröffentlichen zu wollen. Es gab zwar immer wieder Impulse von Menschen, die mich ermutigten, in diese Richtung zu gehen, aber es waren am Anfang Schritte ins Ungewisse. Es sollte ein Projekt der Gelassenheit und nicht der Verkrampfung werden. Daher entschloss ich mich zunächst, diese Zeilen einfach für mich zu schreiben und ich ließ es offen, ob Gott sie auch für andere gebrauchen mochte. Nun bin ich absolut dankbar, dass es möglich wurde, dir, liebe Leserin und lieber Leser, etwas von meinem Leben, meinen Gedanken und vor allem vom Herzen Gottes zu offenbaren.

Dieses Buch ist keine theologische Abhandlung, sondern ein persönlicher Blick ins Herz Gottes, gegründet in den Wahrheiten der Bibel. Mir ist klar, dass dies nur ein subjektiver Ausschnitt gelebter Nachfolge ist. Mein Gebet ist es, dass du beim Lesen etwas vom Sound des Reiches Gottes hörst, in dessen Mitte das Herz Gottes ist.

Ich weiß nicht mehr, wann bzw. wo es war, aber ich erinnere mich noch sehr genau, was Gottes Geist hinsichtlich meiner Berufung zu mir sagte: „Du bist mein Herzensoffenbarer. Günter, deine Berufung ist es, mein Herz zu erfassen und dieses Herz in dieser Welt zu offenbaren. Das ist der Fokus – alles andere ist Beiwerk." Mir war klar: Bevor ich etwas weitergeben kann, brauche ich selbst eine tiefe Offenbarung des Herzens Gottes. Es ist ein Herz, das so unerschöpflich ist und sich dennoch zu erkennen gibt.

Unser Leben fühlt sich häufig sehr komplex an. Die wirklich wichtigen Dinge sind jedoch einfach – nicht naiv, aber einfach.

Wir verkomplizieren häufig die Dinge des Lebens und verheddern uns darin. Ich hoffe, dass du durch das Buch zweierlei entdeckst:

- Das Herz Gottes ist nicht kompliziert
- und dein eigenes Herz daran auszurichten, wird dein Leben auf tiefe Weise positiv verändern.

Einleitung

Latrun, Israel, im April 2018

Vielleicht kennst du das auch: Eine Sehnsucht beginnt sich im Inneren zu regen. Zuerst ganz leise, kaum hörbar. Doch in stillen Momenten nimmst du sie zusehends wahr. Mit der Zeit wächst sie. Sie wird größer, und immer öfter denkst du an sie, trotz all der Hektik des Alltags. Und irgendwann bricht sie durch und lässt dich nicht mehr los.

So war es für mich im Jahr 2017. Ich feierte meinen 50. Geburtstag. Seit 15 Jahren war ich Pastor einer dynamischen Gemeinde. Etliche Veränderungen, die ich zum Teil selbst initiiert hatte, und eben der ganz normale Gemeindealltag hatten ihre Spuren hinterlassen. Ich hatte keinen Burn-out, doch ich sehnte mich nach dem Frischen, dem Vertiefenden. Ich war überzeugt, dass Gott die Quelle allen Lebens ist und ich in der Begegnung mit ihm neue Inspiration erhalten würde – nicht lediglich zum Zweck meines weiteren Pastorendienstes, sondern um die Begegnung mit ihm zu suchen. ER und ich – wir beide ...

Das war die Sehnsucht, die in mir seit gut einem Jahr gewachsen war. Und nun war es so weit: Ich hatte das Privileg, drei Wochen lang in der Kommunität Latrun in Israel, die zur Jesus-Bruderschaft Gnadenthal gehört, mitleben zu dürfen. Hier leben vier Männer, sogenannte „Brüder“, ein Ehepaar und zudem Volontäre, die eine gewisse Zeit hier mitarbeiten und die Gemeinschaft genießen. Latrun liegt zwischen Tel Aviv und Jerusalem, am Rand des jüdischen Berglandes. Ich durfte ein kleines „Chalet“ auf dem Gelände bewohnen und einfach hier sein.

Ich war so dankbar, dass diese innere Sehnsucht nun Raum bekam, und gespannt, wie mir der lebendige Gott begegnen würde. Ich war hier, und ER war auch hier. ER ist Jahwe, der „ICH BIN“ und der „ICH WERDE DA SEIN“. Das reichte aus.

Diese drei Wochen wurden zu einer der kostbarsten Zeiten meines Lebens. Es war ein Aufatmen meiner Seele, frei zu sein von aller Verpflichtung und Verantwortlichkeit. Ich empfand dies als ein riesiges Geschenk meines Gottes an mich. Die Menschen in Latrun, die Wanderungen in der wunderbaren Natur, die Gebetszeiten in der Kapelle, die stillen Gebete in der Nacht, die inspirierenden Gespräche mit den Geschwistern, die überraschenden Begegnungen mit besonderen Menschen, die Impulse aus Büchern (allen voran von Teresa von Avila), das Lesen meiner Tagebücher (und dabei das Bewusstwerden all der Segnungen, die ich bisher schon erlebt hatte), das Reden meines Gottes und einfach der tiefe Schalom, der sich um mein Herz legte – all dies und noch manches mehr ergoss sich in solchen Strömen des Segens, dass mein Inneres sie gar nicht fassen konnte. Es quoll einfach über, und mein Jesus sagte zu mir: Gut so! Genieße es!

Mein Fazit dieser Zeit würde ich so beschreiben: Eine befreite Seele, die sich neu in Gottes Liebe gründete. Ich wurde reich gesegnet mit viel neuem Wind unter den Flügeln meines Lebens, und mein Herz kam wieder in einen himmlischen Rhythmus. Ich erlebte die Gnade, dass sich mein Herz auf neue Weise an das Herz Gottes anglich – sich mit dem seinen synchronisierte. Immer wieder bewegten mich die Worte ICH BIN; Jesus sagte diese sehr oft. Im Englischen heißen sie „I am“. Wenn man die Buchstaben umstellt, kommt man zu dem Wort „aim“, was so viel wie „Ziel“ bedeutet. Das Ich-Bin ist das Ziel! Nicht das Tun und was ich einmal sein werde, sondern das gegenwärtige Sein ist schon das Ziel. Nicht im Sinne von Fertig-Sein – es gibt noch so vieles, was werden darf –, aber im Sinne von Ruhen in dem Gegenwärtigen. Wir sind oft so rastlos,

Das Ich-Bin ist das Ziel! Nicht das Tun und was ich einmal sein werde, sondern das gegenwärtige Sein ist schon das Ziel.

weil noch so vieles nicht ist, anstatt über das dankbar zu sein und darin zu ruhen, was bereits geworden ist. Gott hat mich in der Zeit in Israel ganz neu im gegenwärtigen Sein gesegnet. Es ist nichts Statisches, das ich festhalten oder konservieren müsste, sondern es ist ein freudiges Innehalten an dem, was jetzt ist.

Für die Zeit in Israel war neben der Sehnsucht nach einer neuen Gottesbegegnung in mir der Wunsch immer stärker gewachsen, ein Buch über Nachfolge zu schreiben. Seit 35 Jahren darf ich glauben und mit Jesus leben. Vieles habe ich schon über Nachfolge gehört und ebenso viel selbst darüber gelehrt. Doch was ist wirklich der Kern der Nachfolge? Sind es Überzeugungen? Sind es die Taten? Meine Definition lautet:

Nachfolge ist der Prozess, das eigene Herz mit dem Herzen Gottes zu synchronisieren.

Was heißt Synchronisierung? Das Wort besteht aus zwei griechischen Wörtern: „syn“ (= zusammen) und „chronos“ (= Zeitspanne). Daher meint Synchronisierung das Abgleichen von Vorgängen. Aus dem Schwimmsport ist das Synchronspringen bekannt. Zwei springen gleichzeitig vom Sprungbrett oder vom Sprungturm und achten darauf, dass der Ablauf des Sprunges identisch ist. Die Wertung hängt zum einen vom Schwierigkeitsgrad ab und zum anderen, ob der Sprung synchron verlief. Auch beim Rudersport ist die Synchronisierung enorm wichtig. Sie müssen es lernen, im gleichen Takt zu rudern, um ein Schlingern des Bootes zu vermeiden. Nur im Einklang miteinander können die Ruderer Erfolg haben.

Ich bin in einem kleinen schwäbischen Dorf aufgewachsen. In dessen Mitte steht die Dorfkirche mit einer übergroßen Uhr an ihrem Giebel. In der Zeit vor Radio, TV, Internet, Funkuhr usw. hatte diese Kirchenuhr eine besondere Bedeutung. Die Dorfbewohner synchronisierten ihre Taschenuhren mit der Kirchenuhr. Sie war die Orientierung, und wehe sie ging falsch, dann bestand die Gefahr, dass viele Uhren im Dorf durcheinanderkamen. Nehmen wir dieses Bild von der Kirchenuhr für das Herz Gottes. Nachfolge ist demnach der Prozess, das eigene Herz am Herzen Gottes auszurichten – mein Herz mit dem seinen zu synchronisieren.

Vor Kurzem las ich, dass, obwohl das Herz eines ungeborenen Kindes schneller schlägt als das der Mutter, es versucht, sich an den Herzrhythmus der Mutter anzupassen. Es findet daher immer wieder eine kurzfristige Synchronisierung statt. In Aufzeichnungen wurde festgestellt, dass das Herz des Kindes zwar schneller schlägt, aber es doch eine Synchronisierung höherer Ordnung gibt, beispielsweise im Verhältnis von fünf zu drei. Das hieße auf drei Herzschläge der Mutter kämen fünf des Kindes. Spannend! Das Herz des Ungeborenen sucht sich eine Orientierung – es will sich ausrichten an etwas, das schon da ist.

Im Kloster Heiligkreuztal bei Riedlingen auf der Schwäbischen Alb gibt es eine alte Skulptur, die den Jünger Johannes zeigt, wie er an der Brust Jesu ruht – angelehnt an das Bibelwort aus Johannes 13,23: *„Einer von seinen Jüngern, den Jesus liebte, lag zu Tisch an der Brust Jesu.“*

Diese Skulptur hat mich stark inspiriert. Johannes, aufgewühlt und müde von all dem Erlebten, liegt an der Brust Jesu, hört so den Herzschlag seines Meisters und kommt dabei selbst zur Ruhe. Es gibt wohl kaum einen besseren Platz als diesen, bei dem man den Herzschlag Jesu vernimmt. Dies ist auch heute noch möglich.

Ich glaube, dass viele ernsthafte Nachfolger und Nachfolgerinnen Jesu an geistlichen Herzrhythmusstörungen leiden und sich wundern, warum oftmals alles so mühsam ist. Leidenschaft des Glaubens kann sich nicht entfalten, wenn das eigene Herz holprig schlägt.

Doch die Frage ist: Wie kann das kostbare Herz, geistlich gesehen, in einen gesunden Rhythmus kommen?

Wenn Menschen Probleme mit ihrem Herzen haben, werden sie zuerst an ein EKG (Elektrokardiogramm) angeschlossen, um zu sehen, in welchem Rhythmus ihr Herz schlägt. Ich frage mich: Was würde ein EKG anzeigen, das die Fähigkeit hätte, unser inneres Herz zu untersuchen? Beim biologischen Herzen ist beides gefährlich: Ein zu langsames und ein zu schnelles Schlagen. Für das andere Herz gilt das Gleiche: Ist es träge geworden und hält das Glaubensleben gerade noch so über Wasser? Oder rast es in einem falsch verstandenen, frommen Aktionismus, verbunden mit der Gefahr, dass es zum geistlichen Infarkt kommt?

Damit ein Herz wieder in einen gesunden Rhythmus kommt, bieten sich in der Medizin vor allem zwei Möglichkeiten an: Medikamente oder ein Herzschrittmacher. Meiner Überzeugung nach gibt es für das Herz des Glaubens nur eine Behandlungsmethode, die es auf Dauer gesund schlagen lässt: Eine Synchronisierung mit dem Herzen des Schöpfers unseres Lebens.

Für Gott ist unser Herz das wichtigste Organ. Immer und immer wieder ist sein Fokus darauf ausgerichtet, dass unsere Herzen sich transformieren. In der genialen Verheißung, die Gott durch den Propheten Hesekiel ausspricht, heißt es:

> *Und ich werde euch ein neues Herz geben und einen neuen Geist in euer Inneres geben und ich werde das steinerne Herz aus eurem Fleisch wegnehmen und euch ein fleischernes Herz geben* (Hesekiel 36,26).

Gott verheißt hier eine Herztransplantation. Das liest sich so, als wäre das ein einmaliger Vorgang. Ja und Nein! Der Apostel Paulus formuliert es so:

> *Ist jemand in Christus, so ist er eine neue Schöpfung. Das Alte ist vergangen, siehe Neues ist geworden* (2. Korinther 5,17).

Ja, wir sind durch den Glauben an Christus eine neue Schöpfung geworden. Uns ist ein neues Herz geschenkt. Die Verheißung aus dem Propheten Hesekiel ist erfüllt. Doch eine weitere Wahrheit lautet: Das Neue ist geworden, aber noch nicht vollendet. Das Neue ist im beständigen Werden. Das neue Herz muss noch lernen, im Rhythmus dessen zu schlagen, der der Taktgeber allen Lebens ist: Gott selbst!

Als ich im Jahr 2015 das zweite Mal in meinem Leben nach Israel reiste (mit einer Reisegruppe unserer Gemeinde), stand ich an der Klagemauer in Jerusalem und betete. Es war ein heiliger Moment. Ich machte mir bewusst, was diese Steine schon alles gesehen hatten und wie Gott an diesem besonderen Ort auf herrliche Weise gewirkt hatte. Plötzlich vernahm ich das Reden Gottes; er sagte mir: „Günter, dein Herz bedeutet mir mehr als diese Steine." Ich war tief bewegt und Freude erfüllte mein Inneres. In Sprüche 4,23 lesen wir eine wunderbare Ermahnung Gottes, dort heißt es:

Mehr als alles, was man sonst bewahrt, behüte dein Herz! Denn in ihm entspringt die Quelle des Lebens.

Für Gott ist dein und mein Herz eine Kostbarkeit! Das Herz im biblischen Sinne ist weitaus mehr als der Sitz von Gefühlen. Das Herz ist das Zentrum des Menschseins. Auch der Ort von Überzeugungen und des Willens. Nicht die Umstände entscheiden letzten Endes über ein erfülltes Leben, sondern die Beschaffenheit des Herzens.

> *Nicht die Umstände entscheiden letzten Endes über ein erfülltes Leben, sondern die Beschaffenheit des Herzens.*

In 2. Chronik 16,9 lesen wir davon, dass die „*Augen des Herrn die Erde durchlaufen, um denen treu beizustehen, deren Herzen ungeteilt auf ihn gerichtet sind.*" Ungeteilte Herzen, sind nicht die Herzen, die immer alles richtig machen, sondern die sich ganz ihrem Gott hinhalten, sich von ihm prägen und verändern lassen. Ungeteilte Herzen sind authentische Herzen, die um ihre eigenen Schwächen und ihr Versagen wissen, die sich aber dem hinhalten, der sie von Herzen liebt und Gutes mit ihnen im Sinn hat. Wie es in dem bekannten Kirchenlied „Gott ist gegenwärtig" von Gerhard Tersteegen in Strophe sechs heißt:

> Du durchdringest alles; lass dein schönstes Lichte,
> Herr, berühren mein Gesichte.
> Wie die zarten Blumen willig sich entfalten
> und der Sonne stille halten ...

Unser Herz dem hinhalten, der es mit Liebe durchdringt und es in den Rhythmus des Himmels eintaktet ...

Das Herz des Hirtenjungen und späteren Königs David war nicht frei von Fehlhaltungen, aber es war ein Herz, das für Gott empfänglich blieb. Deshalb wurde er erwählt. Als der Prophet Samuel im Begriff war, den falschen zum König zu salben, nur weil dieser äußerlich etwas darstellte, machte Gott klar:

> *... der Mensch sieht auf das, was vor Augen ist, aber der Herr sieht auf das Herz* (1. Samuel 16,7).

Für jedes Herz gibt es Hoffnung – Hoffnung geheilt zu werden, indem es frei wird von menschlichen Zwängen und bereit ist, in die Herzensschule Gottes zu gehen. Gott hat den tiefen Wunsch, ja die klare Absicht, dass es unseren Herzen gut geht. So, und nur auf diese Weise, können wir auch zum Segen für andere werden. Sich um unser Herz zu sorgen, hat nichts mit egozentrischer Selbstverwirklichung zu tun, sondern ist eine Notwendigkeit, um die verheißene Fülle des Glaubens zu erleben und diese auch aus sich herausfließen zu lassen.

Es ist schon einige Zeit her, da fragte mich ein Freund: Wie geht es dir? Eine Allerweltsfrage, und oft wird diese ja mehr aus Höflichkeit als aus echtem Interesse gefragt. Doch ich nahm sie mit in meine Gebetszeit, weil ich sie nicht auf die Schnelle beantworten konnte. Ich erschrak – warum? Ich konnte nicht formulieren, wie es meinem Inneren, meinem Herzen ging. Ich hatte den Zugang, den Kontakt zu meinem Herzen verloren. Erst nach und nach erspürte ich, was sich im Laufe der Zeit in meinem Inneren angesammelt hatte und konnte dies meinem Gott hinhalten.

Ich glaube, eine Herzensveränderung geschieht durch eine wechselseitige Dynamik: Wenn ich einen Zugang zum Herzen

Gottes habe und dieses mehr und mehr verstehe, dann wirkt sich das auch auf die Wahrnehmung meiner Herzensbeschaffenheit aus. Gottes Geist legt behutsam unser Herz offen und offenbart gleichzeitig das Herz des Vaters. Beides fließt dann ineinander und es geschieht etwas, das man nicht unbedingt logisch erklären kann:

Das Mysterium der Herzenssynchronisierung!

Ich möchte es so zusammenfassen: Im Einklang mit dem Herzen Gottes zu leben, ist die herausfordernde Einfachheit einer lebendigen Christus-Nachfolge.

In seinem leidenschaftlichen Brief an die Gemeinden in Galatien, in dem er um die Fundamente des Glaubens ringt, beschreibt Paulus die Herzenssynchronisierung mit folgenden Worten: *„Meine Kinder, um die ich abermals Geburtswehen erleide, bis Christus in euch Gestalt gewonnen hat ...“* (Galater 4,19). Ich würde es so umschreiben: Das Herz des Christus soll euer Herz prägen, und dies wird dann sichtbar werden.

> *Im Einklang mit dem Herzen Gottes zu leben, ist die herausfordernde Einfachheit einer lebendigen Christus-Nachfolge.*

Es geht um mehr als um „What would Jesus do?“ (Was würde Jesus tun?). Es ist immer gut, in Entscheidungen Jesus zu fragen, und wenn es Antworten darauf gibt, auch danach zu handeln. Aber es geht um etwas viel Tieferes, als um das Richtigmachen. Es geht darum, in unserem Herzen den „Herzschlag“ Jesu wahrzunehmen und uns auf diesen Rhythmus einzustellen. Dann kommt das sichtbare Handeln nicht aus einem mühsamen Ringen hervor, sondern ist Ausfluss einer tiefen Herzensverbundenheit.

Die Gebetszeiten, von denen die Evangelien berichten, die Jesus mit seinem Vater verbrachte, waren sicher keine Besprechungen nach Tagesordnungspunkten, sondern ein Herzensaustausch bzw. eine Herzenssynchronisierung. In Hebräer

1,3 steht eine wunderbare Beschreibung über Jesus Christus: *„Er ist die Ausstrahlung seiner Herrlichkeit und Abdruck seines Wesens (Gottes).“* Der unsichtbare, ewige Gott enthüllt sich in Jesus. Im Griechischen heißt das Wort „Abdruck“ „Charakter“. Weil das Herz Jesu vollkommen mit dem Herzen des Vaters synchronisiert ist, kann man an ihm den Charakter, das Wesen Gottes sehen. Jesus war nicht überheblich, wenn er sagte: *„Wer mich sieht, sieht den Vater“* (Johannes 14,9).

Wie geschieht die Veränderung unserer Herzen? Krampfhafte fromme Anstrengungen führen nicht zum Ziel, sondern verhindern geradezu die Herzenssynchronisierung. Den Hauptschlüssel, den ich bei Jesus sehe, beschreibt Paulus so:

> *Wir alle aber schauen mit aufgedecktem Angesicht die Herrlichkeit des Herrn an und werden so verwandelt in dasselbe Bild von Herrlichkeit zu Herrlichkeit, wie es vom Herrn, dem Geist, geschieht* (2. Korinther 3,18-19).

Hören wir diese Botschaft? Verwandlung unseres Seins geschieht nicht in erster Linie durch unser Tun, sondern durchs Anschauen. Wir werden zu dem, was wir anschauen. Und Gott lädt dich und mich ein, immer wieder unseren Fokus auf ihn zu richten. Indem wir ihn anschauen, geschieht Veränderung – ja, es werden unsere Herzen mit seinem Herzen synchronisiert.

Besondere Jesus-Erlebnisse

Es war im April 2016, als ich drei Tage lang in „Kanaan“ zu Gast war. „Kanaan“, so nennt die evangelische Kommunität der Marienschwestern in Darmstadt ihr Gelände. Die Kommunität wurde von Schwester Basilea Schlink und Schwester Martyria Madauss nach dem 2. Weltkrieg gegründet. In all der Trostlosigkeit nach der furchtbaren Kriegszeit sollte es ein Ort der Hoffnung werden. Das wurde er und ist er bis zum heutigen Tag. Durch etliche Wunder wurde die Kommunität aufgebaut und ist seit vielen Jahren ein spezieller Ort gelebter

Spiritualität. Schwerpunkte sind das Gebet und der Versöhnungsdienst. Besonders die Beziehung zum jüdischen Volk liegt der Schwesternschaft auf dem Herzen.

Da war ich nun und genoss diese kurze Auszeit. Es sollte eine Zeit werden, in der ich zwei ganz besondere Erfahrungen machen durfte, die meine Gottesbeziehung nachhaltig veränderten.

Auf dem Gelände der Marienschwestern gibt es einen sogenannten Leidensgarten. In mehreren Stationen wird der Leidensweg Jesu ans Kreuz nachgezeichnet. An einem Abend, es war schon dämmrig, ging ich durch diesen Leidensgarten. Ich hörte ruhige Lobpreismusik. Dann blieb ich vor einer Skulptur stehen, die Jesus darstellt, wie er im Garten Gethsemane auf den Knien an einem Felsen betet und seinen Vater bittet, ihm das bevorstehende Leiden zu ersparen. Plötzlich drängte es mich, mich neben Jesus niederzuknien und ihm tröstend mit meiner Hand über den Kopf zu streichen. Was dann geschah, kann ich kaum mit Worten beschreiben:

Es war so, dass sich mein Herz mit dem Herzen Jesu verband. Ich hatte eine tiefe, bisher nie dagewesene Einsicht, wie es damals um das Herz Jesu bestellt war. Alles, was ich bisher über das Geschehen wusste und selbst gepredigt hatte, wurde zu einem zutiefst eigenen Erleben. Meine Reaktion? Ich konnte nur weinen – unaufhörlich weinen. Ich spürte den Schmerz im Herzen Jesu, den Weg ans Kreuz zu gehen, seine Angst vor all dem Hass, dem Spott, den Schmerzen. Was aber das Herz Jesu am meisten aufwühlte, war, dass er die Nähe seines Vaters für eine gewisse Zeit nicht spüren würde.

Als ich den Blick in sein Herz geschenkt bekam, wollte ich nur eines: ihn trösten, indem ich mitweinte und meine Hand auf sein Haupt legte. Ich weiß nicht mehr genau, wie lange ich dort verharrte; es war schon dunkel, als ich den Leidensgarten verließ. Eines kann ich bezeugen: Dieses Erleben, diese tiefe Verbundenheit mit dem Herzen Jesu, war einer der heiligsten Momente, die ich je in meinem Leben erfahren habe. Es war ein Moment voller Liebe – einer Liebe, die nur schwer zu beschreiben ist. Paulus formuliert diese Liebe so: Lasst uns *„erkennen, die die Erkenntnis übersteigende Liebe des Christus“* (Epheser 3,19).

In Psalm 62,9 werden wir eingeladen, unser Herz vor Gott auszuschütten. Was für ein Geschenk, dass ich Gott mein Herz hinhalten darf! Ist es jedoch nicht so, dass Gott genau das Gleiche mit seinem Herzen tun möchte? Dass er sein Herz vor mir ausschütten will? Unsere Gebetszeiten sind einseitig, wenn nur wir ihm sagen, was uns bewegt, und nicht wahrnehmen, was ihn bewegt. Er will reden, uns an seinem Herzen, seinen Absichten teilhaben lassen. Seine Worte sind wie Perlen, die nicht einfach so am Wegesrand herumliegen, sondern um ihrer Kostbarkeit willen sind sie verborgen und wollen gesucht werden. Es ist eine Verborgenheit, die nur darauf wartet, enthüllt zu werden. Der Prophet Jeremia drückt Gottes Herzenswunsch so aus:

Unsere Gebetszeiten sind einseitig, wenn nur wir ihm sagen, was uns bewegt, und nicht wahrnehmen, was ihn bewegt.

> *Rufe mich an, dann will ich dir antworten und will dir Großes und Unfassbares mitteilen, das du nicht kennst* (Jeremia 33,3).

Bei den Marienschwestern ging ich auf ihren „Berg Tabor“, eine kleine Anhöhe auf dem Gelände. Dort stellte ich Jesus folgende Frage: „An was erfreut sich dein Herz? Und an was leidet dein Herz?“ Ich schlug mein Tagebuch auf und begann die Impulse aufzuschreiben.

Ich war erstaunt, wie schnell sich die Seiten in meinem Tagebuch füllten. Jesus freute sich über diese Frage, und ich nahm wahr: Er hatte ein „Mitteilungsbedürfnis“.

Wir brauchen eine Offenbarung des Herzens Gottes, wenn wir wollen, dass sich unsere Herzen mit dem seinen synchronisieren. Im Folgenden werde ich etliche Herzensoffenbarungen

Gottes beschreiben, die ich im Laufe der letzten Jahre empfangen habe. Beim intensiven Durchlesen meiner Tagebücher der letzten zehn Jahre durfte ich erkennen, dass Gott immer wieder zu mir geredet hat, sei es durch sein geschriebenes Wort oder auch durch das direkte Reden des Geistes.

Klar ist: Das, was ich hier schreibe, umfasst nur einen Teil des Herzens Gottes. Nie kann einer sagen: „Ich habe das Herz Gottes erfasst." Da gibt es immer wieder Neues zu entdecken. Das „Suchen" im Sinne von vertieftem Verständnis des Herzens Gottes ist eine bleibende, heilige Angelegenheit.

In dem biblischen Buch „Hohelied" wird eine Episode geschildert, die auf wunderbare Weise etwas von der Herzenshaltung Gottes offenbart (vgl. Hohelied 5,2-8). Der Geliebte klopft in der Nacht an die Haustür seiner Braut. Als sie jedoch die Tür öffnet, ist er nicht mehr da. Sie zieht sich an und geht hinaus in die Nacht, um ihren Geliebten zu suchen. Obwohl sie Gefahren ausgesetzt ist, lässt sie sich nicht abhalten. Es ist eine leidenschaftliche Suche.

> *Wenn Gott sich vor uns verbirgt, dann will er kein Spiel mit uns spielen, sondern uns aus der – manchmal frommen – Gleichgültigkeit herausführen.*

Warum hat sich der Geliebte verborgen? Will er seine Braut in Stress bringen? Ich vermute, es ist ein Anreiz zur Suche, zum Sehnen nach der tiefen Gemeinschaft mit dem Geliebten. Wenn Gott sich vor uns verbirgt, dann will er kein Spiel mit uns spielen, sondern uns aus der – manchmal frommen – Gleichgültigkeit herausführen, hinein in ein neues Sehnen nach ihm. Unser Herz soll ein Herz der Suche nach dem Geliebten sein.

Suchen ist kein verzweifeltes Fragen: „Wo bist du?", sondern die Bitte: „Herr, führe mich in die verborgene Vertrautheit."

Mein Gebet ist: „Mein Gott, ich will ein Suchender bleiben." Das „Finden" Gottes ist keine einmalige Sache (wie langweilig wäre das und unangemessen gegenüber der Schönheit und Größe Gottes), sondern immer Teil einer lebendigen Nachfolge. In

Psalm 69,33 finden sich folgende Worte: Ihr, *„die ihr Gott sucht, euer Herz soll leben."* Das Suchen ist der Ausdruck eines lebendigen Herzens. Das Herz eines Suchenden gefällt dem Herrn.

In Johannes 3 wird uns das Nachtgespräch zwischen Jesus und Nikodemus berichtet. Nikodemus war ein angesehener und sicher auch weiser Schriftgelehrter und Pharisäer. Aber er war auch ein Mann voller Fragen. Vielleicht aus Scham vor anderen kam er in der Nacht zu diesem Wanderprediger. Seine Fragen zeugten von einer Sache: Er war ein Suchender. Er hatte diesen Jesus noch nicht in die Schublade „Irrlehrer" gesteckt, sondern wollte ihn tiefer verstehen. Auch wenn Jesus ihn herausforderte, so bin ich überzeugt, dass er sich an ihm freute. Diesem suchenden Pharisäer offenbarte Jesus tiefe Wahrheiten. Wahrheiten über eine geistliche Neugeburt und über die Liebe des Vaters im Himmel. Nikodemus hatte daran schwer zu knabbern, aber in seinem Herzen wurde Leben eingepflanzt. Warum? Weil er ein Suchender war.

Martin Schleske, dessen Bücher „Der Klang" und „Herztöne" mich sehr inspiriert haben, schreibt: „Viele sagen, sie hätten Gott gefunden und haben sich damit auch abgefunden."[1] Als wäre das Finden Gottes etwas Statisches. Etwas, das man hat! Aber Gott kann man nie „haben", sondern nur auf der Ebene einer Herzensbeziehung erleben.

Immer wieder stelle ich Gott folgende Frage: Vater, Abba – mein Gott, was bewegt dich? Als ich das mal wieder tat, empfand ich folgende Antwort: „Mein Sohn, das werde ich sehr selten gefragt. Ich soll meist nur absegnen, was der Mensch sich vornimmt (auch fromm vornimmt). Alles in der Schöpfung läuft in meinem Takt. Nur der Mensch ist für mich eine echte Herausforderung. Ich will ihn durchdringen, aber er zieht sich ständig zurück. Oft höre ich den Ruf: ‚Herr, verändere mich!' Aber es ist so, als ob einer sagt: ‚Ich möchte braun werden', sich aber nie der Sonne aussetzt. Ich möchte den

---

[1] Martin Schleske, *Herztöne* – Lauschen auf den Klang des Lebens, Asslar: Adeo Verlag, 2016, S. 190.

Menschen wirklich transformieren, aber ich kann ihn nicht wirklich in meine Hände nehmen, sondern nur mit den Fingerspitzen berühren, weil er sich mir nicht wirklich anvertraut." Hören wir daraus den Schmerz Gottes darüber, dass der Mensch sich ihm immer wieder entzieht?

Würde bei uns eine Herzens-OP notwendig sein, dann hätten wir ein ungutes Gefühl, wenn dies ein Medizinstudent machen würde. Wir würden nur jemand an uns heranlassen, zu dem wir Vertrauen haben. Gott lassen wir nur dann an unser Herz heran, wenn in uns ein tiefes Vertrauen in seine Güte, seine Liebe und seine Absichten vorhanden ist. Unser Herz ist manchmal schwer zu knacken. Gottes Aufbruch-Werkzeug heißt Liebe. Jegliche Herzensveränderung beginnt damit, dass Gott auf behutsame Weise den angestauten Eiter unserer Lebenserfahrungen abfließen lässt und so Heilung in unser Inneres hineinkommt.

In meiner Nachbarschaft wohnt ein alter Mann. Er hat ein großes Grundstück, auf dem aller möglicher Schrott lagert. In früheren Zeiten hat er landwirtschaftliche Gerätschaften gesammelt und diese an Landwirte in verschiedenen Ostblockländern weitergegeben. Doch seit Jahren ist da nichts mehr geschehen. Ich sehe ihn hier und da, wie er den Schrott neu ordnet. Aber hier wäre nicht Neuordnung angesagt, sondern Entsorgung. Für mich ist das ein Bild, wie wir manchmal mit unserem Lebensschrott umgehen. Wir schauen ihn immer wieder an, ordnen ihn, anstatt ihn zu entsorgen. Nur durch Entsorgung, durch Loslassen hinein in die Hände unseres Gottes, kann unser Herzensareal frei werden für das, was Gott neu darauf errichten möchte.

Auf den folgenden Seiten werde ich versuchen, das Herz Gottes näher zu beschreiben. Und ich möchte nochmals betonen: Das, was ich schreibe, kann nie umfassend Gottes Herz darlegen, und dennoch hoffe ich, dass diese Zeilen an deinem Herzen andocken und zu einem neuen, in Gott gegründeten Herzschlag führen.

Kapitel 1

Ein Herz voll leidenschaftlicher Liebe

Tante Gerti war eine Frau, die tiefe Spuren in meinem Leben hinterlassen hat.

Als ich mit 15 Jahren zum lebendigen Glauben kam und mich einem Hauskreis anschloss, war dort auch eine „alte Dame" von etwa 70 Jahren. Sie lebte im Nachbardorf allein in einer Wohnung. Ihren ersten Mann hatte sie kurz nach der Heirat im 2. Weltkrieg verloren. Später heiratete sie nochmals. Doch nach ein paar Jahren glücklicher Ehe wurde ihr Mann schwer krank und verstarb. Sie blieb allein und war doch nicht alleine. Sie hatte viel Not erlebt und sprühte dennoch voller Lebensfreude. Wir alle nannten sie einfach „Tante Gerti". Und das besondere an ihr war das Eine: ihre leidenschaftliche Liebe zu ihrem Jesus.

Ihr Herz war voll von der Liebe Gottes. Wenn man sie besuchte, begann sie jedes Mal von Jesus zu schwärmen, den sie von Herzen liebte. Ich gebe zu: Als Jugendlicher fand ich sie schon ein bisschen fromm abgedreht. Aber es hat mich auch tief bewegt, welch eine innige Beziehung sie mit Jesus lebte. Ihr Herz war eingetaucht in die Liebe Gottes. Da gab es einen dynamischen Fluss vom Himmel in ihr Herz und wieder zurück. Ihr Herz war synchronisiert mit dem Herzen Gottes.

Wir alle haben das schon so oft gehört: *„Gott ist Liebe!"* Ja, das ist er – absolut! Johannes macht das in aller Deutlichkeit klar (vgl. 1. Johannes 4,8). Sein Herz ist voller Liebe. All sein Reden, sein Handeln ist durchdrungen von Liebe. Der Grund der Schöpfung liegt in dem liebenden Herzen Gottes. Weil er liebt, sind wir! Selbst Gericht ist ein Akt der Liebe, weil es ein Akt des Zurechtbringens ist. Manchmal wurde mir als Prediger schon gesagt, dass ich zu viel über die Liebe Gottes predige. Ich müsste doch auch über seine Heiligkeit und Gerechtigkeit sprechen, sonst bestehe die Gefahr einer weichgespülten Art der Nachfolge. Ganz ehrlich: Man kann nie zu viel über die Liebe predigen! Weil alles, auch seine Heiligkeit und Gerechtigkeit, von Liebe durchdrungen ist. Immer wieder habe ich von Bibellehrern gehört, dass die Liebe und die Heiligkeit Gottes wie zwei Pole sind, die man im Blick haben muss. Ich sehe Heiligkeit und Liebe nicht als zwei Pole, sondern sie fließen ineinander. Seine Heiligkeit ist völlig durchdrungen von Liebe und seine Liebe ist völlig durchdrungen von Heiligkeit.

> *Seine Heiligkeit ist völlig durchdrungen von Liebe und seine Liebe ist völlig durchdrungen von Heiligkeit.*

Gottes Liebe schafft Identität. Bevor sein Sohn Jesus irgendetwas in der Öffentlichkeit tat, seien es Wunder, Lehren oder das Aussprechen von Berufungen, gab der Vater im Himmel ihm Identität: *„Du bist mein geliebter Sohn – an dir habe ich Wohlgefallen"* (Markus 1,11). Das Herz Jesu wurde mit der Liebe seines Vaters synchronisiert.

In einem Urlaub in der schönen Toskana beschäftigte mich die Frage, was denn ein „radikaler Glaube" bedeute. Ich las Biografien von Pionieren der Mission, die vieles aufgegeben hatten, um Gott und den Menschen zu dienen. Im Gespräch mit Jesus sagte ich ihm etwas schmunzelnd: „30 Jahre hast du ja auch ganz normal gelebt – nur die letzten 3 Jahre waren so richtig radikal." Darauf nahm ich folgendes Reden Jesu wahr: „Ich habe immer radikal gelebt, weil ich meinen himmlischen Vater in mir kultiviert habe. Radikal war nicht, dass ich wenig besaß, auch nicht in erster Linie meine Botschaft oder meine Taten. Radikal war mein Herz, das so voller Liebe zu meinem Vater war. Und daraus floss eine radikale Liebe für all die

Menschen, mit denen ich in Berührung kam. Mit dieser Liebe konnte ich ihnen dienen. Liebe ist das eigentlich Radikale!"

Krippe und Kreuz sind die deutlichsten Zeichen dieser leidenschaftlichen Liebe des Vaters. Er reißt sich seinen Sohn von seinem Herzen los und sendet ihn in eine feindliche Umgebung, mit dem Wissen um den Ausgang. Unser Gott ist mit Leiden vertraut! Mit dem Leiden um seinen Sohn und mit dem Leiden, das uns umgibt. Es gibt keine Liebe ohne Leiden! Wer nicht leidet, der liebt nicht wirklich. Ich habe einmal an Weihnachten und einmal an Karfreitag über das Thema „Weihnachten bzw. Karfreitag aus der Perspektive des Himmels" gepredigt. Wer Weihnachten aus der Perspektive des Himmels verstehen will, der muss neben der Weihnachtsgeschichte aus dem Lukasevangelium auch den Christushymnus aus Philipper 2,5-11 lesen. Als Jesus am Kreuz hing, in dem Empfinden totaler Gottverlassenheit, weinte der Himmel mit. Die Liebe Gottes zu uns Menschen war der Grund für den Schmerz im Himmel.

Es gäbe noch so viel zu sagen über diese Liebe Gottes. Sie ist wie ein unfassbares Meer. Ich bin dabei, von den Mystikern der Kirchengeschichte das Eine zu lernen: die Liebe Gottes anzuschauen, die die stärkste Kraft des Universums ist. Und diese Liebe will mein Herz durchdringen und auf ihre eigene Schwingung eintakten, sodass daraus auch ich befähigt werde, Gott, mich selbst und andere wirklich zu lieben. Die Grundsynchronisierung des Herzens ist immer eine Synchronisierung in punkto Liebe.

Ich hatte lange Zeit ein falsches Verständnis von der Ermahnung an die Gemeinde in Ephesus, die wir in den Sendschreiben finden (vgl. Offenbarung 2,4). Vieles ist gut in der Gemeinde, aber eines liegt im Argen: Sie haben die erste Liebe verlassen. Was ist denn die erste Liebe? Ich meinte, dass es meine Liebe zu Gott sei, eventuell die, die ich am Anfang meines Glaubenslebens hatte, als noch alles so neu und spannend war. Aber es geht um eine andere erste Liebe: die Liebe des Vaters zu uns! *ER hat uns zuerst geliebt*, schon als wir noch nicht mit ihm versöhnt waren.

Wir lieben, weil er uns zuerst geliebt hat (1. Johannes 4,19).

Wenn wir nicht immer wieder von der Liebe Gottes geplättet werden, dann wird unser geistliches Leben an Dynamik verlieren und in eine fromme Gewohnheit abdriften.

Ein Herz, das sich von der Liebe Jesu synchronisieren ließ

Ort: Redding in Kalifornien (USA). Ende April 2018 wurde ein lang gehegter Wunsch endlich wahr. Zusammen mit unserem damaligen Jugendpastor reiste ich für zehn Tage nach Redding. Es war kein Urlaub im eigentlichen Sinne, sondern wir wollten gemeinsam die *Bethel Church* kennenlernen. Viele Impulse habe ich durch diese Gemeinde und vor allem durch ihren Hauptpastor Bill Johnson erhalten. Mein Neffe und seine Frau besuchten zu der Zeit die dortige Jüngerschaftsschule. So konnten wir uns bei ihnen einquartieren. Das Motto der Gemeinde lautet „Wie im Himmel, so auf Erden". Angelehnt an das Gebet Jesu, das „Vaterunser", hat diese Gemeinde die Sehnsucht, ja die Vision, dass immer mehr Himmel auf der Erde sichtbar und erlebbar wird. Ich war gespannt auf diese Zeit.

Rückblickend kann ich sagen: Es waren reich gesegnete Tage. So viel habe ich innerlich aufgesogen und wahrgenommen. Ich empfand, dass die *Bethel Church* vor allem einen Fokus hatte: Die Gegenwart Gottes! Es ist sicher auch eine Gemeinde, die mit manchen Dingen zu ringen hat, aber es ist vor allem eine Gemeinde, die über Jahre eine Kultur etabliert hat, welche Menschen ermutigt und zurüstet.

Auf dem großen Gemeindegelände war es vor allem ein Gebäude, das auf mich Eindruck machte: das Alabasterhaus. Es bestand aus einem einzigen Raum mit vielen Fenstern, einer genialen Holzarchitektur und mit einem kleinen Brunnen in der Mitte. Es ist das Gebetshaus der Gemeinde und rund um die Uhr geöffnet. Immer wieder zog es mich in diesen

Raum der Stille und der Gottesbegegnung. Der Name des Hauses geht auf die biblischen Berichte über die Salbung Jesu zurück. Es gibt laut den Evangelien zwei unterschiedliche Ereignisse, die beide eine Salbung Jesu erzählen. Die eine fand in Galiläa statt, im Haus eines Pharisäers namens Simon (vgl. Lukas 7,36-50). Die andere war kurz vor Jesu Tod in Betanien, einem Ort nahe bei Jerusalem. Davon berichten die anderen drei Evangelisten. Jesus war zu Gast im Hause eines Mannes, ebenfalls mit dem Namen Simon, den er von Aussatz geheilt hatte. Während des Essens kam Maria in den Raum (sie wird nur im Johannesevangelium mit Namen erwähnt) und zerbrach eine Alabasterflasche mit kostbarem Nardenöl. Sie goss es auf das Haupt Jesu und auf seine Füße und trocknete diese mit ihren Haaren ab. In Johannes 12,3 heißt es: *„Das Haus aber wurde von dem Geruch des Salböls erfüllt."*

Immer wenn ich diesen Satz lese, bewegt er mich auf sehr tiefe Weise. Ich stelle mir vor, wie sich durch Marias Handlung der Geruch in dem Haus veränderte. Herrlicher Nardenduft zieht ein und Jesus selbst ist ganz eingehüllt davon. Dieses Salböl steht für die verschwenderische Liebe des Herzens, das in Maria brannte. In all den Begegnungen mit Jesus erlebte sie diese göttliche Liebe, die ihr eigenes Herz durchflutete. Es war kein mühsamer Veränderungsprozess, sondern ein Sich-Aussetzen und Wahrnehmen der Liebe, die von Jesus ausging. Maria war diejenige, die alles um sich herum vergaß, als Jesus über Gott und das Leben sprach (vgl. Lukas 10,38-42). Sie erlebte, wie Jesus Tränen über den Tod ihres Bruders Lazarus vergoss (vgl. Johannes 11,35) und diesen von den Toten auferweckte. In allem sah sie das Herz der Liebe, das in Jesus schlug.

Die Stunden im Alabasterhaus in Redding ließen in mir den tiefen Wunsch aufkommen, mein Herz von Gottes Liebe durchdringen zu lassen und dass sich in meinem Lebenshaus dieser Salbölduft der Liebe unaufhörlich ausbreitet. Schon vor diesem Erlebnis sagte der Vater im Himmel einmal zu mir: „Hey, mein Sohn, komm in meine Arme und lass dich gesundlieben."

Wie oft habe ich selbst Menschen aufgerufen, sich Gott noch mehr hinzugeben, das wohldosierte Christsein hinter sich zu lassen und mehr Leidenschaft zu entwickeln. Diese Aufrufe sind töricht, wenn man dabei das Eine vergisst: Unser Herz braucht eine tiefe Offenbarung der Liebe des Vaters. Einer meiner Lieblingsbibelabschnitte, den ich auch auswendig gelernt habe, steht in Epheser 3,14-21. Paulus geht auf die Knie vor dem Vater aller Vaterschaft und betet darum, dass wir als Gottes Kinder die Breite, Länge, Höhe und Tiefe der Liebe Gottes erfassen. Eine Liebe, die es zu erkennen gilt, die aber letzten Endes alle menschliche Erkenntnis übertrifft. Die ganze Fülle Gottes ist in dieser Liebe enthalten. Wenn ich von Gott nur eines erfassen dürfte, dann wäre es dieses: Sein Herz der leidenschaftlichen Liebe!

> *Wenn ich von Gott nur eines erfassen dürfte, dann wäre es dieses: Sein Herz der leidenschaftlichen Liebe!*

Die Fülle seiner Zuwendung

Ich muss von einem weiteren Erlebnis berichten, das mich hinsichtlich der verschwenderischen Liebe Gottes bis heute enorm bewegt. Es war ein Dienstagabend im Frühjahr 2015. In unserer Gemeinde trifft sich jede zweite Woche eine Schar von treuen Betern. Auch heute noch sind diese gemeinsamen Gebetszeiten für mich sehr wertvoll. An diesem Abend wurde für mich als Pastor gebetet. Zuerst hatte jemand den Eindruck, dass – in Anlehnung an die Erzählung von Mose und seinen Mitstreitern Aaron und Hur – zwei Leute mir die Arme stützen sollten (vgl. 2. Mose 17,12). Diese Handlung und die Gebete waren für mich Zeichen von ungeheurer Ermutigung. Plötzlich trat Frieder an mich heran. Frieder, damals 72 Jahre alt und ein Vater in Christus, begann mich mit Öl zu salben. Zuerst mit ein wenig Salböl auf meiner Stirn. So ähnlich habe ich das schon ab und zu erlebt und auch andere Menschen auf diese Weise gesalbt und Segen über ihrem Leben ausgesprochen.

Doch Frieder hatte nicht nur ein bisschen Öl bei sich, sondern es war ein ganzer Krug. Ich weiß gar nicht, wo er ihn herhatte, aber während er für mich betete, schüttete er immer mehr Öl über mich aus.

Das Öl triefte über mein Haupt und es lief mir das Gesicht herunter. Ich fing an zu weinen über all die Fülle, die so stark spürbar war. Mir wurde klar, warum über Königen bei ihrer Berufung das Füllhorn ausgegossen wurde und über Jesus ein ganzes Fläschchen Nardenöl: Bei Gott ist die Fülle! Ich wurde von den Glaubensgeschwistern gesegnet, aber letzten Endes war es ein Segnen durch meinen Gott! Was für eine tiefe Erfahrung! Für mich hatte diese Salbung nicht in erster Linie mit meiner Berufung zu tun, sondern mit dem vollen Herzen der Liebe Gottes für mich. Ich wollte in diesem Erleben am liebsten verharren; es war so himmlisch! Wie oft habe ich schon Psalm 23,5 gelesen, in dem es heißt: *„Du hast mein Haupt mit Öl gesalbt, mein Becher fließt über."* Oder Psalm 92,11: *„Mit frischem Öl hast du mich überschüttet."* Diese Worte wurden nun für mich zur Erfahrung. Gottes Liebe, seine Zuwendung, sein Herz für uns ist nicht wohldosiert, sondern verschwenderisch – überfließend.

Wenn ich von Herzenssynchronisierung spreche, dann ist dieses Eintauchen in die unfassbare Liebe Gottes die Grundlage für alle folgenden Veränderungen. Vor ein paar Jahren hat Veronika Lohmer, Lobpreismusikerin vom Gebetshaus Augsburg, ein ganz einfaches Lied geschrieben, das aber den Kern eines veränderten Herzens zum Ausdruck bringt. Es heißt: „Wir lieben deinen Namen." Auf diesem Lied ist die Salbung des Himmels; es beschreibt ein tiefes Verliebtsein in Jesus.

Seit fast 20 Jahren bin ich nun Pastor einer genialen, manchmal auch herausfordernden Gemeinde. Etliche Prozesse und Veränderungen durfte ich miterleben und mitgestalten. Für vieles bin ich dankbar, manches war auch schmerzhaft. Sehr herausfordernd waren die Zeiten, in denen es um den „Kurs" der Gemeinde ging. Wir waren eine traditionelle Baptistengemeinde. In den letzten Jahren haben wir uns mehr und mehr dem Wirken des Heiligen Geistes geöffnet. Manches wurde beibehalten, aber vieles wurde auch verändert. Es gab viele Diskussionen über theologische und gemeindebaurelevante Fragestellungen. Manche Diskussionen sind nötig, aber oft kosten sie auch unnötig Kraft und führen nur zu Entzweiung. Letzten Endes ist es nicht entscheidend, welchen Frömmigkeitsstil wir leben, als Einzelne oder auch als Gemeinde, sondern die Frage ist, worum es wirklich geht, inwieweit wir der Liebe Gottes Raum geben und es ihr erlauben, unser Herz zu transformieren.

Nicht ob konservativ oder charismatisch ist von letztlicher Bedeutung, sondern ob das Gemeindeherz von der Liebe Gottes gesalbt ist und so diesen himmlischen Duft in sein Umfeld hineinverströmt.

In den letzten Jahren habe ich einen zarten Zugang zu den Mystikern der Kirchengeschichte bekommen. Intensiver habe ich mich mit Teresa von Avila beschäftigt. Ihre Biografie, verbunden mit einigen ihrer wichtigsten Aussagen, hat mich sehr inspiriert. Diese Art von Glaubenserfahrungen war für mich eine völlig unbekannte Welt, die aber einen enormen Widerhall in meinem Herzen fand. Als ich ihre Gedanken las, begann in meinem Inneren etwas zu schwingen. Ein Schwingen, das ich nicht rational erklären konnte, das aber eine Melodie auf mein Herz zauberte, die in mir eine tiefe Freude auslöste. Teresa war eine Frau, für die die erfahrbare Liebe Gottes der Dreh- und Angelpunkt war. Sie schreibt:

> Mich erfüllt nichts als grenzenlose Liebe zu diesem Gott, die, wie mir scheint, immer noch wächst, und die Sehnsucht, dass alle ihm dienen mögen.[1]

---

[1]Lorenz, Erika: Weg in die Weite – Die drei Leben der Teresa von Avila, Freiburg im Breisgau: Herder-Verlag, 2015, S. 86.

In Teresa formte der lebendige Gott ein liebendes Herz, indem er ihr seine Liebe offenbarte. Eine Liebe, die jedem gilt und für jeden gleich ist, aber nicht von jedem so wahrgenommen wird. Warum? Weil wir die entscheidenden Dinge in unserem Leben nicht im Vorbeigehen mitnehmen können, sondern es braucht Zeit, um sie anzuschauen, immer und immer wieder. Es braucht Zeit diese kostbare Liebe des Himmels zu schmecken. Das Sich-Zeit-Nehmen hat nichts mit frommer Leistung zu tun, es ist vielmehr die Sehnsucht, das zu fokussieren, was Leben ausmacht: Die Liebe! Von Pater Gracian, einem engen Vertrauten von Teresa, wird berichtet, dass er nach Teresas Tod eine Vision hatte, in der sie ihm erschien. Sie sagte ihm über den Grund ihres Sterbens: „Mein Herz konnte das Übermaß der Gottesliebe nicht mehr ertragen."[2]

Ich weiß, dass nicht jeder zu einem kontemplativen Lebensstil berufen ist. Und doch:

Wenn wir unsere Gottesbegegnung nur auf das Austauschen von Sorgen, Nöten und Freuden reduzieren, dann wird Gebet zu einer informellen Angelegenheit, wobei das Entscheidende fehlt: dass unsere Augen des Herzens den anschauen, der uns so sehr liebt (vgl. Epheser 1,18)!

Bei Teresa fasziniert mich, dass dieses Durchdrungensein von der Liebe Gottes zu keinem weltabgewandten Leben führte. Im Gegenteil: Die Liebe Gottes ließ sie mutig Verantwortung übernehmen in ihrer damaligen Zeit. Kontemplation und Aktion sind keine Widersprüche, sondern ergänzen sich auf geniale Weise. Vor einigen Jahren wurde mir ein prophetisches Bild zugesprochen. Es war ein Bild von einem Zirkel. Ein Teil des Zirkels war fest eingestochen und der andere Teil zog weite Kreise. Die Interpretation der Frau, die dieses Bild für mich hatte, lautete:

[2] Ebd., S. 92.

„Günter, je stärker du in der Freundschaft (Liebe) zu Gott verankert bist, um so größeren Einfluss kannst du nehmen."

Wir reden so oft über Weltverantwortung, und das ist auch gut so. Aber: Diese Verantwortung mit all ihren Widerständen lässt sich nur auf Dauer leben, wenn in uns ein Herz schlägt, das sich nicht auch noch um Liebe bemühen muss, sondern von Liebe einfach umspült und durchdrungen ist.

Lieber Leser, liebe Leserin, dein Herz ist mit einem Garten zu vergleichen. Einem Garten, der dann aufblüht, wenn er vom Wasser der Liebe Gottes durchflutet wird: *„Und ihre Seele wird sein wie ein bewässerter Garten …"* (Jeremia 31,12). Der Bräutigam im Hohelied 4,12 bezeichnet seine Braut als einen verschlossenen Garten, in dem Köstlichkeiten wachsen. Es ist ein Bild für das Innere eines Menschen. Unser Herz soll nie nur ein „Nutzgarten" sein, sondern ein Ort der Begegnung von Liebenden.

> *Unser Herz soll nie nur ein „Nutzgarten" sein, sondern ein Ort der Begegnung von Liebenden.*

Der Grundrhythmus des Herzens Gottes ist ein Rhythmus der Liebe. Ohne eine Synchronisierung unseres Herzens mit diesem Liebesrhythmus fehlt allen anderen Dingen die Basis. Was die Kraft der wirklichen Veränderung hat, ist die Liebe, und eben nicht die eigene Anstrengung. Bei dem Wachsen der Liebesbeziehung zu Gott, geht es nicht darum, sich immer und immer wieder der Liebe zu vergewissern, sondern ihr mehr und mehr Raum zur Entfaltung zu geben, damit ihre Schönheit und Kraft erfahrbar werden.

Einer meiner Lieblingsfilme heißt „Der Club der toten Dichter". Er lief schon vor ca. 30 Jahren in den Kinos. Immer und immer wieder habe ich mir den Film angeschaut. Er handelt von jungen Studenten in einer amerikanischen Eliteakademie. In der sehr konservativen Akademie geht es nur darum, Traditionen und Wissen zu vermitteln. Eigenständiges Denken ist unerwünscht. Bis ein neuer Lehrer auftaucht, der die Studenten mit neuen Lehrmethoden herausfordert, ihren eigenen Weg zu gehen. Mehrmals spricht er davon, dass sie das „Mark des Lebens“ aufsaugen sollen. Dieses Mark hat in dem Film nichts mit Leistung und Wissen zu tun, sondern mit Überzeugungen und dem Schätzen der Schönheit des Lebens. Ein beeindruckender Film. Für mich bedeutet das „Aufsaugen des Markes des Lebens“ ein Leben in dieser so befreienden Liebe meines Gottes.

Liebeserstattung

Ich möchte dich noch in ein Erlebnis mit hineinnehmen, das ich während einer Gemeindegebetszeit hatte. In Hebräer 9,12 wird uns berichtet, wie Jesus mit seinem Blut in das himmlische Heiligtum hineingeht und so eine ewige Erlösung bewirkt. Man kann diese Worte lesen und theologisch einordnen oder man lässt sich in dieses heilige Geschehen hineinnehmen. So ging es mir in dieser Gebetszeit. Ich sah, wie Jesus in das himmlische Heiligtum hineinging. In seiner Hand hatte er eine Schale voll mit seinem kostbaren Blut. Im Heiligtum stand der Vater und hatte Tränen in den Augen, als er seinen Sohn kommen sah. Behutsam nahm er diese kostbare Schale in Empfang und Vater und Sohn lagen sich in den Armen. Ich selbst begann zu weinen und nahm nur das eine wahr: Reinste Liebe! In diesem Bild war alles von Liebe und Heiligkeit erfüllt. Es war eine so tiefe, dichte, liebevolle Atmosphäre. Ich erahnte da etwas von der Zirkulation der Liebe Gottes, die im Himmel herrscht. Das Bild ging dann noch weiter: Sechs Stunden nahm der Vater den Sohn in den Arm. Es sind genau die sechs Stunden, die Jesus am Kreuz hing, die ihm sein Vater in seiner Liebe erstattete. Das Leiden wird eingehüllt in das göttliche, liebende Erbarmen.

Wenn ich darüber schreibe, merke ich, wie dies tief mein Inneres bewegt. Siehst du dieses Herz voll überfließender Liebe? Es gilt auch dir und mir!

In unseren freikirchlichen Kreisen findet das Fest „Christi Himmelfahrt“ wenig Beachtung. Als ich das Herz des sehnsüchtigen Vaters wahrnahm, wurde mir deutlich, wie bedeutsam dieses Ereignis im Himmel war. Der Sohn kehrte zurück. Der ganze Himmel und besonders das liebende Herz des Vaters hatten sich auf diesen Tag gefreut – auf den Tag der Rückkehr des Sohnes. Jesus beschreibt in dem bekannten Gleichnis vom „Verlorenen Sohn" das Herz des Vaters. Die Liebe treibt ihn an, immer wieder Ausschau nach seinem Sohn zu halten. Als dieser dann am Horizont auftaucht, da macht ihm seine Liebe Beine. Er rennt seinem Sohn entgegen. Sein Herz pocht, und als er bei ihm angekommen ist, umschließen seine Arme den nicht so wohlriechenden Sohn. All dies beschreibt die Liebe des Vaters. Tragisch ist, dass der ältere Sohn, der zwar immer unter dem Dach des Vaters gelebt hat, nie wirklich dessen Liebe für sich erfasst hat. Es fand keine „Synchronisierung" der Herzen statt. Im Gegenteil: Der Herzschlag des Sohnes war nicht von Liebe, sondern von Leistung geprägt, verbunden mit einem Grundton der Enttäuschung. Er hatte nie eine Offenbarung über die Liebe seines Vaters.

Lass mich noch das anfügen: Das Herz Gottes ist das Herz eines liebenden Vaters und eines Bräutigams. Dies zeigt sich auch im Herzen Jesu. Die Bilder von Ehe und menschlicher Liebe zeugen davon, wie es um das Herz unseres Gottes bestellt ist. Es geht ihm nicht darum, dass wir alles richtig machen, sondern dass wir ihn als Bräutigam verstehen, der uns in den Bund seiner Liebe einlädt. Religiosität verbunden mit äußeren Riten, die nicht von einem liebenden Herzen her motiviert sind, schmerzen Gott. Die Liebe des Bräutigams will in uns ein „Braut-Herz" hervorbringen.

Gott liebt sehnsüchtige Herzen

Es war der 28. September 2015. Mit 24 Leuten, die meisten aus unserer Gemeinde, war ich in Israel unterwegs. An diesem Tag war ein besonderes Himmelsereignis angesagt. Es gab eine Mondfinsternis, verbunden mit einem Blutmond (Mond, der in orangen Farben leuchtet). In der Bibel gibt es vage Hinweise, dass ein Blutmond die Wiederkunft Jesu ankündigt.

Und es war die Zeit des jüdischen Laubhüttenfestes. Auch dieses Fest wird mit dem Wiederkommen Jesu in Verbindung gebracht. Nun waren wir als Gruppe genau zu diesen beiden Ereignissen in Jerusalem. Nach biblischen Verheißungen wird Jesus bei seiner Rückkehr den Ölberg in Jerusalem betreten. Die Mondfinsternis war gegen 5.00 Uhr morgens angesagt. Als wir am Abend vorher unseren Reiseleiter darüber informierten, dass wir uns um 4 Uhr 30 zum Ölberg aufmachen wollten, dachte er zuerst, dass dies ein Witz sei. Aber wir meinten es ernst und er schüttelte nur den Kopf. Aus Verantwortungsgefühl uns gegenüber ging er dann doch mit.

So waren wir um kurz vor fünf auf dem Ölberg, und was wir dort sahen, versetzte uns in Staunen. Wir hatten anscheinend nicht als Einzige die Idee gehabt. Wir trafen Menschenmengen an, die miteinander beteten, sangen und tanzten. In besonderer Erinnerung sind mir asiatische Christen, die in Festkleidung, ja, in Hochzeitskleidung auf dem Ölberg waren. Als ich da so stand, fand ich es zusehends suspekt. Ich wandte mich etwas ab und suchte einen stilleren Ort.

Als ich dort betete, redete Gottes Geist zu mir. Sinngemäß nahm ich Folgendes wahr: „Günter, ich liebe diesen Moment. Auch wenn die Zeit der Wiederkunft noch nicht ist, so sehe ich hier überall sehnsüchtige, von Liebe durchdrungene Herzen. Die Festkleider sind Sinnbild der Liebe zu mir. Ehre diesen Moment und freue dich mit.“ Und das tat ich dann auch, und mein Herz wurde von Freude und Liebe zu meinem Gott neu angesteckt.

„Möge ich nicht aus diesem Leben scheiden, bevor ich nicht weiß, was lieben heißt.“

Lassen wir nochmals Teresa von Avila zu Wort kommen: *„Möge ich nicht aus diesem Leben scheiden, bevor ich nicht weiß, was lieben heißt.“*[3] Sie hat es erfassen dürfen und wir dürfen es auch. Die

---

[3] Alois Prinz Hrsg., *Teresa von Avila* - Was lieben heißt, Berlin: Insel Verlag, 2015, S. 54.

Liebe Gottes ist ausgegossen in unsere Herzen (vgl. Römer 5,5). Der Liebesstrom fließt und Gott lädt uns ein: „Komm, bade darin und lass dein Herz von dieser Liebe geformt werden."

Wir sind geschaffen, um geliebt zu werden und um zu lieben. Das ist die Kernberufung unseres Seins. Meine Tochter war für ein Jahr in Ghana zu einem Freiwilligendienst. Nach acht Monaten hatten meine Frau und ich das Privileg, sie in Ghana zu besuchen. Neben all den wunderbaren Erfahrungen dort, ist mir eine Sache besonders in Erinnerung geblieben. Es ereignete sich gleich zu Beginn der Reise, auf dem Flughafen von Accra, der Hauptstadt Ghanas. Wir standen draußen vor dem Flughafengebäude, als unsere Tochter mit einem Taxi angefahren kam. Sie riss die Tür des Taxis auf, rannte auf uns zu und umarmte uns auf sehr intensive Weise. Die Liebe, die sich in dieser Umarmung spiegelte, hat mein Herz zutiefst berührt – Tränen flossen.

In Lukas 24 ab Vers 13 wird uns die Geschichte von den sogenannten Emmausjüngern überliefert, den zwei, die nach der Kreuzigung Jesu völlig verwirrt und resigniert von Jerusalem nach Emmaus unterwegs waren. Jesus, der Auferstandene, begleitete sie und legte ihnen die heiligen Schriften aus. Erst später erkannten sie ihn, und ihre Resignation verwandelte sich in absolute Freude. Rückblickend stellten die beiden fest, dass schon während des Gesprächs mit Jesus sich etwas in ihrem Herzen ereignete. Wir lesen: *„Brannte nicht unser Herz ...?"* (Lukas 24,32). Jesus ist der „Herzensentzünder"! Der Mystiker Johannes vom Kreuz beschreibt es als eine „lebendige Liebesflamme"[4], die sich in seinem Inneren entzündete. Diese Liebe ist unauslöschlich und voller Kraft (vgl. Hohelied 8,6-7). Diese lebendige Liebe hat sich in eine heilige Sehnsucht verwandelt. Nachdem sie gestillt ist, will sie noch mehr. Nicht im Sinne einer unguten Unersättlichkeit, sondern

---

4 Vgl. Buch von Johannes vom Kreuz, *Die lebendige Liebesflamme,* Freiburg im Breisgau: 3. Aufl., 2013.

in dem Bewusstsein, dass dieses Meer der Liebe noch viel größer und tiefer ist, als das, was man bisher erfahren hat.

Im Hohelied 1,2 heißt es: *„Die Liebe ist köstlicher als Wein."* Schon die Liebe zwischen Menschen ist so kostbar, wie viel mehr die Liebe zwischen mir und meinem Gott. Es gilt, diese Liebe zu schmecken. Das Organ hierfür ist unser Herz. Der Kirchenvater Ignatius beschreibt es so: *„Das geistliche Leben ist nicht nur das Wissen, sondern das Verkosten von biblischen Wahrheiten."* Dazu kann ich nur ein Amen sagen.

Ich liebe es, über die Liebe zu schreiben. Als Jesus mit seinem Jünger Petrus den Weg zu seiner Wiederherstellung ging, drehte sich alles nur um eine Frage: *„Petrus, liebst du mich?"* (vgl. Johannes 21,15 ff.). Jesus ging es nicht um das Versagen, sondern um die Beziehung. Er wollte nicht, dass Petrus' Herz aufgrund der Last der Schuld in einer Distanziertheit ihm gegenüber bliebe. Jesus hat kein Problem mit versagenden Menschen, aber er leidet an der von Lauheit und Routine geprägten Nachfolge. Die Liebe baut auf und die Liebe ist die Kraft der Erneuerung.

Seit vielen Jahren kenne ich einen Pastor, der mich auf vielfältige Weise inspiriert hat. Er predigte auf radikale Weise, forderte heraus, erwartete Zeichen und Wunder. Einige Jahre später erkrankte er an Parkinson. Als ich ihn nach längerer Zeit einmal besuchte, war dieses Treffen für mich sehr bewegend. Er war nicht mehr der charismatische „Haudrauf", sondern von ihm ging ein Erbarmen aus, das ich kaum mit Worten beschreiben kann. Er hat bis heute eine tiefe Leidenschaft, doch diese Leidenschaft hat einen anderen Fokus bekommen. Es geht nicht mehr primär um die Wunder, sondern um die Liebe. Sein Herzschlag wurde für mich spürbar mit dem Herzschlag Gottes synchronisiert. Nach wie vor hofft er auf das Eingreifen Gottes, aber es ist für ihn nicht mehr das Entscheidende. Entscheidend ist, dass er nah am Herzen seines Gottes ist. Sein Leben hat dadurch eine Tiefe bekommen, die mich enorm inspiriert.

Ohne die Liebe ist alles nichts. So klar drückt es Paulus in dem bekannten Bibelabschnitt an die Gemeinde in Korinth aus (vgl. 1. Korinther 13,1-8). Nur was letzten Endes in der Liebe geschieht, bleibt bestehen. Gott ist Liebe, und seine Liebe ist die stärkste Kraft des Universums. In dieser Liebe ist die Kraft des Lebens, der Hoffnung, der Überwindung. Ein absolut ermutigender Vers steht in Römer 8,37:

In diesem allen werden wir weit mehr als Überwinder, durch den, der uns geliebt hat.

Liebe und Anbetung

Gott liebt Anbetung. Der Himmel ist voll von Anbetung (vgl. Offenbarung 4 und 5). Aber echte Anbetung kann man nicht machen, sondern sie ist immer ein Ausfluss aus einem Herzen, das von der Liebe Gottes berührt und verändert worden ist. Anbetung ist Austausch von Liebe und Ausdruck von Innigkeit. David wird als Mann nach dem Herzen Gottes beschrieben (vgl. Apostelgeschichte 13,22). Warum wird David so bezeichnet? Wir wissen, dass er ein Mann war, der etliche Fehlentscheidungen traf und in dessen Herz so manches Ungute Raum hatte. Warum war er dennoch ein Mann nach dem Herzen Gottes? Weil er liebte! Weil sein unperfektes Herz dennoch voller Liebe zu seinem Gott war. Dies kommt in den persönlichen Gebeten zum Ausdruck, die uns überliefert sind. Besonders eindrücklich ist der Psalm 63. Sein Herz sehnt sich nach Gott. Seine Seele dürstet nach ihm. Er kann nicht ohne seinen Gott leben. Die Liebe und die Gnade seines Gottes sind für ihn der Pfeiler seiner inneren Stabilität. In Psalm 27,4 sagt David:

Eins habe ich vom Herrn erbeten, danach trachte ich: Zu wohnen im Haus des Herrn alle Tage meines Lebens, um anzuschauen die Freundlichkeit des Herrn und nachzudenken in seinem Tempel.

Es geht David um Begegnung, um tiefe Gemeinschaft mit seinem Gott. Diese Sehnsucht und dieses Herz der Liebe drückt sich bei David vor allem in Einem aus: Er bringt die Bundeslade als Zeichen der Gegenwart Gottes wieder zurück nach Israel und lässt um diese Bundeslade ein Zelt errichten – ein Zelt des nicht endenden Lobpreises: Die Hütte Davids! (vgl. 2. Samuel 6,12-19 und 1. Chronik 16,4).

Im Oktober des Jahres 2016 durfte ich eine denkwürdige Gemeindefreizeit miterleben. Mit ca. 200 Leuten aus unserer Gemeinde waren wir über ein Wochenende zusammen. Als Referenten hatten wir ein Ehepaar eingeladen. Sie lehrten über die Kostbarkeit von Anbetung. Im Fokus stand dabei das Leben Davids – das Leben eines Anbeters. Sie führten uns in eine neue Dimension über die Bedeutung von Anbetung.

Durch die Lehre über die liebende Anbetung, die auf viele sehnsüchtige Herzen traf, geschah an diesem Wochenende etwas Eigenartiges. Nachdem am Samstagabend das Programm zu Ende war, wollten einige Teilnehmer nicht aufhören, ihren Gott anzubeten. Wir versammelten uns in der Kapelle des Freizeitheims und erlebten eine „Worship-Night" der besonderen Art. Es war nicht lediglich eine emotionale Sache, sondern hier war Gottes Geist am Wirken – der Geist der Freiheit und der Liebe. Es war von einer Intensität, die ich so noch nicht erlebt hatte. Der Austausch zwischen den Herzen der Menschen und dem Herzen Gottes war wie ein Sog, der uns immer tiefer in Gottes Gegenwart hineinzog. Diese Anbetungszeit war weder geplant noch verfolgte sie einen bestimmten Zweck, sondern sie war einfach eine Resonanz auf die Offenbarung der Liebe unseres Gottes.

Lebendige Anbetung äußert sich da, wo aus den Mündern das hervorgeht, was die liebenden Herzen umtreibt.

Auch wenn alles Gnade ist, so ist mir eines deutlich geworden: Lebendige Anbetung äußert sich da, wo aus den Mündern das hervorgeht, was die liebenden Herzen umtreibt. Gott reagiert auf anbetende, liebende Herzen – nicht als Belohnung, sondern weil es einfach ein Austausch zwischen Himmel und Erde freisetzt. Anbetung löst einen himmlischen Tanz aus. Ich hatte einmal das Bild, dass sich Jesus während der Anbetung der Kinder Gottes im himmlischen Thronsaal in seinen Gewändern erhebt und anfängt zu tanzen. Das bestimmende Wort war „kadosch", was „heilig" bedeutet.

Über Anbetung gäbe es noch so viel zu sagen. Es gibt dazu auch viele gute Bücher und Predigten. Daher beschränke ich mich vor allem auf das Eine: Weder die Art der Lieder noch die Qualität der Musizierenden sind der entscheidende Faktor für Anbetungszeiten, die unserem Gott gefallen: Es sind Herzen, die von seiner Liebe durchdrungen sind und gar nicht anders können, als dieser Liebe mit Anbetung eine Antwort zu geben. Das Wesen Gottes lässt nichts anderes als Anbetung zu.

Kapitel 2

Ein Herz der Weichheit und Weite

Das liebende Herz unseres Gottes zeigt sich in seiner Weichheit. Mit Weichheit meine ich nichts Schwächliches, sondern die Fähigkeit, sich berühren zu lassen – berühren von Freude und von Schmerz. Ist Gott emotional? Ja absolut! Er jubelt, ist zornig und weint. Jesus, das vollkommene Abbild des Vaters, freute sich über die Jünger, die in seinem Namen unterwegs waren (vgl. Lukas 10,21), er war zornig über das Geschäftstreiben im Tempel (vgl. Lukas 19,45) und er weinte über Jerusalem (vgl. Lukas 19,41). Das Gegenteil von Liebe ist nicht Hass, sondern Gleichgültigkeit. Das heißt: Wenn ich nichts mehr empfinde, mir alles egal ist, dann stirbt mein Inneres ab. Hartherzigkeit ist mehr als nur ein ungehorsames Herz, es ist vielmehr ein Herz, das aufgehört hat, empfänglich zu sein.

Gottes Herz ist vielfältig, aber eines ist es nicht: gleichgültig und emotionslos. Wir alle sind unterschiedlich geprägt, auch hinsichtlich des Umgangs mit Emotionen. Manche zeigen diese nach außen, andere sind introvertierter. Das darf gerne so sein. Jedoch dort, wo Emotionen ganz abgestorben sind, dort braucht unser Herz eine göttliche Transformation. Lege dein Herz in die Hände deines Gottes, und er wird es behutsam an sein Herz angleichen: ein Herz voller Weichheit.

Was mit Weichheit einhergeht, ist Weite. Anders ausgedrückt: Härte und Enge sind Zeichen eines leidenden Herzens. In Psalm 25,17 betet David:

Die Enge meines Herzens mache weit, und führe mich heraus aus meinen Bedrängnissen.

David hatte wahrgenommen, dass sich etwas um sein Herz gelegt hatte: eine Enge aufgrund von Angst und Sorgen. Eine Enge um unser körperliches Herz ist meistens ein Anzeichen dafür, dass etwas nicht in Ordnung ist. Um zu leben, brauchen wir Weite. Das hebräische Wort „Rechobot" heißt übersetzt „weiter Raum". Wir lesen davon in 1. Mose 26,22. Isaak grub alte Brunnen auf, die die Feinde zugeschüttet hatten. Einen der Brunnen nannte Isaak „Rechobot". Dieser Brunnen schaffte die Voraussetzung für ein fruchtbares Land. Was für ein Sinnbild! Weiter Raum schafft Leben! Weite Herzen ermöglichen fruchtbares Leben. Gottes Herz ist ein weites Herz, und er will unsere Herzen dieser Weite angleichen. Weite darf aber nicht mit Beliebigkeit verwechselt werden. Gottes Herz ist nicht beliebig, aber weit – weit im Sinne von Barmherzigkeit und Offenheit.

> *Gottes Herz ist ein weites Herz, und er will unsere Herzen dieser Weite angleichen.*

Kapitel 3

Ein Herz der Heiligkeit und Herrlichkeit

Gottes Wesen ist Liebe und Heiligkeit. In der himmlischen Anbetung ist vor allem ein Wort zu hören: „Heilig, heilig, heilig" (vgl. Jesaja 6,3 und Offenbarung 4,8). Gottes Herrlichkeit wird gepriesen. Das Hebräische Wort für Herrlichkeit ist „Kavod". Es kann mit „Schwere" und „Gewichtigkeit" übersetzt werden. Die Heiligkeit Gottes, seine manifeste Gegenwart, ist etwas Kraftvolles. Wenn Menschen diese Herrlichkeit unmittelbar erleben, hält es sie nicht auf den Beinen. Das Herz Gottes ist durch und durch heilig. Interessant ist, dass sowohl im Alten als auch im Neuen Testament die Rede davon ist, dass Gott das Ziel verfolgt, Menschen Anteil an seiner Heiligkeit zu geben (vgl. 3. Mose 11,44 und 2. Petrus 2,9).

Was heißt das konkret? Wenn wir Heiligkeit in dem Sinne verstehen, dass wir ohne Fehler sind (so wie Gott es ist), dann ist ein heiliges Herz Utopie. Doch wenn wir Heiligsein mit Gewichtigkeit bzw. Bedeutung gleichsetzen, dann gibt uns dies eine neue Schau auf uns selbst. Das menschliche Leben ist nicht dazu geschaffen, seiner Existenz selbst Bedeutung zu geben, sondern vielmehr wahrzunehmen, dass es diese in Gott bereits hat. Der Widersacher Gottes, der besiegte Feind, will Menschen bedeutungslos machen oder ihnen eine Pseudo-Bedeutung vorgaukeln. Solch eine Pseudo-Bedeutung ist eine egozentrische Art der Selbstverwirklichung. Es ist der krampfhafte Versuch, sich selbst Bedeutung zu geben. Wir dürfen aber lernen und erfassen, dass wir uns diese nicht selbst geben können, sondern dass Gott sie uns zuspricht. Sein heiliges

Herz durchflutet unser Herz und spricht ihm zu: „Du bist heilig! Lass es dir nicht rauben!“

Noch ein Vergleich dazu: Wenn ein Feld gepflügt wird, dann darf der Pflug den Boden nicht nur an der Oberfläche etwas aufkratzen. Das würde zwar schnell gehen, bringt aber keinen Ertrag. Wichtig ist, den Pflug tiefer einzustellen, um so den Boden für die Aussaat fruchtbar zu machen. Die Tiefe hat für mich etwas mit Heiligkeit zu tun. Ein Leben, das im Bewusstsein der eigenen Heiligkeit und Herrlichkeit gelebt wird, ist ein Leben mit Tiefgang. „Kavod“ drückt das Leben in den Herzensboden hinein und führt dazu, dass Fruchtbarkeit ermöglicht wird. In Gottes Heiligkeit entdecke ich meine eigene Heiligkeit.

Kapitel 4

Ein Herz des Loslassens

Liebe lässt immer die Wahl. Liebe und Freiheit gehören untrennbar zusammen. Wo jemand gezwungen wird zu lieben, dort ist es nicht Liebe, sondern Missbrauch. Gottes Herz ist ein Herz voller Liebe, aber einer Liebe, die anderen die Freiheit gibt, sich zu entscheiden: ein Herz, das nicht ankettet, sondern loslässt.

Eines Tages kam ein Mann zu Jesus. Er wollte wissen, wie er das ewige Leben erlangen könne. Er zählte alles auf, was er an guten Taten getan hatte. Jesus hörte sich das alles an und sagte dann: *„... verkaufe alles, was du hast, und gib den Erlös den Armen und du wirst einen Schatz im Himmel haben, und komm, folge mir nach"* (Markus 10,21). Es wird berichtet, dass Jesus diesen Mann liebte. Als dieser die Aufforderung Jesu hörte, ging er niedergeschlagen und traurig weg. Vieles könnte man zu der Begebenheit sagen. Mir ist jedoch nur der eine Fokus wichtig: Jesus lässt ihn gehen. Er gibt ihm die Freiheit zu gehen. Er rennt ihm auch nicht hinterher und relativiert seine Aussage, sondern er lässt ihn los. Ähnliches lesen wir in Johannes 6. Jesus hielt eine herausfordernde Predigt. Nicht alle waren begeistert davon. Im Gegenteil: Viele seiner bisherigen Nachfolger verließen ihn (vgl. Johannes 6,66). Auch hier: Jesus lässt sie gehen. Am deutlichsten wird es im Gleichnis vom „verlorenen Sohn". Obwohl der Vater voller Traurigkeit darüber ist, dass sein Sohn ihn verlässt, hält er ihn nicht fest, sondern lässt ihn gehen (vgl. Lukas 15,11 f.).

Gottes Herz ringt um Menschen, aber er zwingt sie nicht. Synchronisierung mit dem Herzen Gottes heißt in diesem

Sinne, dass mein Herz sich um andere bemüht, aber ihnen auch Freiheit lässt. Weder Druck noch Manipulation, sondern die Bereitschaft des Loslassens bildet das Herz Gottes ab. Mein Pastorenherz schlägt dafür, Menschen nachzugehen. Grundsätzlich ist das auch gut und richtig, jedoch kann das auch kippen, wenn das Nachgehen zu einem Festhalten wird. Gott sprach mal zu mir: „Wenn du nicht loslässt, stehst du mir im Weg hinsichtlich des Prozesses, den ich mit dem Menschen gehen möchte. Vertraue mir!“ Loslassen ist etwas anderes als eine Egal-Haltung dem anderen gegenüber. Es ist ein Akt der Würde hinsichtlich der Freiheit des Einzelnen und ein Sich-Gott-Anvertrauen.

> *Wer liebt, lebt. Wer nicht liebt, existiert lediglich.*

Jesu Herz war zwar voller Liebe für die Menschen, aber er köderte sie nicht mit Anspruchslosigkeit. In der Weise soll auch mein Herz geprägt sein: Liebe für die Menschen, die aber nicht dazu führt, dass ich meine Überzeugungen, die Gott mir ins Herz gibt, auf dem Altar von menschlichen Beziehungen opfere.

Dass mein Herz von Liebe durchflutet ist, ist das Hauptziel der Synchronisierung mit dem Herzen Gottes. Wer liebt, lebt. Wer nicht liebt, existiert lediglich. Gottes Herz ist voller Liebe. Es pulsiert von Liebe. Und es transformiert unser Herz zu einem Herzen voller Liebe. Der Jünger Johannes fasst dies in seinem Brief auf wunderbare Weise zusammen (vgl. 1. Johannes 4,7-5,3). Der Schlüssel zu einem erfüllten Leben besteht nicht in Konzepten, sondern in Liebe.

KAPITEL 5

Ein Herz der bleibenden Intimität

Gottes Herz ist ein beständiges Herz. Es gibt zwar immer wieder Neues zu entdecken, aber das heißt nicht, dass es sich ständig verändert. Immer wieder lesen wir im Wort Gottes davon, dass wir „in ihm bleiben“ sollen. In dem wunderbaren Gleichnis vom Weinstock und den Reben kommt dies zum Ausdruck (vgl. Johannes 15,1-9). Eine Rebe kann nicht Frucht bringen, wenn sie ab und zu mal am Weinstock dran ist. Sie braucht die beständige Verbindung. Ich glaube, dass genau dies der Punkt ist, warum Christen so viele Aufs und Abs erleben. Sie haben nicht gelernt, ihr Herz beständig auf den Herrn und seine Gegenwart auszurichten. Klar ist: Beständigkeit bedeutet nicht eine statische Gottesbeziehung. Alles, was lebendig ist, ist auch dynamisch und eben nicht fixiert. Auch unsere Beziehung zu Gott ist voller Leben mit Erfahrungen von Nähe und Distanz. Aber Unbeständigkeit ist noch etwas anders. Unbeständigkeit ist eher ein Verhalten von „Komm und geh!“ Man lädt Gott ein, einem nah zu sein, und dann schickt man ihn wieder weg. Das alles läuft meist nicht bewusst ab. Wie viele Christen sind entmutigt darüber, dass sich, trotz gewisser Highlight-Erlebnisse mit Gott, ihre Beziehung zu ihm nicht vertieft.

So genial einzelne starke Erfahrungen mit der Präsenz Gottes sind, das Wichtigere ist die Beständigkeit. Sie ist nicht so spektakulär, aber sie entwickelt eine Kraft von tiefgreifenden Veränderungen.

Gottes Herz ist eindeutig. Er ist in seinem Wesen beständig und liebt Beständigkeit. Nicht Strohfeuer sind ihm wichtig, sondern ein beständiges Licht (vgl. 2. Mose 27,20). Beständigkeit heißt, sich festzulegen – Gott tat es, indem er sich dazu entschied, uns Menschen nahe zu sein und durch seinen Heiligen Geist in uns zu wohnen. Dieselbe Beständigkeit, die Gottes Herz ausmacht, soll sich auch in uns etablieren. Wie ein menschliches Herz aussieht, das von Beständigkeit geprägt ist, sehen wir bei Mose und David.

Eines der Kapitel in der Heiligen Schrift, das mich besonders bewegt, ist 2. Mose 33. Es erzählt von einem Gespräch zwischen Gott und Mose. Das Volk Gottes, das Mose in das gelobte Land führen sollte, hat total versagt. Während Mose auf dem Berg Sinai war und von Gott die zehn Lebensregeln bekam, wurde das Volk untreu. Sie gossen sich aus ihrem Schmuck ein goldenes Kalb und fingen an, dieses anzubeten. Dabei feierten sie ein Fest, das in absolute Unmoral abdriftete. Alle die Wunder Gottes, die Befreiung aus Ägypten, die Versorgung Gottes in der Wüste – alles vergessen. So wenig hatte sich bisher die Beziehung zu Gott, das Vertrauen und die Hingabe an ihn in ihren Herzen verwurzelt. Gott war so enttäuscht, dass er zwar das Volk noch ins verheißene Land bringen wollte, aber er selbst wollte sich zurückziehen. Er kündigte an, dass er anstatt seiner Gegenwart einen Engel mit dem Volk senden werde, der ihnen beim Kampf gegen die Feinde helfen würde.

Vielleicht dachten einige: Nun ja, schade dass Gott sich abwendet, aber Hauptsache wir kommen in das Land der Verheißung. Doch in den Versen 7 bis 23 offenbart sich etwas von Moses Herzen, das mich tief beeindruckt: Es geht ihm nicht primär um das Land, sondern um Gott selbst, um seine beständige Gegenwart im Volk. Mose ging in das Zelt der Begegnung und sprach mit seinem Gott. Was war sein Anliegen? *„Wenn dein Angesicht nicht mitgeht, dann führe uns nicht von hier hinauf“* (2. Mose 33,15). In anderen Worten: „Wenn du, Gott, uns nicht weiter in Treue und Beständigkeit leitest und mitten unter uns bist, dann bleiben wir lieber hier in der Wüste. Besser hier in der Wüste mit dir als im gelobten Land ohne dich."

Gott freute sich über diese Herzenshaltung. Mose wusste, worauf es ankommt: Die Gegenwart seines Gottes. Kühn fährt Mose fort und ruft aus: *„Lass mich deine Herrlichkeit sehen!"* (Vers 18). Auch hierauf lässt Gott sich ein und Mose darf schauen, wie die Herrlichkeit Gottes an ihm vorüberzieht. Was für eine bewegende Beschreibung über die Beziehung zwischen Gott und seinem Diener Mose!

Auch Moses Nachfolger, Josua, hatte erfasst, wie bedeutsam das Bleiben in der Gegenwart Gottes ist. Von ihm heißt es in 2. Mose 33,11: *„Sein Diener Josua aber, der Sohn des Nun, ein junger Mann, wich nicht aus dem Innern des Zeltes."* Josua hielt sich beständig dort auf, wo er Gottes Gegenwart erfuhr. Als ich darüber nachdachte, hatte ich folgenden Impuls: Wir Kinder Gottes stehen immer wieder in der Gefahr, uns aus dem „inner circle of his presence" (dem inneren Kreis seiner Gegenwart) herauslocken zu lassen.

Bleibende Intimität in der Gottesbeziehung verändert auf tiefe Weise unsere Herzen – nicht schlagartig, aber beständig.

Mose und David waren keine Weichlinge. Sie waren Männer, die schon viel erlebt hatten, kampferprobte Männer, die auch die Konsequenzen falscher Entscheidungen in ihrem Leben zu tragen hatten. Aber sie verband das Eine: Ihr Herz, das sich beständig an Gott festmachen wollte.

Bleibende Intimität in der Gottesbeziehung verändert auf tiefe Weise unsere Herzen – nicht schlagartig, aber beständig. Paulus schreibt in 2. Korinther 3,18, dass wir *„mit aufgedecktem Angesicht die Herrlichkeit des Herrn anschauen"* und so verwandelt werden in sein Bild der Herrlichkeit. Dieses Anschauen ist kein flüchtiger Blick, sondern ein beständiges Fokussieren auf den, von dem alle Herrlichkeit ausgeht. Dann ist die Veränderung kein mühsames Unterfangen, sondern ein Ausfluss des Anschauens.

In einer meiner Gebetszeiten hatte ich ein inneres Bild, das mich hinsichtlich der Erfahrbarkeit von Gottes Gegenwart bewegte: In dem Bild sah ich den Raum des Allerheiligsten im Tempel. Nur einmal im Jahr hatte der Hohepriester Zutritt in das Schönste, was es gibt: Gottes absolute Gegenwart. Für einen normalen Juden war es ein nie zu erreichender Traum, dort hinzukommen. Mein Impuls von Gott war: „Jetzt kann im Heiligen Geist jeder in das Allerheiligste, in meine Gegenwart eintreten – jeder, der reinen Herzes ist; rein nicht im Sinne von sündlos, sondern wer ein von meiner Liebe und Vergebung gereinigtes Herz hat. Ein Herz von Ehrlichkeit und Demut. Das Allerheiligste ist weiterhin ein heiliger Raum, der nicht für ‚Touristen-Christen' geöffnet ist. Er eignet sich nicht zum Vorbeischauen, sondern zum Verweilen. Es ist ein verborgener Raum, der aber für jeden leicht zu finden ist, der Sehnsucht nach meiner Gegenwart hat."

Seit der Tempelzerstörung unter den Babyloniern im Jahr 587 v. Chr. ist ja die Bundeslade verschollen. Ich vermute, dass Gott selbst dafür gesorgt hat, dass diese Lade vor der Welt verborgen bleibt. Sonst wäre das Heilige nur zu einem Museumsstück verkommen, von dem zwar viele Bilder gemacht würden, aber nichts mehr spürbar wäre von der Gegenwart dieses heiligen, wunderbaren Gottes, die von dieser Lade ausging!

Beständigkeit formt ein Herz! Gott lädt uns ein, zu einem beständigen Aufenthalt in seiner Gegenwart. Die Präsenz Gottes, sein Wunsch, beständig unter seinem Volk zu bleiben, zieht sich wie ein roter Faden durch die ganze Bibel hindurch.

Eine meiner wichtigsten Predigten, die ich bisher gehalten habe, war die über die *Schechina* Gottes (ich vermute mal, dass die Bedeutsamkeit dieser Predigt nicht allen Zuhörern bewusst geworden ist 😊). Als *Schechina* wird die „Innewohnung" der Herrlichkeit Gottes bezeichnet, sein Lagern, seine Präsenz unter den Menschen. Gottes Herz ist es, unter seinem

Volk zu wohnen – bleibend zu sein. Alles Heil mündet in diese Tatsache: Gottes Herrlichkeit breitet sich aus. Während des Auszugs aus Ägypten lagerte sich die Schechina in Form der Wolken- und Feuersäule über dem Volk Israel. Später füllte sie das Allerheiligste in der Stiftshütte bzw. im Tempel aus. Bei der Tempeleinweihung unter König Salomo war die Schechina so stark, dass es den Priestern nicht möglich war, ihren Dienst zu verrichten. Gottes Präsenz füllte den ganzen Tempel aus.

Hesekiel 10 ist eines der traurigsten Kapitel in der Bibel. Hier beschreibt der Prophet, wie die Herrlichkeit Gottes den Tempel verlässt. Kaum in der Lage, es in menschliche Worte zu fassen, versucht der Prophet dieses Ereignis zu verdeutlich. Er sieht etwas wie ein gigantisches Räderwerk mit vier verschieden aussehenden Wesen (die Cherubim Gottes, die seine Herrlichkeit „transportieren"), das sich majestätisch erhebt. Die Schechina tritt zurück und entfernt sich.

Im Laufe der weiteren Jahrhunderte war Gott immer wieder präsent, aber nicht mehr in der Weise wie zuvor. Bis, ja, bis einer kam, der die Schechina in Person war: Jesus Christus – hebräisch: Jeschua ha Maschiach! In Johannes 1,14 lesen wir:

> *Und das Wort wurde Fleisch und wohnte unter uns, und wir haben seine Herrlichkeit angeschaut, eine Herrlichkeit als eines Eingeborenen vom Vater, voller Gnade und Wahrheit.*

Jesus, das lebendig gewordene Wort Gottes, ist die Schechina – die Herrlichkeit des Vaters. Die Herrlichkeit kehrte zurück! Hesekiel sah zu, wie sie sich zurückzog. In Jesus kam sie auf geniale Weise wieder. Die Herrlichkeit kam und „wohnte" unter uns. „Wohnen" kann man auch mit „zelten" übersetzen. Dies erinnert an die Präsenz Gottes in seinem Zelt, der Stiftshütte. Wow, das Kommen Jesu war die Rückkehr der Schechina Gottes! Das Traurige daran ist jedoch, dass viele diese nicht wahrgenommen haben.

Wo ist die Schechina jetzt? Den Tempel in Jerusalem gibt es nicht mehr, und Jesus sitzt nun zur Rechten Gottes im

Himmel. Wo müssen wir nach der Schechina suchen? Antwort: In uns!!

Das Geheimnis ist, dass die Herrlichkeit Gottes in erster Linie nicht mehr in Gebäuden anzutreffen, sondern in uns zu finden ist.

Paulus schreibt darüber, dass wir als Gläubige ein Tempel des Heiligen Geistes sind (vgl. 1. Korinther 3,16). Der Heilige Geist, der Träger der Schechina Gottes, lebt in dir und mir! Die Herrlichkeit Gottes ist durch den Geist in unser Herz hineingegossen. Vom Verstand her ist das sehr schwer zu erfassen, und dennoch ist es wahr. Als Teresa von Avila dieses Geheimnis erfasst hatte, sagte sie: „Wenn wir Gott nicht in unserem eigenen Haus haben und suchen, werden wir ihn in der Fremde nicht finden."[1] Das Kostbarste, was es im Universum gibt, Gottes Gegenwart, lebt durch den Heiligen Geist in uns.

Und es gibt eine weitere Dimension der Schechina Gottes, die noch aussteht. Wir lesen davon in Offenbarung 21 in Johannes' Vision vom himmlischen Jerusalem. Am Ende der Zeit, bei der Vollendung des Heilsplans Gottes, kommt das himmlische Jerusalem herab auf diese Welt. Himmel und Erde verbinden sich und werden dadurch neu! Tränen werden abgewischt, es wird kein Tod, keine Trauer, kein Schmerz und kein Geschrei mehr sein. Wie wird das himmlische Jerusalem bezeichnet? Als das Zelt Gottes bei den Menschen (vgl. Offenbarung 21,3): Und weiter heißt es, dass Gott *„bei ihnen wohnen (zelten)"* wird und *„sie werden sein Volk sein"*. Die allumfassende Schechina Gottes wird die ganze Erde erfüllen und erneuern. Das Ziel von allem ist die Präsenz Gottes unter uns Menschen. Was für eine Herrlichkeit wird da offenbar werden! Das Buch des Propheten Hesekiel endet ähnlich wie die Offenbarung des Johannes: Mit einer tiefen Schau über die zukünftige Stadt Gottes. Die letzten Worte bei Hesekiel lauten

[1] Alois Prinz Hrsg., Teresa von Avila - *Was lieben heißt,* a.a.O., S.65.

(Kapitel 48,35): *„Und der Name der Stadt heißt von nun an: Jahwe Schammah.“* „Jahwe Schammah“ heißt übersetzt: „Hier ist der Herr.“ Das ist es, worauf alles hinausläuft und was das vollkommene Heil beschreibt – die bleibende Gegenwart Gottes.

Die Schechina, die Innewohnung der Herrlichkeit Gottes, bildet den Rahmen von allem göttlichen Handeln. Sie zeigt etwas von Gottes Herz: Gott will wohnen – er will beständig da sein. Weil das so ist, tue ich mich schwer mit dem Tischgebet: „Herr Jesus, sei unser Gast …“, und auch mit dem Weihnachtslied „Alle Jahre wieder“. Jesus kommt nicht als Gast vorbei, sondern er will unser ständiger Mitbewohner sein. Auch schneit er nicht alle Jahre mal vorbei und bereitet uns ein nettes Weihnachtsfeeling. Nein, sein Herz ist uns beständig zugewandt.

Warum ist dieses Verständnis so wichtig? Weil wir darin erkennen, wie Gott auch unser Herz formen möchte. Es geht um ein Herz, das sich in einer beständigen, bleibenden Gemeinschaft verankert, sodass wir lernen, all den Dingen zu widerstehen, die uns aus dieser Gemeinschaft herausziehen wollen.

Martin Schleske beschreibt Nachfolge mit zwei Begriffen: *Kommunion* und *Kooperation*.[2] *Kommunion* bedeutet *die Einheit der Herzen*, und mit *Kooperation* ist die *Einheit des Handelns* gemeint. Dabei ist die Kooperation der Ausfluss der Kommunion. Gottes Herz ist es, in tiefer, bleibender Gemeinschaft mit uns zu leben. Die Frage ist die: Wie nah lassen wir ihn an uns heran? Glauben ist eben mehr als ein Fürwahrhalten von theologischen Aussagen, Glauben ist ein vertrauendes sich Hingeben in das Wirken und Formen Gottes.

Das Allerheiligste für Gott ist nicht mehr ein Gebäude, sondern es ist unser Herz, in dem die vollkommene Liebe des Vaters zirkuliert. Dieses Gegründetsein in der Liebe Gottes ist wie ein Anker, der es uns erlaubt, uns in den Schmerz der Welt tief hineinzubegeben und diese mit dem Erbarmen Gottes zu berühren. Der heilige Schöpfer aller Dinge, mein liebender Vater,

---

[2] Martin Schleske, *Herztöne*, a.a.O., S. 200.

hat ein Herz der Beständigkeit. Sein Herz bleibt mir zugewandt. Er ist immer da. Dieses Dasein ist keine banale Verfügbarkeit, sondern immer noch ein Geschenk seiner Gnade. Gott legt sich fest, ohne dass ich ihn „im Griff" haben kann.

> *Da Gott ein Herz der Beständigkeit hat, will er auch mein Herz in diese Richtung synchronisieren.*

Da Gott ein Herz der Beständigkeit hat, will er auch mein Herz in diese Richtung synchronisieren. Mein Inneres soll sich mehr und mehr in ihn hineinverweben. Ein Weg dazu ist die Kontemplation. Als ich Bruder Elia in der Kommunität Latrun kennenlernte, spürte ich sofort, dass dies ein Mann ist, dessen Herz eng mit dem Herzen Jesu verwoben ist. Ich sah ihn regelmäßig in der Kapelle in aller Stille knien. Bruder Elia ist über 70 Jahre, und aus ihm fließt solch eine Liebe. Warum? Weil er selbst von der Liebe Gottes erfasst ist. Er öffnet in der Stille sein Herz diesem Gott, und so wird es von ihm geformt.

Während meiner Zeit in Latrun fragte ich Bruder Elia einmal, ob er für ein Gespräch Zeit habe. Dieser Abend mit ihm war für mich etwas ganz Besonderes. Er erzählte aus seinem Leben – von vielem Suchen und Scheitern. Doch in ihm war diese tiefe Sehnsucht, das wahre Leben zu finden. Als er Gott fand, wusste er: „Meine Seele ist zu Hause. Hier will sie sein und hier will sie bleiben." Bruder Elia berichtete mir über seinen Weg in die Kontemplation. Er formulierte es so: „Kontemplation ist Konzentration ohne Verkrampfung auf das Kostbarste hin: Gott!" In Psalm 46,11 heißt es:

Seid stille [lasst ab] *und erkennt, dass ich Gott bin.*

Fokussierung auf Gott – ihn anschauen mit den Augen des Herzens –, das führt zu einer bleibenden Intimität. Das Ziel von Kontemplation ist nicht eine bestimmte Wirkung (Was habe ich davon?), sondern das gegenwärtige Sein vor Gott – und doch wird dies nicht ohne Wirkung bleiben. Bruder Elia verglich das Schweigen vor Gott mit einem schon viele Jahre verheirateten Ehepaar, das gemeinsam den Sonnenuntergang beobachtet, ohne dabei miteinander zu reden. In dem Schweigen macht sich eine intime Vertrautheit breit, und es findet eine Kommunikation auf Herzensebene statt.

Bei meinem schon erwähnten Besuch bei meiner Tochter in Ghana ist mir eine Begebenheit besonders in Erinnerung geblieben. Es war schon Abend, die Sonne stand tief am Himmel und ich saß alleine vor dem Schulgebäude, in dem meine Tochter als Lehrerin arbeitete. Nach einigen Minuten kam sie und setzte sich neben mich. Reden und Schweigen wechselten sich ab und wir genossen das Sitzen in der Abendsonne. Ich empfand es als eine Herzensbegegnung zwischen meiner Tochter und mir. Miteinander sein, einfach so – was für eine Kostbarkeit!

In 1. Mose 5 wird ein Mann kurz beschrieben. Von ihm heißt es, dass er beständig mit Gott ging (vgl. Vers 24). Dieser Mann hieß Henoch. Im Hebräischen bedeutet dieser Name „der Eingeweihte". Hier ist ein Zusammenhang offensichtlich: Das Eingeweihtsein (in Gottes Absichten) ist eine Auswirkung des beständigen Wandels mit dem Herrn.

Das beständige Bleiben in Gott hat viel mit einem inneren Schauen und Bewusstmachen zu tun. Was wir anschauen, das prägt uns. Es gibt etliche Berichte über Jesus, bei denen er bewusst seine Augen zum Himmel richtete, weg von den Umständen, und sich auf seinen Vater fokussierte. Wir lesen davon z. B. bei der Speisung der Fünftausend (vgl. Lukas 9,16) und bei der Auferweckung des Lazarus (vgl. Johannes 11,41). Paulus betet darum, dass wir erleuchtete Augen des Herzens haben (vgl. Epheser 1,18). Umstände wollen uns diesen Blick zu Gott hin vernebeln. Aber durch das innere Sehen bzw. Aufsehen auf Gott positionieren sich unsere Herzen.

Im November 2017 sprach Gott zu mir: „Sieh mich an und sage mir, was du siehst?" Daraufhin hatte ich ein inneres Bild von einem Thronsaal, in dem Gott sich in einem wunderschönen Gewand tänzerisch bewegte. Es war ein Bild voller Frieden und Schönheit. Dann hörte ich den Aufruf: Schau noch genauer hin. Jetzt sah ich Jesus in diesem besonderen Gewand tanzen, und in dem Gewand war ein Kleinkind, das diesen himmlischen Tanz einfach genoss. Und mir wurde klar: *Das Kleinkind bin ich, geborgen in dem tanzenden Jesus!* Freude und Friede erfüllte mein Herz.

Als Leiter ist man ja bestrebt, etwas zu bewegen. In einer Zeit, in der ich auch wieder viel am „Machen" war, nahm ich im Herzen folgende Worte wahr: „Das Herz eines Leiters der Braut Christi ist nicht in erster Linie ein Manager, sondern ein Hirte, der auf mich schaut."

Bleibende Intimität mit Gott braucht das innere Schauen auf ihn. Gott offenbart sich unseren Herzen und will uns in das mithineinnehmen, was im Himmel in Bewegung ist.

Bleiben hat für mich auch etwas mit Ruhen in Gott zu tun. Wer bleibt, ist nicht in einem inneren Stresszustand, sondern gegründet in dem Schalom Gottes. Der Teufel weiß genau, wo er ansetzen muss, um uns aus diesem Sein in Gott herauszulösen. Auch wenn er es nicht schafft, die Beziehung zu Gott ganz zu unterbinden, so versucht er die Beständigkeit einer engen Gemeinschaft zwischen uns und Gott anzugreifen, denn er weiß: Ein in Gott gegründetes Herz ist mit einer Widerstandskraft erfüllt, das auch in schwierigen Zeiten mutig seine Berufung lebt. Seine Mittel sind oft solche Dinge wie Überverantwortung, Menschenfurcht, Leistungsdruck und Beschäftigung mit Aufgaben, die vielleicht wichtig, aber nicht dran sind. Jesus ruft uns in Johannes 15,9 auf: *„Bleibt in meiner Liebe."* Es ist ein Bleiben in ihm und nicht in meinem Tun. Unser Gelingen und unsere Misserfolge haben zwar Auswirkungen, dürfen aber nicht das Fundament für unser Leben sein. Ich lasse hier nochmals Martin Schleske zu Wort kommen. Er unterscheidet das Leben zwischen einem Knecht und einem Geliebten:

> Das Selbstbild des Knechtes hängt am Tropf der eigenen Begabung, die unentwegt in Erfolge und Beifall verwandelt

werden muss ... Das Selbstbewusstsein des Geliebten nährt sich aus einer anderen Kraft. Was er tut, das tut er, weil er berufen ist ... – er tut es nicht darum, sich Geltung zu verschaffen, sondern um der Liebe, die ihn berufen hat, eine Antwort zu geben.[3]

Inneres Geborgensein in Gott führt zur Ruhe und letzten Endes auch zur geistlichen Vollmacht! Ziel ist aber nicht die Vollmacht, sondern das Einssein mit Gott, woraus dann die Vollmacht erwächst.

Johannes ruft uns in seinem Brief zu:

Gott ist Liebe, und wer in der Liebe bleibt, bleibt in Gott und Gott bleibt in ihm (1. Johannes 4,16b).

Diese Worte fassen auf geniale Weise zusammen, was ich in diesem Abschnitt deutlich machen wollte. Gott und seine Liebe ist etwas Bleibendes bzw. Beständiges. Beständigkeit heißt auch Verlässlichkeit. In der Weise, wie sein Herz ist, so will er auch mein Herz formen. Ein Herz, das bleibt – nah an ihm, in ihm. Das Bleiben in der Liebe bedeutet nicht Anstrengung, sondern Befreiung.

Gebet

Abba, Vater, hier ist mein Herz! Du siehst, wie unruhig es oft ist, wie es umherwandert und sich nach einem bleibenden Ort sehnt. Bei dir ist dieser Ort! Synchronisiere mein Herz mit deinem beständigen Herzen voller Liebe – denn: „Alle meine Quellen sind in dir“ (Psalm 87,7).

---

[3] Schleske Martin, *Der Klang* – Vom unerhörten Sinn des Lebens, München: Kösel-Verlag, 6. Auflage 2012, S. 88.

Kapitel 6

Ein Herz der Versöhnung und der heilenden Gnade

Das große Thema Gottes mit der Menschheit lautet „Wiederherstellung." So vieles ist zerbrochen, aber Gott tat und tut alles dafür, dass Menschen Wiederherstellung erfahren. Deshalb sandte er seinen Sohn in diese Welt, um seiner Sehnsucht nach Wiederherstellung Ausdruck zu verleihen. Das Fundament dafür ist Versöhnung! Der Apostel Paulus offenbart dies auf geniale Weise in 2. Korinther 5,18-21:

> *Alles aber von Gott, der uns mit sich selbst versöhnt hat durch Christus und uns den Dienst der Versöhnung gegeben hat, wie denn Gott in Christus war, und die Welt mit sich selbst versöhnte, ihnen ihre Übertretungen nicht zurechnete und in uns das Wort von der Versöhnung gelegt hat.*
> *So sind wir nun Gesandte an Christi statt, indem Gott gleichsam durch uns ermahnt; wir bitten für Christus: Lasst euch versöhnen mit Gott! Den, der Sünde nicht kannte, hat er für uns zur Sünde gemacht, damit wir Gottes Gerechtigkeit wurden in ihm.*

Gott versöhnte die Welt mit sich in seinem Sohn Jesus Christus. Sein Herz ist voller Versöhnung und er fordert uns als seine Nachfolger dazu auf, selbst Agenten der Versöhnung zu werden (vgl. Vers 20). Versöhnung Gottes ist immer ein Geschenk, es ist ein Akt seiner Gnade.

Gottes Herz ist voller Liebe und Gnade, die in seiner Hingabe für Versöhnung ihren Ausdruck finden. Das Herz der Gnade zu erfassen, ist ein Schlüssel für ein erfülltes, befreites Leben. Durch die ganze Bibel hindurch, auch im Alten Testament, wird bezeugt, dass Gottes Herz von Gnade durchdrungen ist. Als Gott sich Mose näherte und sich ihm offenbarte, rief er aus, dass er reich an Gnade und Treue ist (2. Mose 34,6). In Psalm 136 wird das Wesen Gottes und all sein Tun mit seiner Gnade in Verbindung gebracht. In Jesus kam die personifizierte Gnade in diese Welt und wir sind durch diese Gnade reich beschenkt worden (vgl. Johannes 1,16).

Seit vielen Jahren habe ich dieselbe Bibel. Sie ist mir sehr kostbar, denn darin befinden sich neben dem lebendigen Wort Gottes persönliche Impulse und Inspirationen. Damit diese Bibel etwas geschützter ist, habe ich mir einen Ledereinband gekauft. Darauf habe ich folgendes Bibelwort eingravieren lassen: *„Durch Gottes Gnade bin ich, was ich bin."* Paulus bezeugt diese Wahrheit in 1. Korinther 15,10. Ich kann mich diesem Ausruf nur anschließen. Es ist seine Gnade, die mich durch mein Leben geleitet und mein Sein und Tun geprägt hat. Gnade hat vor allem zwei Aspekte: Erstens ist sie der Garant für die Vergebung all meiner Schuld und zweitens ist sie eine Befähigung zur Gestaltung meines Lebens. Diese Gnade ist in dem Neuen Bund verbürgt, den Jesus Christus durch seinen Tod am Kreuz erwirkt hat. Es sind schon etliche Bücher über die Gnade Gottes geschrieben worden. Und ja, wir brauchen eine Offenbarung dieser Gnade. Gnade ist nicht nur ein frommes Füllwort, sondern sie ist Lebenselixier.

Gnade ist nicht nur ein frommes Füllwort, sondern sie ist Lebenselixier.

Derjenige, der von der Gnade Gottes mit am stärksten berührt wurde, war Paulus. Wie oben schon erwähnt, spricht er davon, dass alles, was er ist, eine Frucht der Gnade Gottes ist. Er, der selbstsichere Theologe und Eiferer für das Gesetz Gottes, erlebte auf seinem Weg nach Damaskus eine „heilige Kapitulation" (vgl. Apostelgeschichte 9,1-18). Sein Ziel, die Anhänger dieser neuen Glaubensrichtung zu verhaften, wurde durch eine Begegnung mit dem auferstandenen Christus regelrecht durchkreuzt. Er, der Verfolger, wurde zum Baumeister des Reiches Gottes erwählt.

Für Paulus war die Erfahrung seiner Bekehrung und seiner Berufung der Background für seine Theologie – einer Theologie der Gnade. Überall dort, wo die Gnade Gottes in Frage gestellt wurde, begann er leidenschaftlich dafür zu kämpfen. Der ganze Galaterbrief ist von dem Anliegen durchdrungen, die Gnade zu erheben und darauf das Leben zu bauen. Auch in Epheser 2,5-10 wird die Gnade Gottes überschwänglich gerühmt. In Vers 7 spricht Paulus von dem „Reichtum seiner Gnade".

Wenn ich über Gottes Herz der Gnade nachdenke, dann höre ich folgenden Ruf meines Gottes: „Günter, lass auch dein Herz von Gnade durchdrungen sein. Lass mich eine Synchronisierung deines Herzens vornehmen. Denn Gnade heißt Leben, und von dir soll Leben ausgehen."

Unsere Welt ist oft von Gnadenlosigkeit gekennzeichnet. Menschen machen Fehler, und schon haben sie ihre Chance verspielt. Ohne Gnade scheitert jegliche Art von tiefgehendem Miteinander und die Potenziale in den Menschen liegen brach. Als ich 2018 in Israel war, unternahm ich eine kleine Wanderung. Ich lief durch eine wunderschöne Gegend am Rand der judäischen Berglandschaft. Mitten im Wald war ein Stacheldraht gespannt. Er war nicht sehr hoch und einige Meter weiter gab es eine kleine Brücke, um diesen Stacheldrahtzaun zu überwinden. Der Stacheldraht symbolisiert für mich all das Trennende zwischen Gott und mir und zwischen mir und meinen Mitmenschen. Die Gnade stellt für mich die Brücke dar, sie überwindet alles Trennende. Wo Gnade Raum hat, dort finden Herzen zueinander. Wir alle sind berufen „Räume der Gnade" zu schaffen (Raumdesigner der Gnade zu sein) – nicht aus uns selbst, sondern aus einer tiefen Erfahrung der Gnade Gottes heraus.

Was steht der Gnade entgegen? Stolz, Minderwertigkeit, Machbarkeitswahn, Angst, Scham, Unversöhnlichkeit und Verdammnis. Wie lange wollen wir diese Lebenskiller mit uns herumtragen? Der erste Schritt zur Veränderung unserer Herzen ist Ehrlichkeit, die in ein heilsames Loslassen bzw. einer heilsamen Buße mündet. Der Ausruf „Gott, ich brauche dich!" ist wie ein Andocken am Stromanschluss des Lebens.

Wenn unser Herz von Gnade erfüllt ist, geschehen Wunder. Für mich waren es auf jeden Fall Augenblicke der tiefen Ergriffenheit, weil sich hier die Kraft der Gnade manifestierte. Mein Pastorenkollege, mit dem ich über einige Jahre sehr segensreich zusammengearbeitet habe, verließ 2007 unsere Gemeinde. Dem Abschied ging ein mehrmonatiger Konflikt im Leitungsgremium voraus. Letzten Endes wurden wir alle aneinander schuldig. Im Jahr 2013 beteten wir als Leitungsteam, und Gott erinnerte uns an den Konflikt mit dem damaligen Pastor, der noch nicht wirklich ausgeräumt war. Ich bekam den Auftrag, mich in den nächsten Tagen mit dem Pastor in Verbindung zu setzen. Als ich am Tag darauf mein Mail-Postfach öffnete, traute ich meinen Augen nicht. Darin war eine Mail von diesem Pastor und er berichtete mir, dass er eine Vision gehabt habe, in der Gott hinsichtlich Versöhnung mit seiner früheren Gemeinde zu ihm gesprochen habe. Sechs Jahre waren seit seinem Wegzug vergangen und es hatte in der Zeit nur wenig Kontakt zwischen uns gegeben. Doch nun hatten wir als Leitung und mein früherer Kollege das Reden Gottes hinsichtlich Versöhnung fast zeitgleich empfangen. Wie krass!

Wir telefonierten miteinander und vereinbarten ein Treffen zwischen uns als Leitung (mit Ehepartnern) und ihm und seiner Frau. Ich war vor dem Treffen ziemlich nervös, aber was ich an dem Abend erlebte, war die heilvolle Kraft der Gnade und Versöhnung. Wir mussten nicht mehr alle Details, die damals schiefgelaufen waren, aufwärmen, sondern wir sprachen uns gegenseitig Vergebung zu und ließen Schmerz und Verletzungen los. Als wir unsere gemeinsame Gebetszeit beendet hatten, war der Raum von Freude geflutet. Ja, Gnade und Versöhnung verwandeln Räume, Herzensräume und auch andere.

Mir ist bewusst, dass Versöhnung auch ihre Zeit braucht. Nicht immer kann man sofort diesen Weg gehen. Aber ich weiß eines: Gott will unser Herz in Richtung Versöhnung und Gnade formen, weil wir es brauchen und weil sich Leben nur so entfalten kann.

Gott will unser Herz in Richtung Versöhnung und Gnade formen, weil wir es brauchen und weil sich Leben nur so entfalten kann.

Ein weiteres Erlebnis hinsichtlich Versöhnung wird mir wohl immer in Erinnerung bleiben. 2014 waren wir als Gemeinde mit vielen Menschen auf einer Wochenendfreizeit. Wir hatten zu der Freizeit einen Redner eingeladen, der uns ermutigte, das Evangelium in die Welt hineinzutragen. Am Samstagabend kam es dann zu einem absolut ungeplanten Ereignis. Der Sprecher sprach leidenschaftlich über die Liebe und Gnade Jesu und über die Kraft der Versöhnung. Am Ende des Abends lud er die Hörer ein, ihr Leben erstmalig oder wieder neu Jesus zu weihen. Plötzlich kam eine Bewegung bei der jungen Generation in Gang und etliche von ihnen nahmen Jesus in ihr Herz auf. Viele Tränen flossen. Auch meine damals 16-jährige Tochter stand auf und kam auf mich zu. Ich liebe sie von Herzen, und doch hatten wir beide immer wieder auch unsere Herausforderungen miteinander. An dem Abend kam sie zu mir, nahm mich in den Arm, weinte, drückte mich und sagte mir, wie lieb sie mich habe und dass ich ihr doch vergeben möge für ihr Verhalten mir gegenüber. Tief bewegt und ebenso schluchzend sagte ich ihr, dass ich das gerne tue, und dass sie doch auch mir vergeben möge. Weitere Worte waren nicht nötig, sondern die Liebe, die Gnade, die Kraft der Versöhnung waren am Wirken.

Wo unser Herz mit Gnade erfüllt ist, dort geschehen Wunder. Jesu Gnade ging ja so weit, dass er für die betete, die ihn ans Kreuz geschlagen hatten, indem er ausrief: *„Vater, vergib ihnen, denn sie wissen nicht, was sie tun“* (Lukas 23,34). Gnade öffnet Türen zu Herzen, die verschlossen sind. Im Jahr

2019 erinnerte mich Gott an drei Männer, die alle einmal in unserer Gemeinde gewesen waren und mit denen ich es vor ihrem Weggang schwer gehabt hatte. Anstelle einer früheren Herzlichkeit war nun eine enorme Distanz getreten. Gott forderte mich auf, diese Männer zu segnen. Um es kurz zu machen: Nach vielen Jahren der Funkstille (bei einem waren es 14 Jahre gewesen) hatte ich mit allen dreien innerhalb von wenigen Wochen ein Treffen. Es war für mich wie ein Wunder. Ich saß ihnen gegenüber und wir konnten zum Teil über Vergangenes reden. Vor allem bei einem Gespräch haben wir uns bewusst unter die Gnade Gottes gestellt und uns gegenseitig vergeben. Ich merkte: Wenn mein Herz von Gnade durchdrungen ist, dann wird es für andere weit. Es ist dann nicht einfach alles okay, aber es schafft eine Grundlage für Versöhnung.

Für viele ist König David ein gewisses Vorbild. Ja, er ist ein Mann nach dem Herzen Gottes (vgl. Apostelgeschichte 13,22). Doch auch sein Herz war nicht nur mit Liebe erfüllt, sondern ebenso mit Unversöhnlichkeit. Das Letzte, was von David überliefert wurde, war ein Auftrag an seinen Sohn Salomo. Dieser Auftrag lautete: „Töte Schimi!" (vgl. 1. Könige 2,9). Was war der Hintergrund? Etliche Jahre zuvor hatte David vor seinem Sohn Absalom fliehen müssen. Auf der Flucht war ihm dieser Schimi begegnet. Er war voller Zorn gegenüber David, war er doch ein Verwandter des früheren Königs Sauls, dessen Thron David übernommen hatte. Schimi rief David Flüche entgegen und warf Steine nach ihm (vgl. 2. Samuel 16,5-8). Es war ein Akt der Demütigung für David. Ein Vertrauter Davids hatte diesen Schimi auf der Stelle töten wollen, aber David hatte ihm gewehrt. Und nun, viele, viele Jahre später, David lag auf dem Sterbebett, kam ein Herz zum Vorschein, das diesen Vorfall nicht vergessen hatte. So kam es, dass ein Mordbefehl das letzte Wort des großen Königs David war. In ihm war ein Herz, das nicht vergeben konnte, ein Herz, das verletzt war. Kurz vor seinem letzten Atemzug brach aus ihm diese Unversöhnlichkeit heraus. Es war die negative Kraft eines verletzten Herzens. Ja, Davids Herz war in vielem von

Gott geformt worden, aber es gab auch Teile seines Inneren, die nicht unter die Heilungskraft der Gnade gekommen waren.

Selbstvergebung

Es fällt mir relativ leicht, anderen zu vergeben. Natürlich ringe ich auch damit, wenn ich ungerecht behandelt werde, aber meistens ist es so, dass ich vergebe und andere aus ihrer Schuld entlasse. Auch wenn beim anderen wenig Einsicht da ist, so gelingt es mir meist, nicht nachtragend zu sein, sondern zu vergeben. Womit ich jedoch enorm kämpfe, ist, die Gnade für mich selbst wirksam werden zu lassen. Mir selbst zu vergeben, ist ein Akt, der mich echt schlaucht. Ja, zugegeben, ich bin ein sehr verantwortungsbewusster Mensch mit einem Hang zum Perfektionismus. Meine Sicht von Verantwortung beinhaltet, dass ich so handle und Entscheidungen treffe, dass das bestmögliche Ergebnis herauskommt. Das setzt mich enorm unter Druck und ich weiß, dass Gott hierin mein Herz noch mit seinem Herzen synchronisieren will.

Hier nun ein krasses Erlebnis hinsichtlich meines Kämpfens mit Selbstvergebung:

Im Sommer 2015 waren wir als Familie in Südfrankreich im Urlaub. Wir hatten eine schöne Ferienwohnung in einer Kleinstadt an der Atlantikküste. Unsere Kids genossen am Strand besonders die genialen Wellen. Uns als Eltern war es immer etwas mulmig, wenn sie zu weit rausschwammen.

Es war Sonntag, der 30. August, als wir uns nach einem späten Frühstück zum Strand aufmachten. Diesmal fuhren wir etwas südwärts an einen für uns bisher unbekannten Strandabschnitt. Herrliches Wetter, windig und wirklich hohe Wellen erwarteten uns dort. Wir ermahnten unsere vier älteren Kinder nicht zu weit rauszugehen und aufeinander achtzuhaben. Sie genossen das Herumtollen in vollen Zügen. Ich schaute mit unserem jüngsten Sohn (damals 7 Jahre alt) vom Strand aus den anderen zu. Ich hielt ihn auf dem Arm und beschloss dann ein stückweit mit ihm ins Wasser hineinzugehen. Wir hatten unseren Spaß an den am Strand auslaufenden Wellen. Ich ging mit ihm noch ein paar Meter weiter rein, sodass ich nun hüfthoch im Wasser stand. Immer wenn die Wellen kamen, hüpfte ich mit meinem Sohn hoch und wir genossen es miteinander. Zur Sicherheit hatte mein Sohn noch Schwimmflügel an. Doch dann sah ich plötzlich, dass die nächste Welle höher als die bisherigen war, und ich wusste, dass ich sie nicht einfach durch Hochhüpfen überwinden konnte. Sie brach sich mit voller Wucht direkt über uns.

Durch ihre enorme Kraft zog mir die Welle die Füße weg. Ich wurde kurz umhergeschleudert und das Wasser riss mir meinen Sohn aus den Armen. Ich versuchte mich so schnell wie möglich aufzurappeln und nach meinem Sohn Ausschau zu halten. Ich hatte große Sorge, dass der ungemeine Rückwärtssog ihn nach draußen ziehen würde. Ich war echt in Panik.

Ich blickte mich um, doch ich konnte meinen Sohn nirgendwo sehen. Bevor mich die nächste Welle umriss, erkannte ich nur, dass zwei Schwimmflügel auf der Wasseroberfläche trieben. So schnell wie möglich richtete ich mich wieder auf und suchte verzweifelt nach meinem Sohn. Dann hörte ich plötzlich die Stimme eines Mannes hinter mir. Er hatte meinen Sohn auf seinen Armen und gab ihn mir. Ich weiß bis heute nicht, ob mein Sohn einfach an den Strand gespült oder ob er von dem Mann aus dem Wasser gezogen worden war. Noch unter Schock stehend bedankte ich mich bei dem Mann und lief zurück an unseren Strandplatz. Ich war zwar überaus dankbar, dass es gut ausgegangen war, aber dennoch war ich innerlich absolut am Limit.

Die nächsten Tage waren für mich enorm herausfordernd. Natürlich sprachen wir als Familie darüber. Alle fanden es gefährlich, hakten es aber unter dem Stichpunkt „Bewahrung“ ab. Aber ich spielte diese Szene immer und immer wieder durch. Einige Nächte lag ich wach und machte mir vor allem eines: Vorwürfe! Mein leichtsinniges Handeln hätte das Leben meines Sohnes kosten können. Obwohl nichts passiert war, konnte ich mir nicht wirklich vergeben. Gott hatte Gnade gegeben und die

Hand über meinen Sohn gehalten. Er hatte meine Fehleinschätzung korrigiert, darüber war ich so dankbar. Vielleicht war der Mann, der meinen Sohn auf dem Arm gehalten hatte, ein Engel gewesen.

Die Frage ist ja: Wie gehe ich mit mir um, wenn ich Fehler mache? Wie hart bin ich zu mir? Kann ich auch Gnade für mich in Anspruch nehmen? Ein Herz der Vergebung ist nicht nur ein Herz, das anderen vergibt, sondern auch sich selbst.

Vielleicht fällt es auch dir leichter, anderen zu vergeben als dir selbst. Wenn wir jedoch die Gnade Gottes nicht zuallererst an uns wirksam werden lassen, dann müssen wir uns entweder ständig innerlich rechtfertigen oder wir laufen mit einem Herzen der Verdammnis anstatt der Freiheit durch unser Leben.

Je nachdem, wie stark unser Herz von der Gnade des Herzens Gottes durchdrungen ist, interpretieren wir die Worte der Bibel unterschiedlich. In Epheser 5,16 heißt es: *„Kauft die rechte Zeit aus!“* Diesen Aufruf des Paulus versteht ein Herz, das noch Nachholbedarf hinsichtlich der Gnade hat, folgendermaßen: „Hole das Optimum aus allem heraus – vergeude keine sich dir bietende Chance!“

Im Januar 2019 hielt ich die Trauerfeier für einen jungen Mann namens Ole aus unserer Gemeinde, der mit 37 Jahren an einer besonderen Form von Leukämie verstorben war. Ich hatte ihn und seine Frau über die Monate vor seinem Heimgehen zu Jesus begleitet, und es war eine herausfordernde, aber auch intensive Zeit. Wir beteten zusammen um ein Wunder und konnten dennoch auch über das Sterben reden. Der junge Mann war in unserer Region über viele Jahre in der christlichen Szene aktiv gewesen, auch über Gemeindegrenzen hinweg. Ich empfand vor der Trauerfeier, dass Gott durch die Beerdigung die Christen aus der Region herausfordern wollte, Oles Vermächtnis zu ergreifen. Die Kirche, in der die Trauerfeier standfand, war mit ca. 800 Menschen rappelvoll. Während der Feier und der Predigt empfand ich Gottes starkes Wirken, und es gab auch etliche positive Rückmeldungen zu dieser Abschiedsfeier.

Als ich am Abend nach der Beerdigung alleine zu Hause im Wohnzimmer saß, überkam mich plötzlich ein Gedanke: „Günter, du hast die Chance nur halbherzig genutzt. Du hast viel Gutes gesagt, aber Wichtiges nicht angesprochen." Auf mein Inneres kam eine dunkle Decke. Ich konnte nur noch das Negative sehen und klagte mich selbst an. Es war auch ein geistlicher Angriff, der mich so in Frage stellte. Ich konnte diese Gedanken nicht loslassen und es zog mich total nach unten. Ich ließ mich davon gefangen nehmen. Gnade für mich schien meilenweit entfernt zu sein.

Als mein Herz voller Selbstanklage war, erhielt ich einen Tag nach der Beerdigung einen Anruf von einem älteren Mann aus unserer Gemeinde. Er war ein ruhiger Mensch, zu dem ich in all den Jahren meines Pastorenseins wenig Beziehung gehabt hatte. Sein Anruf hatte einen besonderen Grund. Er erzählte mir, dass er in der Nacht aufgewacht war und an mich gedacht hatte. Dabei hatte er von Gott einige Worte empfangen, die er mir sagen sollte: „Du bist mein geliebter Sohn. Ich liebe dich so, wie du bist, mit deinen Schwächen und Stärken. Klage dich nicht an, ich habe dir vergeben. Ich liebe dich! Öffne mir dein ganzes Herz, und ich zeige dir mein ganzes Herz. Ich habe Freude an dir. Ich ziehe meine Liebe nie zurück. Ich liebe dich, mein Kind!"

Ich kann gar nicht beschreiben, wie sehr mich diese Worte berührten. Mitten in meinen inneren Kämpfen weckte Gott diesen Mann auf und gab ihm Worte der Gnade, die tief in mein Herz eindrangen. Das Herz Gottes ist so voller Gnade, und es gilt, diese Einladung immer wieder anzunehmen, die da lautet:

> *Lasst uns nun mit Freimütigkeit hinzutreten zum Thron der Gnade, damit wir Barmherzigkeit empfangen und Gnade finden zur rechtzeitigen Hilfe* (Hebräer 4,16).

Vom Thron Gottes, aus der Mitte seines Seins, fließt ein Strom der Gnade. Diese Gnade umspült unser Herz und will es zu einem Herzen der Gnade transformieren – einer Gnade, die uns selbst und anderen zum Segen wird.

Noch zwei Bibelworte, die von dieser Gnade reden, die alle Anklage überwindet: Im ersten seiner Briefe beschreibt Johannes, wie ein anklagendes Herz zur Ruhe kommt:

> Hieran werden wir erkennen, dass wir aus der Wahrheit sind, und wir *werden* vor ihm unser Herz zur Ruhe bringen, dass wenn das Herz uns verurteilt, Gott größer ist als unser Herz und alles kennt (1. Johannes 3,19).

Ein Kennzeichen von „in der Wahrheit sein" ist nicht ein Herz, das alles richtig macht, sondern ein Herz, das erkennt, dass Gottes Gnade in Jesus Christus viel größer ist, als alles, was falsch läuft bzw. gelaufen ist. Ein Herz, das von Gnade durchdrungen ist, ist ein Herz der Ruhe. Es ist ein Ruhen in dem, wer Gott ist und wie er uns in Jesus seine Gnade zuteilwerden lässt. Wir werden keine Ruhe finden, wenn wir auf uns schauen und uns anstrengen, alles richtig zu machen. Das ist eine Sackgasse.

Wir werden keine Ruhe finden, wenn wir auf uns schauen und uns anstrengen, alles richtig zu machen. Das ist eine Sackgasse.

Der Abschnitt in 1. Timotheus 1,12-19 ist in der Elberfelder Bibel mit folgenden Worten überschrieben: „Lobpreis Gottes für die an Paulus erwiesene Gnade". Paulus beschreibt in aller Offenheit, wie er sein früheres Leben gelebt hatte. Doch dann hatte er die überströmende Gnade erfahren (Vers 14). Weiter lesen wir: *„Aber darum ist mir Barmherzigkeit zuteilgeworden, damit Jesus Christus an mir als dem Ersten die ganze Langmut beweise, zum Vorbild für die, welche an ihn glauben werden zum ewigen Leben"* (Vers 16). Paulus hatte das Herz Gottes erfahren, ein Herz voller Barmherzigkeit und Langmut (Geduld). Darin ist er mir zum Vorbild geworden. Dieselbe Barmherzigkeit, Gnade und Geduld gelten auch mir.

Ich will es nochmals betonen: Gottes Herz ist voller Liebe und Gnade. Diese Gnade ist die Grundlage für alle Versöhnung und Wiederherstellung. Und sie will sich in meinem Herzen ausbreiten. Gnade befähigt zur Versöhnung und Vergebung. Sie schafft einen Raum für das Leben. Mein Herz möge von dieser Gnade immer mehr durchdrungen sein!

Kapitel 7

Ein Herz der Treue

„Auch wenn ich mit manchem nicht einverstanden bin, so bleibt das weiterhin meine Gemeinde, und ich bete für dich als meinen Pastor.“ Diese Worte habe ich häufiger von einem älteren Mann aus unserer Gemeinde gehört. Mittlerweile ist er in seiner himmlischen Heimat. Er war ein sehr herausfordernder Mensch, etwas dickköpfig, und es war schwierig, mit ihm zu diskutieren. So manches in seinem Herzen hätte noch Heilung gebraucht, aber ein Aspekt war bei ihm ungemein ausgeprägt: Seine Treue – sowohl zur Gemeinde als auch in seinem Glauben an Gott. Heutzutage ist zu beobachten, dass Menschen ihre Gemeinde häufiger wechseln. Die Gründe sind sicher sehr unterschiedlich, und doch meine ich wahrzunehmen, dass man kaum Spannungen aushält und sich zügig zum Gemeindewechsel entscheidet.

Ein anderes Beispiel: Lisl war eine unscheinbare Frau, die dennoch mein Leben geprägt hat. Auch sie ist seit einigen Jahren bei ihrem Jesus. Lisl musste als junge Frau bei Kriegsende aus Osteuropa fliehen. Sie und ihr Mann begannen mühsam, wie viele andere auch in der Zeit, sich eine neue Existenz aufzubauen. In dem Dorf, in dem sie ein neues Leben starteten, erfuhren sie als Flüchtlinge starke Ablehnung. Lisl fand zum Glauben an den lebendigen Gott, der ihr Kraft gab, die Herausforderungen zu meistern. Ihr Mann war in Bezug auf den Glauben ablehnend und begann seine Sehnsüchte mit Alkohol zu stillen. Über viele Jahre war ihre Ehe sehr schwierig.

Als ich sie kennenlernte, war ihr Mann bereits verstorben. Trotz all der Nöte ihres Lebens war in ihr keine Spur von

Verbitterung, sondern sie war voller Barmherzigkeit und lebte Treue pur. Einige junge Menschen, die auf die schiefe Bahn geraten waren, fanden bei ihr zeitweise ein Zuhause. Sie umsorgte sie, auch wenn diese sie enttäuschten. Ich war hin und her gerissen, ob ich ihr nicht raten sollte, diese Jungs fortzuschicken, da ich empfand, dass sie diese gutmütige Frau auf eine gewisse Art ausnutzten. Aber Lisl war da eindeutig: Auch wenn es schwierig mit ihnen war, blieb sie ihnen treu. Diese jungen Menschen hatten so oft Ablehnung erfahren, doch bei Lisl erlebten sie Annahme und was es heißt, sich auf jemanden verlassen zu können. Wenn ich heute über Lisl nachdenke, dann bin ich bewegt von ihrem Herzen, das so von Gottes Herzschlag durchdrungen war – ein Herz voller Treue.

Weiter oben habe ich schon einmal den Vers 6 aus 2. Mose 34 erwähnt. Es sind Worte Gottes, in denen er Mose sein Wesen offenbart, als dieser sich wünscht, die Herrlichkeit Gottes zu sehen. Dort lesen wir:

Jahwe, Jahwe, Gott barmherzig und gnädig, langsam zum Zorn und reich an Gnade und Treue.

Neben der Gnade steht die Treue, die Gottes Wesen beschreibt. Das hebräische Wort für Treue heißt „Ämät“ und umfasst neben Treue die Bedeutungen „Wahrheit, Zuverlässigkeit, Festigkeit, Gewissheit“. Wir kennen den Wortstamm von „Ämät“ in einer anderen Form als Abschluss unserer Gebete: „Amen“ heißt ja: „So sei es gewisslich.“

Die Treue Gottes, seine Verlässlichkeit, die mit Wahrheit einhergeht, wird durch die ganze Bibel hindurch bezeugt. In seiner Treue hat er das Volk Israel erwählt und einen Bund mit ihnen geschlossen (vgl. 5. Mose 7,9). In den Psalmen wird an vielen Stellen Gottes Treue gerühmt. Sie ist die Hoffnung in schwierigen Zeiten.

Im ersten Kapitel seines Evangeliums beschreibt Johannes die Menschwerdung Gottes in Jesus Christus. In Vers 14 lesen wir von der Herrlichkeit, die in Jesus ist, und es ist eine

Herrlichkeit voller Gnade und Wahrheit. Auch hier wieder: Gnade und Wahrheit (Treue) ist in Jesus in vollem Maße zum Ausdruck gekommen. Er ist die personifizierte Gnade und Treue. Der Apostel Paulus ruft uns zu:

> *Gott ist treu, durch den ihr berufen worden seid in die Gemeinschaft seines Sohnes Jesus Christus, unseres Herrn* (1. Korinther 1,9).

Unser Glaube kann nur deshalb ein Lebensfundament sein, weil er sich auf Gottes Treue gründet. Gott ist absolut verlässlich. Auch wenn wir immer wieder neue Aspekte an ihm entdecken oder diese tiefer wahrnehmen, so bleibt er dennoch der Unveränderliche. *„Er ist derselbe, gestern, heute und in alle Ewigkeit“* (Hebräer 13,8).

> *Unser Glaube kann nur deshalb ein Lebensfundament sein, weil er sich auf Gottes Treue gründet.*

Also halten wir fest: Gottes Herz ist ein Herz voller Treue, Wahrheit und Zuverlässigkeit. Genau in diese Festigkeit hinein will Gott auch unser Herz führen. Wir alle sehnen uns doch nach Verlässlichkeit und Ehrlichkeit. Nur auf dieser Basis können wir auf Dauer vertiefte Beziehungen leben. Dort, wo Unzuverlässigkeit, Lüge und Heuchelei Raum haben, entfaltet sich kein Leben.

Ich habe immer wieder meine Not mit der Pünktlichkeit. Als unsere Kinder noch in den Kindergarten gingen, war es meist meine Aufgabe, sie dort abzuholen. Auf dem Weg vom Büro nach Hause fuhr ich dann mit dem Fahrrad am Kindergarten vorbei. Ich wusste, dass ich pünktlich dort sein musste. Doch oft dachte ich, dass es noch für eine E-Mail, ein Telefonat oder sonst etwas reicht. Wenn ich dann wieder auf die Uhr schaute, wurde mir klar, dass es mal wieder sehr knapp werden würde. Ich raste mit dem Fahrrad von meinem Büro durch die Stadt (verärgerte dabei so manche Fußgänger, die sich über einen rabiaten Fahrradfahrer aufregten) und kam schwitzend im

Kindergarten an, nur um wieder das traurige Bild zu sehen: Mein Kind allein mit einer etwas genervten Erzieherin. Ich bin froh, dass meine Kinder keine traumatischen Folgeschäden durch meine permanente Unpünktlichkeit davontrugen.

Auch wenn das ein Beispiel zum Schmunzeln ist, so ist Unzuverlässigkeit eine ernste Sache. Wenn sich andere nicht auf uns verlassen können, dann beeinträchtigt dies unsere Beziehungen gewaltig. Gott will unser Herz formen, sodass es den Mut hat, ehrlich und wahrhaftig zu sein, auch wenn dies manchmal herausfordernd ist.

Immer wieder habe ich mich gefragt, warum Gott so hart auf die Lügen von Hananias und seiner Frau Saphira reagiert hat (vgl. Apostelgeschichte 5,1-11). In der neu entstandenen Gemeinde war eine starke geistliche Dynamik; es geschahen vollmächtige Wunder und viele bekehrten sich. Die Gemeinde war von einem enormen Miteinander geprägt. Menschen, die vermögend waren, gaben von ihrem Geld ab, sodass alle versorgt werden konnten. Hananias und Saphira entschlossen sich, einen Acker zu verkaufen, um das Geld der Gemeinde zur Verfügung zu stellen. Sie behielten jedoch einen Teil des Erlöses für sich, was zunächst nicht schlimm war. Als sie jedoch gefragt wurden, ob dies das ganze Geld sei und es bejahten, traf sie das Gericht Gottes und beide verstarben an diesem Tag. Krass, diese Story!

Auch wenn manche Fragen offenbleiben, so verstehe ich das eine: Durch das Ehepaar kam Lüge und Heuchelei in die Gemeinde hinein, also gerade das Gegenteil von Ehrlichkeit und Zuverlässigkeit. Genau dies brandmarkte Jesus gegenüber den Pharisäern und Schriftgelehrten. Er nannte sie Heuchler, weil das, was sie sagten, und das, was sie lebten, nicht stimmig war (vgl. Matthäus 23)!

Wenn wir die Gerichtsworte der Propheten im Alten Testament lesen, zeigt sich folgender roter Faden: Oft wurde eine äußere Religiosität gelebt, aber das Herz hatte sich von Gott entfernt. Es gab eine große Diskrepanz zwischen dem, was nach außen dargestellt wurde, und dem, wie es innerlich aussah. Das Gelebte war nicht von Wahrheit durchdrungen. Sehr krass formulierte Gott es durch den Propheten Amos: *„Ich hasse, ich verwerfe eure Feste, und eure Festversammlungen kann ich nicht mehr riechen ... Halte den Lärm deiner Lieder von mir fern!“* (Amos 5,21.23). Ähnliches finden wir in Jesaja 29,13, wo Gott sagt, dass dieses Volk ihn mit den Lippen ehrt, ihr Herz aber weit entfernt von ihm ist. Jesus nimmt auf diese Aussage Bezug, als er einmal wieder einen Disput mit den religiösen Leitern hat (vgl. Matthäus 15,8).

Gott kann gut damit umgehen, wenn wir Zweifel haben oder mit unseren Klagen zu ihm kommen, weil wir das Leben nicht verstehen. Aber ein Herz, das unaufrichtig ist, entzieht sich seinem heilsamen Wirken. Es stellt sich selbst ins Abseits. Wahrhaftigkeit ist ein Ausdruck von Gottes Wesen.

Synchronisierung unserer Herzen heißt, dass der wahrhaftige, treue, beständige Gott unser Inneres berührt, damit wir den Mut haben, in Aufrichtigkeit und Ehrlichkeit hineinzukommen.

Warum schließt Gott Bündnisse? Die Bibel berichtet uns von einigen Bündnissen zwischen Gott und den Menschen. Häufig wird hierfür der Vergleich mit einer Ehe gebraucht, Gott als Ehemann und das Volk als seine Ehefrau. Während Gott immer treu ist, ist der Mensch (das Volk) unfähig, zu seinen Verpflichtungen zu stehen. Der Prophet Hosea beschrieb dies sehr eindrücklich. Aufgrund der Untreue des Menschen musste der „zweite Adam“ kommen, der Mensch Jesus Christus, und in ihm schloss Gott den Neuen Bund, an dem wir nun teilhaben können. Es ist ein Bund von absoluter Verlässlichkeit, weil er eben nicht mehr von meiner Treue abhängig ist. Wir sehen in dieser ganzen Bundesoffenbarung der Bibel Folgendes: Gottes Herz ist ein Herz, das sich festlegt! Sein JA ist ein JA. Seine Gnade und seine Wahrheit (Treue) sind Garanten für unsere ewige Erlösung.

Durch Christus leben Gnade und Wahrheit in mir. So ruft es uns Paulus zu: „*Christus in euch – die Hoffnung der Herrlichkeit*" (Kolosser 1,27). Treue und Wahrheit haben nichts mit Anstrengung zu tun. Wir können unsere Herzen nicht selbst verändern, aber wir können uns verändern lassen. Ehrlichkeit ist der erste Schritt zur Wahrhaftigkeit.

Lasst mich noch kurz auf den Aspekt von Verlässlichkeit eingehen. Als Paulus vorgeworfen wurde, dass er nicht verlässlich sei, schrieb er:

> *Nun werdet ihr fragen, warum ich meine Pläne geändert habe. Stand mein Entschluss vielleicht noch nicht fest? Oder gehöre ich zu den Menschen, die Ja sagen, wenn sie in Wirklichkeit Nein meinen? So sicher, wie Gott treu ist, gehöre ich nicht zu dieser Sorte Menschen. Mein Ja bedeutet Ja, weil Jesus Christus, der Sohn Gottes, nicht zwischen Ja und Nein schwankt"* (2. Korinther 1,17-19 NLB).

Wahrhaftigkeit, Treue und Verlässlichkeit gehören zusammen. Warum ist es oft so schwer, diese Herzenshaltungen auch auszuleben? Hinsichtlich Wahrhaftigkeit können z. B. Scham oder ungute Motive Hinderungsgründe sein. Treue und Verlässlichkeit nehmen da ab, wo man denkt, dass man sich durch eine feste Entscheidung beraubt. Dabei spielt die tiefe Angst, etwas zu verpassen, eine große Rolle, wenn man sich z. B. auf einen festen Partner oder verbindlich auf einen Dienst einlässt. Vor einiger Zeit las ich von dem „Fomo-Syndrom", unter dem viele Menschen leiden. „Fomo" ist die Abkürzung von „Fear of missing out" und bedeutet „die Angst, etwas zu verpassen". In unserer multioptionalen Gesellschaft, die uns suggeriert, ja nichts verpassen zu dürfen, findet dieses Fomo-Syndrom einen guten Nährboden.

Es gibt Zeiten, in denen Veränderung dran ist und neue Wege gegangen werden müssen. Wenn jedoch jemand von der Sucht nach Veränderung geprägt und von der Angst, etwas zu verpassen, gesteuert ist, dann braucht dessen Herz eine

Befreiung – eine Synchronisierung mit dem Herzen Gottes. Wer ständig flieht, wenn es herausfordernd wird, der beraubt sich der Chance, genau in diesen Zeiten sein Herz von der gütigen Hand Gottes formen zu lassen.

„Hold on!" – „Halte fest!", das ist der Ruf Gottes an unsere Herzen. Verfrühtes Loslassen verhindert die Erfahrung von Durchbrüchen. Vom Erfinder der Glühbirne, Thomas A. Edison, wird berichtet, dass er enorm viele Fehlversuche verzeichnete, bis er den Durchbruch schaffte. Er blieb sich treu, blieb dran, und dies führte zum Erfolg. Als ich in meiner Gebetszeit Gott um mehr Zeichen und Wunder bat, vernahm ich: „Günter, ich freue mich an deiner Beständigkeit. Du erlebst meinen Segen weniger im Spektakulären, sondern mehr in dem, dass du beständig bist."

In diesem Abschnitt ging es um Gottes Herz – ein Herz von Treue, Verlässlichkeit und Wahrheit. Das ist nicht eine theoretische Wahrheit, sondern wir dürfen es erfahren: Gott ist uns gegenüber treu, verlässlich und wahrhaftig. Wenn wir das dankbar erfassen, dann verändert dies auch unser Herz, und es breitet sich nach und nach Treue, Wahrhaftigkeit und Verlässlichkeit darin aus.

Wenn ich für Menschen bete, die über viele Jahre aufrichtig und verlässlich einen Dienst gemacht haben, dann kommen mir immer wieder die Worte in den Sinn, die Jesus dem Landbesitzer im Gleichnis von den anvertrauten Talenten in den Mund gelegt hat. Als dieser zurückkommt und hört, dass die Knechte mit ihrem Anvertrauten gut gewirtschaftet haben, nennt er sie: „... du guter und treuer Knecht ..." (Matthäus 25,21). Es kommt nicht so sehr darauf an, alles richtig zu machen, sondern in Treue bzw. Zuverlässigkeit seine Berufung zu leben. Treue und Wahrhaftigkeit sind für Gott enorme Werte, und es ist solch ein Segen, dass sein Herz uns in dieser Weise zugewandt ist.

Es kommt nicht so sehr darauf an, alles richtig zu machen, sondern in Treue bzw. Zuverlässigkeit seine Berufung zu leben.

Kapitel 8

Ein Kämpferherz

Fünfzehn Kilometer von meinem Wohnort entfernt liegt die Ortschaft Bad Boll. Sie ist bekannt für ihr Kurhaus, die Evangelische Akademie und den Sitz der Herrnhuter Brüdergemeine (Herausgeber der weltbekannten „Losungen").

Doch Bad Boll hat noch eine weitere Besonderheit: Über fast 30 Jahre wirkte hier der Pfarrer Johann Christoph Blumhardt (1852–1880). Er leitete ein ganzheitliches Seelsorgezentrum. Menschen aus ganz Europa kamen nach Bad Boll, um ihn predigen zu hören und seinen Heilungsdienst in Anspruch zu nehmen.

Bekannt geworden war Blumhardt schon vor seiner Zeit in Bad Boll. In seiner ersten Pfarrstelle in Möttlingen hatte es eine junge Frau namens Gottliebin Dittus gegeben, die von unerklärlichen Anfällen und Krämpfen geplagt war; auch redeten fremde Stimmen aus ihr. Blumhardt wurde bald klar, dass es sich um dämonische Angriffe handelte. Fast zwei Jahre lang betete und rang er um Befreiung für diese leidgeprüfte Frau. An Weihnachten 1843 schließlich gelang nach vielen Kämpfen der Durchbruch. Mit dem Ausruf „Jesus ist Sieger!" proklamierte Gottliebin Dittus ihre Befreiung und Blumhardt übernahm dies als Lebenslosung.[1] Das Ereignis löste eine Buß- und Erweckungsbewegung aus. Viele Menschen kamen nach Möttlingen, bekannten ihre Sünden und nahmen Jesus als ihren Retter an. Es geschahen auch weitere Heilungen und Befreiungen.

---

[1] Johann Christoph Blumhardt, *Jesus ist Sieger,* Ebersbach a.d.Fils: Awaken-Media.de, 2020, S. 99.

„Jesus ist Sieger" – so steht es auch als Inschrift auf dem „Blumhardt-Friedhof" in Bad Boll. Blumhardt erlebte den Kampf mit den Mächten der Finsternis auf besondere Weise. Später war es auch ein Kampf gegen die Verleumdungen durch theologisch Andersdenkende.

Was Blumhardt besonders bewegte, war das Kommen des Reiches Gottes. Diesem Kommen und Ausbreiten stehen aber Kräfte und Mächte entgegen. Für ihn war es wichtig, dies zu durchschauen, standhaft zu bleiben und im Aufblick auf Jesus, den Sieger, die Kämpfe zu durchkämpfen, die nötig sind, damit das Reich Gottes durchbrechen kann.

Spannend ist, dass es seit ungefähr drei Jahren hier in der Region eine „Blumhardt-Gruppe" gibt. Gott hat auf spezielle Weise Männern und Frauen neu die Sehnsucht ins Herz geschenkt, das Erbe Blumhardts zu entdecken und es ins gegenwärtig Sichtbare zu bringen, sodass die alte Quelle von Heilung, Befreiung und Erweckung wieder aufbricht (vgl. 1. Mose 26,18 ff.). Immer wieder war ich bei den Treffen dabei und nehme wahr, dass hier Menschen sind, die sich gegenseitig ermutigen zu kämpfen, damit das Reich Gottes neu durchbricht. Nicht verkrampft, sondern mit einem Herzen voll Sehnsucht und Kühnheit.

Ist das Herz Gottes ein „Kämpferherz"? Hat er es als König aller Könige, als einzig wahrer Gott überhaupt nötig zu kämpfen? Ist ihm nicht sowieso schon alles untertan? Ich glaube es gibt hier unterschiedliche Dimensionen. Gott muss nicht um seine Position kämpfen, und letzten Endes wird er auch alle seine Absichten souverän durchsetzen. Satan, der einstige Lichtengel, der gegen ihn rebelliert hat, ist kein Gegner auf Augenhöhe, sondern ihm von Anbeginn hoffnungslos unterlegen.

Und dennoch kämpft das Herz Gottes!
Worum? Um dich und mich!
Es kämpft um seine geliebten Menschen.
Es wirft alles in die Waagschale, um sie zu erlösen und sie in die tiefste Gemeinschaft mit sich zurückzuführen.

Kampf hat immer mit Einsatz zu tun. Und der größte Einsatz, den Gott bringen konnte, war der, dass er seinen Sohn als Mensch in diese Welt sandte und dass dieser stellvertretend für alle Sünde am Kreuz starb. „Es ist vollbracht!", so rief es Jesus am Kreuz aus und meinte damit, dass der Kampf ein für alle Mal gewonnen ist – der Kampf gegen alle lebenszerstörerischen Kräfte, der Kampf gegen Satan und seine Dämonen. Im Kolosserbrief lesen wir dazu: *„Jesus hat die Gewalten und die Mächte völlig entwaffnet und sie öffentlich zur Schau gestellt. In ihm hat er den Triumph über sie gehalten"* (Kolosser 2,15).

Das Herz Jesu – welches uns das Herz Gottes offenbart – war ein Kämpferherz. Er kämpfte um die Menschen und darum, die Herrschaft Satans auf dieser Welt zu durchbrechen. Kaum tritt Jesus öffentlich auf, da ruft ihn der Teufel auf die Kampffläche. Jesus ist in der Wüste, vierzig Tage hat er gefastet, und nun will ihn der Teufel versuchen, so wie er es im Paradies mit Adam und Eva schon einmal getan hat (vgl. Lukas 4,1-13). Jesus nimmt den Kampf an und gewinnt ihn auf geniale Weise. Er ist ausgerüstet mit dem Schwert namens *Wort Gottes* und erteilt dem Teufel eine Lektion. Drei Jahre später, im Garten Gethsemane, kommt es nochmals zu einem Kampf, einem inneren Kampf über den nun anstehenden Leidensweg. Jesus, dessen Herz in Angst geraten ist, sucht die Gegenwart seines Vaters im Himmel. Dieser stärkt ihn und hilft ihm weiterzukämpfen. Im Hebräerbrief lesen wir, dass Jesus, obwohl er Gottes Sohn war, an dem, was er litt, Gehorsam lernte (vgl. Hebräer 5,8). Sein Kampf bestand nicht in erster Linie darin, gegen die Mächte der Finsternis zu kämpfen, sondern seinem Vater im Himmel gehorsam zu bleiben. Und – Halleluja! – er tat dies bis zum letzten Atemzug am Kreuz. Was wie eine Niederlage aussah, war in Wirklichkeit der größte Sieg im alles entscheidenden Kampf, der mit dem Ausruf endete: „Es ist vollbracht!"

Jesus vereint beides in sich: Lamm und Löwe! (vgl. Offenbarung 5,5-6). Er ist das Lamm, das sich geopfert hat, aber er ist auch der Löwe von Juda, der Herrscher in Stärke und

Macht. Wenn ich darüber nachdenke, dann merke ich: Sowohl die Lamm- als auch die Löwenmentalität sind in einem kämpferischen Herzen verankert. Das Lamm trägt einen inneren Kampf aus, einen Kampf der Bereitschaft zur absoluten Hingabe. Der Löwe trägt den äußeren Kampf aus, der es mit all den Feinden aufnimmt und so zur Durchsetzung der Herrschaft Gottes beiträgt.

Ich glaube, dass Synchronisierung mit dem Herzen Gottes genau diese Dimension hat: Dass unsere Herzen zu Kämpferherzen werden! Dass unsere Herzen sich nicht von den Angriffen des besiegten Feindes einschüchtern lassen, sondern ihm mutig entgegentreten und ihn in die Schranken verweisen. Viel wurde in den letzten Jahren über „geistliche Kampfführung" geschrieben. Dabei wurden manche gute Hilfestellungen gegeben, wie wir in dem Kampf siegreich bestehen können. Aber es geht meiner Ansicht nach nicht in erster Linie um Methoden bzw. Formen von Gebet, sondern um ein in Christus, dem Sieger, gegründetes Herz. Beides ist wahr: Wir sind auf der Seite des Siegers, aber wir sind dennoch im Kampf. In der sehr bekannten Textstelle in Epheser 6 formuliert es Paulus folgendermaßen:

> *Werdet stark im Herrn und in der Macht seiner Stärke! Zieht die ganze Waffenrüstung Gottes an, damit ihr gegen die Listen des Teufels bestehen könnt. Denn unser Kampf ist nicht gegen Fleisch und Blut, sondern gegen die Gewalten, gegen die Mächte, gegen die Weltbeherrscher dieser Finsternis, gegen die geistigen Mächte der Bosheit in der Himmelswelt"* (Epheser 6,10-13).

Paulus ist da ganz nüchtern und sagt den Gläubigen sinngemäß klipp und klar: „Ihr seid in einem Kampf, ob ihr wollt oder nicht." Wir können das jetzt ignorieren und versuchen, mit unserer aufgeklärten, rationalen Sichtweise die Mächte der Finsternis wegzudiskutieren, oder wir stellen uns der Tatsache und sind bereit, in der Weise zu kämpfen, wie Paulus es hier empfiehlt bzw. anordnet. Der Kampf ist nicht gegen die Menschen, sondern gegen die Mächte, die immer noch, obwohl besiegt, ihr Unwesen treiben.

Vor einigen Jahren habe ich das Buch „Der ungezähmte Christ“ von John Eldredge[2] gelesen. Es ist ein Aufruf, aus der Lethargie zu erwachen und sich neu den Herausforderungen des Lebens zu stellen. Eldredge wirbt dafür, dass in uns die Bereitschaft zum Kampf erwächst. Ist es nicht so, dass wir das Kämpfen verlernt und dadurch unsere Bedeutung geschwächt haben?

Die Kirche Jesu zeichnet sich nicht gerade durch eine Kämpfernatur aus, sondern verliert sich mehr und mehr in Harmlosigkeit. Da muss man sich nicht wundern, dass ihre Relevanz in all den Fliehkräften unserer Gesellschaft immer mehr abnimmt.

ABER: Wir können aufstehen und uns von Gott neu mit einem Kämpferherz beschenken lassen. Ein Herz, das bereit ist, sich zu widersetzen und standzuhalten. Ende der 90er-Jahre war ich bei einem Seminar mit dem Thema „Hörendes Gebet“. Für mich war dies zu der Zeit geistliches Neuland. Neben biblischer Lehre wurden bei dem Seminar einige praktische Übungen durchgeführt. Bei einer ging es darum, füreinander zu hören, wobei immer eine Person in der Mitte saß und die anderen Teilnehmer Impulse, Eindrücke, Bilder usw. weitergaben, die sie empfangen hatten. Ich war sehr erstaunt, wie zutreffend diese oftmals in das Leben der Einzelnen hineinsprachen. Ich erinnere mich noch sehr gut an zwei Bibelverse, die mir zugesprochen wurden, beide aus dem Buch des Propheten Jesaja:

Er hat meinen Mund wie ein scharfes Schwert gemacht, hält mich versteckt im Schatten seiner Hand. Und er hat

[2] John Eldredge, *Der ungezähmte Christ*, Gießen: Brunnen-Verlag, 3. Aufl., 2006.

> *mich zu einem geschärften Pfeil gemacht, hat mich verborgen in seinem Köcher"* (Jesaja 49,2).

Und:

> *Darum habe ich mein Gesicht hart wie Kieselstein gemacht"* (Jesaja 50,7).

Beide Verse haben eine kämpferische Note: Schwert, Pfeil und ein hartes Gesicht als Bild für Widerstandskraft. Mir wurde ermutigend zugesagt: Gott wird mich als einen Pfeil gebrauchen und er wird mir im Kampf eine gewisse „Härte" schenken. All das habe ich zu der Zeit noch nicht so ganz erfasst, aber wenn ich auf mein Leben zurückblicke, erkenne ich, wie bedeutsam diese Verse für mich sind. Ich brauchte dieses „harte Gesicht" in all den Stürmen, die mir schon entgegengeweht sind. Und ich weiß, dass ich nicht wehrlos bin, sondern Gott mir Schwert und Pfeile gegeben hat, um damit Siege zu erringen.

Es ist noch gar nicht so lange her, als ich im Gebet meinem Gott so manche Not gesagt habe. Vieles war nicht im Lot und ich brachte dies zum Ausdruck. Plötzlich empfand ich, dass Gott mich nicht sanft tröstet, sondern ich vernahm folgendes Reden: „Mein Sohn, jammere nicht, sondern kämpfe! Sei kein Jammerlappen, sondern sei ein Kämpfer!"

Ich habe in vielen Situationen Gottes fürsorgliches Reden wahrgenommen. Aber in diesem Moment war etwas anderes dran, und das war gut so. Vielleicht ist dies auch ein Wort an den einen oder anderen Leser.

Ein Bild für ein Kämpferherz ist das von einem gespannten Bogen.

**Ein entmutigtes Herz ist wie ein schlaffer Bogen,
auf dem man keine Pfeile abschießen kann.
Unser innerer Bogen braucht eine Spannkraft,
damit Gott durch uns geistlich wirksame
Pfeile abschießen kann.**

Es gibt viele biblische Beispiele von Menschen mit einem Kämpferherzen. Josua bei der Landeinnahme, Gideon im Kampf gegen die Midianiter, David im Kampf mit Goliat. Daniel und seine Mitstreiter waren ebenfalls herausgefordert. Sie kämpften als junge Männer und bis ins hohe Alter hinein dafür, dass sie nicht von dem babylonischen gottlosen System durchdrungen würden und ihrem Gott treu blieben. Die Höhepunkte sind die Geschichten, in denen die Freunde Daniels im Feuerofen und Daniel selber in der Löwengrube landeten. Kämpferische Standhaftigkeit zeichnete diese Männer aus.

Ein weniger bekanntes, aber für mich absolut geniales Beispiel für ein Kämpferherz, ist Nabot. Diese Geschichte wird in 1. Könige 21 erzählt. Ahab, der König des Nordreiches, ging auf Nabot zu und wollte ihm dessen Weinberg abkaufen, der ganz in der Nähe des Königspalastes lag. Obwohl es der König war, der ihm dieses Angebot machte, lehnte Nabot rigoros ab. Seine Antwort lautete: *„Das lasse der Herr fern von mir sein, dass ich dir das Erbe meiner Väter geben sollte“* (1. Könige 21,3 SLT). Das Erbe seiner Vorfahren war für Nabot so kostbar, dass er es um keinen Preis verkaufen wollte. Die Geschichte endet zwar tragisch, da die Frau des Königs einen teuflischen Plan ausheckte, um Nabot umzubringen und so an dessen Weinberg zu kommen. Und doch: Mich inspiriert Nabots Haltung. Er war bereit, um sein Erbe zu kämpfen, auch wenn er es mit dem Leben bezahlen musste.

Auch wir als Kinder Gottes sind Erben (vgl. Römer 8,17) – Erben in der gegenwärtigen Zeit und vor allem Erben der zukünftigen Herrlichkeit. Satan hat immer ein Ziel: uns um das Bewusstsein dieses Erbes zu bringen. Das Erbe ist uns geschenkt, aber wir sind auch berufen, darum zu kämpfen. Zuerst ist es das Erbe unserer in Christus gegründeten neuen Identität. Immer wieder ist dieses wunderbare Erbe Zielscheibe des Feindes. Wenn beispielsweise Verdammnis, Selbstanklage oder Minderwertigkeit unser Herz bestimmen, dann war der Feind mal wieder erfolgreich. Aber dann gilt es aufzustehen, mit geistlichen Waffen zu kämpfen und so die Festungen des negativen Denkens einzureißen und sie durch die Wahrheiten zu ersetzen, die Gott über uns ausspricht.

Vor einigen Jahren war ich zum Wandern in Oberschwaben. Mein Ziel war die höchste Erhebung Oberschwabens, der sogenannte „Bussen“. Ich hatte diesen Berg während der Wanderung zwar immer im Blick, aber es schien so, als würde ich ihm gar nicht näherkommen. Mehr und mehr kamen Zweifel auf, und ich fragte mich, ob ich mir da nicht zu viel zugemutet hatte. Sollte ich besser umkehren? Würden die Zeit und die Kraft reichen, um die restliche Strecke zu schaffen? Doch trotz allen Zweifelns war in mir auch der Drang, nicht aufzugeben, sondern zu kämpfen. Um es kurz zu machen: Ich erreichte mein Ziel, und als ich auf dem „Bussen“ stand, wurde ich mit einer herrlichen Aussicht bis hin zu den Schweizer Bergen belohnt. (Anmerkung: Nach dem Abstieg gönnte ich mir dann ein Taxi, das mich zu meinem Übernachtungsort zurückbrachte 😊). Und dennoch: Ein Herz, das nicht gelernt hat zu kämpfen, bringt sich um die Erfahrung, die Widrigkeiten des Lebens zu überwinden.

Als Paulus wusste, dass er nicht mehr allzu lange zu leben hatte, blickte er auf sein Leben zurück und sagte: *„Ich habe den guten Kampf gekämpft, ich habe den Lauf vollendet; fortan liegt mir bereit der Siegeskranz der Gerechtigkeit …“* (2. Timotheus 4,7-8a). Für Paulus war klar: Das Leben in der Nachfolge ist kein netter Sonntagsspaziergang. Er vergleicht es eher mit dem Leben auf einem Kampffeld. Nöte, Herausforderungen, Verleumdungen, Verfolgungen, mit vielem hatte er zu kämpfen. Ein von Gottes Geist durchdrungenes Herz ist immer auch ein Kämpferherz. Auch seinem Ziehsohn Timotheus ruft Paulus es zu:

Ein von Gottes Geist durchdrungenes Herz ist immer auch ein Kämpferherz.

> *Kämpfe den guten Kampf des Glaubens, ergreife das ewige Leben …“* (1. Timotheus 6,12).

Wer sein Kämpferherz nicht ausgebildet hat, der gibt den Mächten, die dem Leben entgegenstehen, Raum, sich zu entfalten.

Für die Gemeinschaft der Christen gibt es einige biblische Bilder – z. B. die Herde, der Leib und die Braut. Alles richtig, und doch ist meiner Ansicht nach ein Aspekt etwas unterbelichtet: die Armee! In ihrem Lobpreislied „Dry bones" nimmt Lauren Daigle Bezug auf Hesekiel 37. Dort sieht der Prophet, wie Totengebeine verstreut umherliegen, und Gott fordert ihn auf, zu den Gebeinen zu sprechen, damit sie wieder lebendig werden. Im Refrain des Liedes heißt es: „Lasst uns sehen, wie aus der Asche eine Armee aufsteht ..." Dieses Lied ist ein prophetisch-proklamatorisches Lied, das den Leib Christi zu dem aufruft, wozu er berufen ist: Eine Armee für das Reich Gottes zu sein, eine Gemeinschaft, die sich nicht vor Furcht resignierend zurückzieht, sondern im Aufblick auf Jesus in Kühnheit betet und handelt, damit das Böse überwunden wird und das Leben sich ausbreitet.

Die Geschichte des Volkes Israel im Alten Testament ist immer auch eine Geschichte des Kampfes. Gleich nach ihrem Auszug aus Ägypten stellten sich ihnen die Amalekiter in den Weg (vgl. 2. Mose 17). Durch Gebet und Kampf konnten sie diese Feinde überwinden. Vor einem bedeutenden Kampf jedoch verließen das Volk Mut und Gottvertrauen (vgl. 4. Mose 13 und 14). Gott wollte das Volk in das verheißene Land bringen, doch sie fühlten sich nicht in der Lage, diesen Kampf zu bestehen. Sie sahen sich selbst wie „Heuschrecken" im Gegensatz zu den Bewohnern des Landes, die sie als Riesen bezeichneten (vgl. 4. Mose 17,33). Ihr Rückzug war letzten Endes Misstrauen gegenüber ihrem Gott, und als Folge davon kam diese Generation nicht in das Land hinein. Erst 40 Jahre später brachte dann Josua die Israeliten in das Land, das Gott ihnen gegeben hatte. Aber auch diese Landeinnahme war eine Sache des Kampfes. Obwohl wir, wie schon gesagt, nicht mehr gegen Menschen kämpfen, brauchen wir doch neu ein

Kämpferherz, um uns gegen die Mächte des Bösen zu stellen und Widrigkeiten auszuhalten.

Eine starke Transformation des Herzens erlebte Gideon. Sein Herz war anfangs alles andere als ein Kämpferherz. Es war vielmehr von Resignation durchdrungen (vgl. Richter 6). Er hatte sich mit der Situation abgefunden und versuchte irgendwie zu überleben. Doch Gott begegnete ihm, und in ihm veränderte sich sein Herz. Es wurde mit Sehnsucht nach Veränderung erfüllt, mit Vertrauen in Gott, mit Kühnheit und Kampfbereitschaft. Und so wurde Gideon zum Befreier des Volkes Israel von seinen Bedrängern. Gott etablierte in ihm ein Kämpferherz. Bei Gideon war es so, und auch bei uns ist es oft so: Der erste Kampf ist meist ein innerer: Ein Kampf gegen Selbstanklage, Zweifel und Menschenfurcht.

Einer meiner Lieblingsfilme ist der schwedische Film „Wie im Himmel". Er erzählt die Geschichte eines Musikgenies, der aufgrund seines wilden Lebens einen Herzinfarkt erleidet. Um sich zu erholen, fährt er für ein paar Monate in ein Dorf, in dem er einige Jahre seiner Kindheit verbracht hatte. In dem Dorf gibt es einen mittelklassigen Kirchenchor. Als die Menschen dort erfahren, wer der Fremde ist, bitten sie ihn, den Kirchenchor zu leiten. Zuerst widerwillig, aber dann mit viel Leidenschaft übernimmt der Musiker die Aufgabe. Viele Geschichten, die wirklich zu Herzen gehen, sind in den Film eingewoben. Doch eine Geschichte ist besonders: die von Gabriella.

Gabriella ist eine Frau mit zwei Kindern, die mit einem alkoholkranken und gewalttätigen Mann verheiratet ist. Sie liebt es zu singen, aber durch die erlebte Gewalt ist sie völlig verunsichert. Jeder im Dorf weiß um diese Tragödie, aber niemand unternimmt etwas. Der Chor plant ein besonderes Konzert, und der berühmte Dirigent hat ein spezielles Lied für Gabriella ausgesucht, welches sie als Solistin singen soll. Unter Androhung von Schlägen verbietet ihr Mann es ihr, bei dem Konzert aufzutreten.

Zuerst scheint es so, als würde Gabriella resignierend dieser Drohung nachgeben, aber dann steht doch etwas in ihr auf. Sie geht zu dem Konzert und singt den berühmten „Gabriella-Song“. In dem Lied ruft sie aus, dass sie spüren will, dass sie lebt, und dass sie so leben will, wie sie es möchte. Das Lied bringt ihr Herz hervor, das sich neu dafür entschieden hat zu kämpfen. Zu kämpfen für ein lebenswertes, mutiges und freies Leben. Jedes Mal, wenn ich dieses Lied höre, werde ich zutiefst bewegt, und ich höre dabei den Sound des Reiches Gottes, der uns sagt: „Steh auf! Kämpfe, und du wirst überwinden!“

Die Bibel ist mir so kostbar. Vor Kurzem begann ich damit, längere Passagen auswendig zu lernen. Ich wagte mich an das 8. Kapitel des Römerbriefes. Es hat mich herausgefordert, aber es hat auch Spaß gemacht. Und ich merkte, wie durch das Auswendiglernen das Wort Gottes mein Herz erfüllte. Am Ende dieses Kapitels schreibt Paulus von den unterschiedlichsten Kämpfen, die man erleiden kann. Er spricht von Bedrängnis, Angst, Verfolgung, Hungersnot, Blöße, Gefahr und Schwert (Vers 35). Dann aber folgt im Vers 37 ein Kampfesruf, der lautet:

> *Aber in diesem allen sind wir mehr als Überwinder durch den, der uns geliebt hat.*

Wow, was für eine Aussage! Ja es gibt die Nöte und Herausforderungen, aber wir sind nicht deren Spielball, sondern wir können überwinden – nicht in eigener Kraft, sondern in der Kraft dessen, der uns von Herzen liebt: Christus!

Gott räumt uns nicht alles aus dem Weg, weil er ein Ziel mit uns hat: Ich beschreibe dieses Ziel als eine „Herzenszähigkeit“. Er will unser Herz formen in ein Herz, das immer empfindsam bleibt, aber nicht empfindlich ist. Da ist ein Unterschied:

> *Er will unser Herz formen in ein Herz, das immer empfindsam bleibt, aber nicht empfindlich ist.*

Empfindsam ist ein Herz, das sich von dem Schmerz der Welt berühren lässt; empfindlich ist ein Herz, das vor diesem Schmerz kapituliert und resigniert.

Daniel, nach dem ein Buch im Alten Testament benannt ist, ist mir darin ein Vorbild. In unserer Gemeinde habe ich über sein Leben, insbesondere über die Kapitel 1–6, eine Predigtreihe gehalten. Mit ca. 15 Jahren kam er als junger Kerl in die Gefangenschaft nach Babylon, herausgerissen aus seiner Familie, seiner gewohnten Umgebung, seiner Kultur. Er lebte nun in einem heidnischen Umfeld am Hof des babylonischen Königs Nebukadnezar. Die Berichte über Daniel reichen, bis er über 80 Jahre alt ist. Die Überschrift über seinem Leben heißt: Standfestigkeit!

Daniel musste sich zwar mit dem heidnischen Umfeld arrangieren, aber er gab nie seine Überzeugungen auf. Der Dreh- und Angelpunkt seines Lebens war die Beziehung zu seinem Gott, dem Gott Israels. Obwohl er auch dem König diente, stand doch die Ehre Gottes immer an erster Stelle, sei es in seiner Jugendzeit, als er die unreinen Speisen am Königshof verweigerte, oder im Alter, als er in die Löwengrube geworfen wurde, weil er trotz Strafandrohung nicht aufgehört hatte, seinen Gott anzubeten – bei offenem Fenster! Daniel hatte ein Herz, das gelernt hatte, für seine Überzeugungen zu kämpfen.

Standfestigkeit ist, was Gott auch in unseren Herzen etablieren will. Und das geschieht nicht einfach so, sondern durch die Kämpfe unseres Lebens reift diese heran.

Die meisten Kämpfe laufen jedoch nicht äußerlich ab, sondern in uns. Menschenfurcht, Minderwertigkeit und Selbstanklage sind nur drei Beispiele für Dinge, die unser Herz beschweren wollen. Es sind Dinge, gegen die wir aufstehen und von denen wir unser Herz befreien sollten. Im Buch der Sprüche heißt es:

> *Menschenfurcht stellt eine Falle; wer aber auf den Herrn vertraut ist in Sicherheit* (Sprüche 29,25).

> *Menschenfurcht ist eine Falle, die uns dazu verleitet, unsere Überzeugungen zu verleugnen.*

Wie wahr ist dieser Satz. Menschenfurcht ist eine Falle, die uns dazu verleitet, unsere Überzeugungen zu verleugnen. So vieles kam nie in Existenz, weil wir uns mehr von Menschenfurcht haben leiten lassen als von dem, was Gott in unser Herz gelegt hat. Lasst uns der Menschenfurcht den Kampf ansagen! Ebenso der Minderwertigkeit und Selbstanklage. Ja, wir machen noch manchen „Murks" und leben aus der Vergebung. Aber Minderwertigkeit und Selbstanklage sind Gift für die Herzenssynchronisierung. Im ersten Vers des oben genannten 8. Kapitels des Römerbriefes schreibt Paulus:

> *Also gibt es jetzt keine Verdammnis für die, die in Christus Jesus sind.*

Und weiter in Vers 15:

> *Ihr habt nicht einen Geist der Knechtschaft empfangen, wieder zur Furcht, sondern einen Geist der Sohnschaft habt ihr empfangen, in dem wir rufen: Abba, Vater.*

Deutlicher kann man es nicht sagen: Verdammnis und Minderwertigkeit sind überwunden. Aber ich kenne es selbst: Im Herzen ist dennoch immer wieder ein Kampf darüber, welcher Wahrheit ich Glauben schenke.

Gerade auch in Bezug auf Berufungen geschieht es nicht selten, dass uns Selbstzweifel durchziehen. Jede „geistliche Beförderung" fordert auch die Seele heraus. Sie muss glauben, dass Gottes Treue und Befähigung sie in all den Herausforderungen trägt. Oder lass es mich so sagen: Unser Herz bekommt nur dann eine stabile göttliche Statik, wenn wir uns so sehen, wie uns der Vater im Himmel sieht: Als seine geliebten und befähigten Kinder!

In einem Lied, das mich seit längerer Zeit sehr ermutigt, heißt es: *„I am no longer a slave of fear, I am a child of God"*

(Ich bin nicht länger ein Sklave der Furcht, sondern ich bin ein Kind Gottes). So oft finden wir in der Bibel den Aufruf: „Fürchte dich nicht!“ Es gibt so viele Dinge, vor denen unser Herz erschrecken will. Doch:

Furcht ist nicht in der Liebe, sondern die vollkommene Liebe treibt die Furcht aus ...“ (1. Johannes 4,18).

Ein furchtbestimmtes Leben ist immer auf „Hab-Acht-Stellung“. Es kommt nie zur Ruhe und zur Freiheit und ist dabei noch enorm anstrengend.

Furcht weicht in dem Maße, wie unser Vertrauen in Christus wächst. Und Vertrauen wächst da, wo die Herzenserkenntnis über ihn zunimmt. Ein eindrückliches Beispiel finden wir in der Geschichte der Sturmstillung (vgl. Markus 4,35-41). Jesus schläft mitten im Sturm, während seine Jünger um ihr Leben fürchten. Als Jesus den Sturm stillt, fragt er seine Jünger:

Warum seid ihr so furchtsam? Habt ihr noch keinen Glauben? (Markus 4,40).

Der Feind liebt besonders die eine Taktik, die da lautet: Einschüchterung! Verschüchterte Christen haben kaum Einfluss in dieser Welt. Wenn wir es aber lernen, Furcht abzulegen und in uns ein Kämpferherz formen zu lassen, dann wird die Gemeinde Jesu zu einer prägenden Kraft in dieser Welt.

„Braveheart“, so heißt ein weiterer Film, der mich inspiriert. Mel Gibson spielt darin den schottischen Freiheitskämpfer William Wallace, der sich gegen Ungerechtigkeit und Versklavung des schottischen Volkes auflehnt. Viele sogenannten schottischen Ehrenmänner machen faule Kompromisse mit dem englischen Herrscher. Aber Wallace bleibt seinen Überzeugungen treu und kämpft mutig gegen die Engländer. Auch wenn er es am Ende mit seinem Leben bezahlt, so war sein Einsatz für Freiheit der Anfang der schottischen Unabhängigkeit. Wir müssen keine Helden sein, wie William Wallace, und doch ermutigt uns Gott, ein festes Herz zu haben, das auch in Widerständen standhaft bleibt.

Ein wichtiger Aspekt hinsichtlich des Kämpfens ist, dass wir die Weisheit haben, welche Kämpfe wir tatsächlich zu kämpfen haben und welche nicht. Ich habe immer wieder die Erfahrung gemacht, dass uns Satan versucht, auf Kampffelder zu locken, zu denen wir nicht berufen sind. Wir kämpfen dann Kämpfe, die enorm viel Kraft kosten, aber keine Frucht tragen. Ein ermahnendes Beispiel hierfür ist König Josia. Er war ein vorbildlicher König, ehrte Gott, räumte mit dem Götzendienst auf und reformierte gewissermaßen die Beziehung zwischen dem Volk und ihrem Gott. Über ihn lesen wir: *„Vor Josia gab es keinen König wie ihn, der zu dem Herrn umgekehrt wäre mit seinem ganzen Herzen und mit seiner ganzen Seele und mit seiner ganzen Kraft nach dem ganzen Gesetz des Moses. Und nach ihm ist seinesgleichen nicht aufgestanden“* (2. Könige 23,35).

Wow, was für ein gewaltiges Zeugnis über Josia! Jedoch war sein Ende tragisch. Denn er starb in einem Kampf, den er nie hätte kämpfen sollen. Josia zettelte einen Kampf gegen die Ägypter an. Deren König Necho führte gegen andere Völker Krieg und Josia mischte sich da ein. Necho warnte ihn davor, und die Bibel sagt dazu: *„Und Josia hörte nicht auf die Worte Nechos, die aus dem Mund Gottes kamen“* (2. Chronik 35,22). Hier wird klar beschrieben, dass Gott nicht wollte, dass Josia diesen Kampf kämpfte. Gott war mit ihm gewesen, als er den Kampf gegen den Götzendienst im eigenen Volk aufgenommen hatte. Aber zu diesem Kampf war Josia nicht berufen. Die Folge dieses unnötigen Kampfes: Josia wird getötet und das Volk Israel verliert einen seiner besten Könige.

Ja, wir sind berufen zu kämpfen, aber wir brauchen die Weisheit, welche Kämpfe zu welcher Zeit dran sind.

Ja, wir sind berufen zu kämpfen, aber wir brauchen die Weisheit, welche Kämpfe zu welcher Zeit dran sind. Während der Corona-Pandemie gab es nicht nur in der Gesellschaft, sondern auch in der Gemeinde Jesu viele unterschiedliche

Meinungen. In Hauskreisen und auch in Gemeinden kam es deswegen zu Trennungen. Man kann gerne miteinander diskutieren, aber wenn es in solch einer Sache um einen Kampf um Richtig oder Falsch geht, dann begeben wir uns auf Kampffelder, zu denen wir nicht berufen sind und die letzten Endes keine gute Frucht hervorbringen.

Jesus, der Löwe und das Lamm – sein Herz war ein Kämpferherz. Ein Herz, das sich von Widerständen nicht einschüchtern ließ, sondern im Aufblick auf seinen Vater standhaft blieb und seine Berufung lebte. Von diesem Herzen will ich lernen. In einer meiner Gebetszeiten empfand ich, wie Gott mir einen Ritterschlag gab und mir Folgendes zusagte: „Ich mache dich zum Kämpfer für meine Sache." Ich will jeden von uns ermutigen, unser Herz Gott hinzuhalten, es von Furcht und Resignation befreien zu lassen, sodass es stattdessen von einer geistlichen Widerstandskraft erfüllt wird.

Am 6. Januar 2002 startete ich meinen Dienst als Pastor. Mein Mentor hielt in dem Einsetzungsgottesdienst die Predigt. Er wählte folgendes Bibelwort: *„Ruft unter den Nationen aus, heiligt einen Krieg, erweckt die Helden … Der Schwache sage: Ich bin ein Held"* (Joel 4,9a.10b). Es war eine feurige Predigt, verbunden mit dem Aufruf, Verantwortung zu übernehmen und darauf zu vertrauen, dass auch in Schwachheiten Gottes Kraft wirksam wird. Ich glaube, dass wir als Nachfolger und Nachfolgerinnen Jesu genau dies brauchen: Den Aufruf, mutig und liebevoll unsere Überzeugungen zu leben und furchtlos das Reich Gottes sichtbar zu machen.

Nelson Mandela, der südafrikanische Befreiungskämpfer und spätere Präsident, sagte Folgendes: „Ich habe gelernt, dass Mut nicht die Abwesenheit von Furcht ist, sondern der Triumph darüber."[3] Wie wahr! Auf, lassen wir unser Herz von Gott in ein Kämpferherz verwandeln.

---

[3] www.buboquote.com, Zitate Nelson Mandela

KAPITEL 9

Ein Herz der Einheit

Wenn Christen aus unterschiedlichen Gemeinden zusammenkommen, dann werden häufig die Worte Jesu aus Johannes 17,20-23 zitiert. Es ist sein Gebet um die Einheit unter seinen Jüngern. Ihm war wohl klar, dass die Bewahrung der Einheit mit die größte Herausforderung für seine Nachfolger werden würde. Bereits kurz nach der Entstehung der Gemeinde gab es dieses Ringen um ein gutes Miteinander. Wir lesen davon in der Apostelgeschichte. Die Gemeinden, die Paulus gründete waren Orte, in denen Juden und Heiden sich nun Schwestern und Brüder nannten. Eigentlich waren sie von ihrer bisherigen Prägung so weit voneinander entfernt, dass man es für besser hätte halten können, zwei „zielgruppenorientierte" Gemeinden zu entwickeln – eine mit Judenchristen und die andere mit Heidenchristen. In Apostelgeschichte 15 wird von einem heftigen Disput unter den Leitern der Jerusalemer Gemeinde berichtet. Es wurde versucht, Wege zu finden, wie ein gutes Miteinander der unterschiedlichen Gemeindegruppen möglich war. Und siehe da: Der Heilige Geist wirkte, und so fanden sie eine Lösung, welche Einheit ermöglichte. Doch es blieb eine Herausforderung. Davon zeugen Abschnitte aus Römer 14 oder 1. Korinther 11.

Das Herz Jesu ist ein Herz, das für Einheit brennt. Wir müssen Einheit nicht produzieren, denn sie ist bereits in Christus gestiftet. Wenn er wirklich das Zentrum ist, dann entwickelt sich daraus echte Einheit.

Seit einigen Jahren bin ich Vorsitzender der Evangelischen Allianz in unserer Stadt. Ja, ich mache das gern, und ich sehe es als Teil meiner Berufung. Das Vernetzen von Christen aus unterschiedlichen Prägungen macht sich bereits in meiner Biografie fest: Aufgewachsen als „Landeskirchler" in einem schwäbischen Dorf – Erweckung erlebt im pietistischen Umfeld – in Kontakt gekommen mit Freikirchen – dort die Glaubenstaufe empfangen – Mitglied in einer Baptistengemeinde geworden – aktiv mitgearbeitet und in die Leitung berufen worden – nebenberufliches theologisches Studium über 6 Jahren hinweg in einer charismatischen Ausbildungsstätte – dadurch Beziehungen zu etlichen Leitern aus der pfingstlich-charismatischen Szene aufgebaut ..., um es einmal stichwortartig zu skizzieren. In den letzten 15 Jahren habe ich als Pastor eine Transformation unserer Gemeinde angestoßen bzw. initiiert. Von einer eher traditionellen Baptistengemeinde wurden wir zu einer Gemeinde, die dem Heiligen Geist in seinem Wirken Raum gibt. Anbetung im Gottesdienst wurde zu einem Schwerpunkt. Heilungsdienst und prophetische Impulse wurden Teil des Gemeindelebens. Durch die Leiterkonferenzen von Willow Creek wurde ich ebenso stark inspiriert. Die Konferenzen mit Impulsen über „missionarische Gemeindeentwicklung", „visionäre Leiterschaft", „lebendige Kleingruppen" und „zeitgemäße Gottesdienstformen" hatten erheblichen Einfluss auf die Entwicklung unserer Gemeinde. Seit einigen Jahren bin ich Mitglied im Vorstand von „Willow Creek Deutschland e.V.".

Ich genieße diese Weite und Vielfalt des Reiches Gottes. Allerdings hatte ich bisher noch einen „blinden Fleck" hinsichtlich meiner geistlichen Erfahrungen, und das ist die Spiritualität der katholischen Kirche, ganz zu schweigen von den orthodoxen Richtungen. Als ich im Jahr 2012 erstmalig für fast zwei Wochen in einem Benediktinerkloster zu Gast war, erfuhr ich die Tiefe dieser Spiritualität. In Liturgie, in den symbolischen Handlungen und auch im Feiern der Eucharistie entdeckte ich geistliche Schätze, die mir vorher noch verschlossen gewesen waren.

In allen Richtungen gibt es Wertvolles zu entdecken. Ich wertschätze diese Vielfalt der christlichen Richtungen, und daher bin ich gerne als Einheitsstiftender unterwegs. Viele Fromme reden von der Bedeutung der Einheit, aber meiner Erfahrung nach sind es eher gutgemeinte Statements und nicht ein Verständnis, das aus dem Herzen Gottes heraus geprägt ist. Denn wäre den Leitern der Gemeinden ein Miteinander wirklich wichtig, dann wäre das Mitwirken daran Teil der Berufung und nicht nur ein „Nice-to-Have“ (im Sinne von: „Wenn noch Zeit und Kraft übrigbleibt, dann bringen wir uns auch da noch ein.“). Es geht nicht um einen Einheitsbrei, sondern letzten Endes um eine Ökumene der Herzen. Christus will Herzen verbinden, trotz unterschiedlicher theologischer oder ethischer Überzeugungen.

Ein eindrückliches Erlebnis hinsichtlich gelebter Einheit war für mich die Allianzgebetswoche 2019, die in unserer Stadt durchgeführt wurde. Das Thema der Gebetswoche, in der Christen aus unterschiedlichen Gemeinden fünf Abende lang zum gemeinsamen Beten zusammenkamen, lautete „Einheit leben“. Es war eine gute Gebetswoche mit aktiver Beteiligung. Sie ging von Montag bis Freitag.

Freitagnachts brannten die Gemeinderäumlichkeiten einer an der Allianzgebetswoche beteiligten Freikirche völlig aus. Das Entsetzen war groß, aber Gott sei Dank kamen keine Menschen zu Schaden. Die Räumlichkeiten waren jedoch auf längere Zeit hin nicht mehr nutzbar. Die Gemeinde konnte in den Monaten darauf ihre Gottesdienste in der Halle einer Holzbaufirma feiern. Am Sonntag nach dem Brand haben wir als Allianzgemeinden eine Kollekte für diese Gemeinde zusammengelegt. Es kam eine hohe Summe zusammen. Als ich den Verantwortlichen der geschädigten Gemeinde das Geld überwies, war die Freude groß. Einer vom Leitungsteam kam kurze Zeit danach in unseren Gottesdienst und bedankte sich für die Großzügigkeit. Diese Handlung ließ das Thema der Allianzgebetswoche lebendig werden und stiftete enorme Einheit unter den beteiligten Gemeinden.

Seit vier Jahren haben wir neben der Allianz und der Arbeitsgemeinschaft christlicher Kirchen noch eine andere

Vernetzung. Diese lautet „Netzwerk des Geistes“ und ist ein Zusammenschluss von charismatischen Gemeinden hier in der Region. Ich hatte den Impuls, die Christen zusammenzurufen, die in der Anbetung Gottes und im Hören auf ihn Impulse für unsere Region empfangen wollen. In den letzten Jahren sind starke Vertrauensbeziehungen gewachsen. Bei einem Treffen im Oktober 2019 redete der Geist Gottes zu uns und lud uns ein, unsere Beziehungen auf ein „höheres Level“ zu bringen. Das Level hieß „Bündnisgemeinschaft“. Es beinhaltet mehr als Freundschaft, es ist vielmehr ein Bündnis, das zum Ausdruck bringt: Wir sind füreinander da, reden gut übereinander und wollen einander fördern und ermutigen. Dieser Abend war erfüllt von der starken Gegenwart unseres Gottes.

Im Juli 2017 durfte ich bei einem aus meiner Sicht kirchengeschichtlich historischen Moment dabei sein. Es waren Studientage an der Universität Fribourg in der Schweiz. Sie waren überschrieben mit dem Thema: „Komm, Heiliger Geist!“. Es waren zu Gast: Justin Welby, Erzbischof von Canterbury; Christoph Schönborn, Kardinal aus Wien; Gottfried Locher, Präsident der reformierten Kirche der Schweiz; der Patriarch der rumänisch-orthodoxen Kirche, der Leiter der Evangelischen Allianz der Schweiz, ein Vertreter der amerikanischen Pfingstbewegung und noch einige andere mehr.

An einem Abend fand ein Gebetsgottesdienst in der Kathedrale zu Fribourg statt. Die Vertreter der unterschiedlichsten Konfessionen und Kirchen machten sich eins in der Bitte: „Komm, Heiliger Geist, und erneuere deine Kirche und führe uns zu deiner Einheit!“ Das waren nicht nur irgendwelche wohlformulierten Gebete, sondern Rufe aus dem Herzen von Verantwortungsträgern, denen bewusst ist, dass die Kirche in einer sich weiter säkularisierenden Welt nur durch ein neues Ausgießen bzw. Wirken des Heiligen Geistes eine Zukunft hat. Ja, ich weiß, die Kirche hat eine Zukunft, weil Jesus verheißt, dass sie nicht überwunden werden kann. Und dennoch geht es um das Zeugnis von Kraft und Hoffnung, das eben eine neue

Stärkung braucht. Die Zerrissenheit der Christen hat dazu geführt, dass der Leib Christi geschwächt ist.

Ich sehne den Tag herbei, an dem wir alle an den Tisch des Herrn kommen. Seine Heilstat am Kreuz ist das Fundament von Einheit. Ich las von einem Pastor, der folgendes prophetische Bild hatte[1]: Viele sitzen am Tisch mit Jesus. Brot und Wein stehen darauf. Aber Jesus laufen die Tränen über das Gesicht. Warum? Weil das Tischtuch zerschnitten ist, auf dem die Gaben der Versöhnung und der Einheit stehen.

Das Herz Jesu schlägt für Einheit. Wir brauchen eine Sicht von diesem Herzschlag. Und möge dann dieser Herzschlag auf unseren übergehen. Mögen wir nicht müde werden, uns für eine geistgewirkte Einheit einzusetzen.

Einheit heißt, einander wertzuschätzen, einander zu ermutigen, einander zu vergeben, füreinander zu beten und sich gemeinsam zu überlegen, wie das Zeugnis nach außen gestärkt werden kann.

Ein besonders wichtiger Aspekt von Einheit ist die zwischen den Generationen. Das Alte Testament endet mit folgendem Vers:

> *Und der Herr wird das Herz der Väter zu den Söhnen und das Herz der Söhne zu ihren Vätern umkehren lassen, damit ich nicht komme und das Land mit dem Bann schlage* (Maleachi 3,24).

Es gibt Missverständnis, Streit und Ablehnung zwischen den Generationen. In nicht wenigen Familien ist das Miteinander von Eltern und Kindern nachhaltig gestört. Gottes Herz ist ein Herz von Einheit und Versöhnung, besonders unter den Generationen. Das macht der Vers aus dem Buch Maleachi deutlich. Herzen, die voneinander abgewendet sind, sollen umkehren und sich einander wieder zuwenden. Oft ist das Miteinander

[1] Artikel „Es ist auch mein Leib“ von Heiner Rust in der Zeitschrift *Aufatmen* 1/2018; S. 26.

der Generationen in Gemeinden eher ein distanziertes Nebeneinanderherleben als ein wirkliches Miteinander. Die Älteren sehen die Unerfahrenheit der Jüngeren, und die Jüngeren sind genervt wegen der mangelnden Bereitschaft der Älteren sich zu verändern.

Auch in unserer Gemeinde habe ich in dieser Hinsicht etliche „Generationenkämpfe" erlebt. Aber ich erinnere mich an einen Gottesdienst, den wir vor etwa drei Jahren gefeiert haben. In diesem Gottesdienst kamen ein Vater in Christus, 82 Jahre alt, und ein Jugendleiter mit 25 Jahren auf die Bühne. Die beiden segneten sich gegenseitig und brachten zum Ausdruck, dass wir eine Gemeinde sind, in der wir uns schätzen und voneinander lernen wollen. Es war sehr bewegend. Und ich habe den Eindruck, dass sich seither manches verändert hat. Vor allem die jüngere Generation ist nicht eine „Jugend-Gemeinde" innerhalb der Gemeinde, sondern sie sind stark verwoben mit der Gesamtgemeinde und prägen diese enorm mit.

In der heutigen Zeit gibt es Strömungen, die Zielgruppen-Gemeinden propagieren. Da die Bedürfnisse von Menschen (gerade auch unterschiedlichen Alters) stark voneinander abweichen, sei es doch besser, eine Gemeinde für Jüngere zu gründen, damit diese ihren Glauben so leben können, wie es für sie richtig ist. Sicher haben solche Gemeindegründungen anfangs eine enorme Dynamik, da man keine Kompromisse mit anders Geprägten machen muss. Ich bin jedoch davon überzeugt, dass auf Dauer etwas in diesen Gemeinden fehlt. Der Erfahrungsschatz der Älteren, deren Weisheit und Ermutigung (sofern diese auch da ist bzw. gelebt wird) ist für die jüngere Generation eine enorme Inspiration auf ihrem Weg. Aber auch andersherum: Die Älteren brauchen die Impulsivität der Jüngeren. Sie helfen ihnen, aus Gewohntem aufzubrechen.

Das Reich Gottes ist ein Reich von Beziehungen. Daher ist Einheit immer ein Ausdruck von vertrauensvollen Beziehungen. Diese kommen nicht automatisch, sondern in diese muss man sich investieren. In unserer Gemeinde ist es üblich, dass wir Menschen, die sich taufen lassen, einen Taufbegleiter zur

Seite stellen. Der Taufbegleiter hat die Aufgabe, sich ein Jahr lang in den Täufling zu investieren: sich mit ihm zu treffen, mit ihm auszutauschen, für ihn zu beten und ihn zu ermutigen. Wenn sich Jüngere taufen lassen, dann suche ich meist nach einem etwas älteren Taufbegleiter. Immer wieder habe ich dabei die Erfahrung gemacht, wie segensreich für beide solch eine Taufbegleitung abläuft. Ich bin überzeugt: Wir brauchen versöhnte Beziehungen zwischen Eltern und Kindern, zwischen Alten und Jungen. Gott wird bezeichnet als der Gott Abrahams, Isaaks und Jakobs (2. Mose 3,16). Ein Gott, der mit jeder Generation Geschichte schreibt, der aber auch die Generationen miteinander verbindet.

Das Reich Gottes ist ein Reich von Beziehungen. Daher ist Einheit immer ein Ausdruck von vertrauensvollen Beziehungen.

Dazu ein guter Vergleich: Wenn die Generationen gut miteinander verbunden sind, dann baut eine Generation auf dem auf, was die vorangegangene Generation gewirkt hat. So entsteht Entwicklung. Dort wo kein Generationentransfer im Sinne von wertschätzenden Beziehungen und dem Austausch von Erfahrungen gelebt wird, dort fängt jede Generation immer wieder von Neuem an. Vieles geht dabei verloren.

Vor vielen Jahren fand in unserer Gemeinde ein Seminar zum Thema „Miteinander der Generationen“ statt. Der Referent nahm einen Pfeil und demonstrierte dabei Folgendes: Ein Pfeil hat drei Teile: Feder – Schaft – Spitze. Er verglich die Feder mit der älteren, den Schaft mit der mittleren und die Spitze mit der jungen Generation. Die Feder gibt Stabilität, so wie es die Lebenserfahrungen der Älteren tun. Der Schaft verbindet Feder und Spitze. Je nach Beschaffenheit des Schaftes fliegt der Pfeil schneller oder langsamer (hängt an dessen Gewicht). Die mittlere Generation ist wie der Schaft, denn mit all ihren Ressourcen beeinflusst sie die Flugbahn und die Geschwindigkeit des gesamten Pfeils. Die Spitze verglich der Referent mit der jungen Generation. Junge Menschen haben Power, wollen etwas bewegen und Ziele erreichen. Das Fazit des Seminars war: Wir alle zusammen sind der „Pfeil Gottes". Wir brauchen einander, um wirksam zu sein. Ich finde, das ist ein genialer Vergleich, und obwohl das Seminar schon mehr als zehn Jahre her ist, ist dieses Bild vom Pfeil in unserer Gemeinde bei etlichen immer noch präsent.

Wie schon beschrieben: Einheit kann nur auf der Basis von Beziehungen wachsen, die von Liebe, Vertrauen und Unterstützung geprägt sind. Wir müssen uns dies immer wieder auch sagen und natürlich leben. Der Roman „Nachtzug nach Lissabon" und die gleichnamige Verfilmung haben mich vor Jahren enorm inspiriert. Es gibt darin eine sehr schmerzhafte Szene. Ein Vater ist bei der Beerdigung seines Sohnes, der mit Mitte 30 verstorben ist. Die beiden hatten eine schwierige Beziehung. Der Vater war Richter und gegenüber seinem Sohn sehr fordernd gewesen. Am Sarg seines Sohnes sagt er: „Ich war immer stolz auf ihn." Darauf erwidert seine Tochter knallhart: „Dann wäre es gut gewesen, du hättest ihn das auch zu seinen Lebzeiten wissen lassen."

Mir selbst ist es wichtig, dass ich meinen fünf Kindern (drei davon sind schon erwachsen) immer wieder sage, dass ich sie liebe und stolz auf sie bin. Abgesehen davon, dass es einfach die Wahrheit ist, die ich auch zum Ausdruck bringen will, bin ich mir sicher, dass dies auch etwas in ihren Herzen etabliert, das sie in ihrem Leben ermutigt. Der Segen der Väter und Mütter, der leiblichen und der geistlichen, stärkt die nachfolgende Generation ungemein.

Der Segen der Väter und Mütter, der leiblichen und der geistlichen, stärkt die nachfolgende Generation ungemein.

Im Jahr 2017 waren wir zum letzten Mal als komplette Familie im Sommerurlaub. Wir waren an der Südküste Schwedens in einem abgelegenen Haus am Waldrand – total idyllisch. Unser ältester Sohn musste früher abreisen, da er seine Ausbildung bei der Polizei startete. Bevor er uns verließ, machten wir zwei einen Spaziergang. Ich sagte ihm, dass ich ihn liebe und stolz auf ihn bin und dass ich weiterhin für ihn da sein werde. Vor seiner Abreise segneten meine Frau und ich ihn für seinen neuen Lebensabschnitt.

Im 1. Buch Mose werden zwei Segensgeschichten erzählt, die es in sich haben. Es geht darin um den Segen, den die Väter auf ihre Söhne bzw. Enkelsöhne legen. Die erste Geschichte handelt von Jakob und seinem Bruder Esau (vgl. 1. Mose 27). Jakob erschleicht sich den Erstgeborenen-Segen seines Vaters Isaak. In dieser Geschichte, in der es um Betrug und Rache geht, wird eines deutlich: Wie bedeutsam der Segen der Väter ist. Das Segnen ist nicht nur eine nette Zeremonie, sondern ein kraftvoller Akt, der Zukünftiges beeinflusst.

Viele Jahre später gibt der alte Jakob seinen väterlichen Segen seinem Sohn Joseph und seinen Enkelsöhnen Ephraim und Manasse weiter (vgl. 1. Mose 48). Nachdem er zuerst Joseph gesegnet hatte, legte er seine Hände auf die Enkel. Da Manasse der erstgeborene Enkel war, hätte Jakob ihn mit der rechten Hand segnen sollen und Ephraim mit der linken. Jakob jedoch kreuzte seine Hände und segnete mit seiner rechten Hand seinen Enkel Ephraim. Joseph sah dies und wollte seinen Vater dazu bringen, doch Manasse mit der rechten Hand zu segnen, aber Jakob weigerte sich. Der Grund: Die Handlung des Segnens mit der rechten Hand war eine prophetische Handlung, die da lautete: Ephraim wird als der Jüngere der bedeutsamere Stamm werden im Vergleich zu Manasse. Ich will das jetzt nicht weiter vertiefen, nur so viel: Der Segen der Väter bzw. hier des Großvaters hat enormen Einfluss auf das Leben der nächsten Generation. Die zugewendeten Herzen der Generationen, die sich gegenseitig segnen, ist ein entscheidender Faktor für die Zeugniskraft des Reiches Gottes in dieser Welt.

Gottes Herz ist ein Herz der Weite, das für Einheit brennt. Dieses Herz will auch mein und dein Herz formen. Einheit bedeutet nicht Beliebigkeit, sondern auf der Basis desselben Fundaments einander wertzuschätzen, Unterschiedlichkeit auszuhalten, einander zu ermutigen und zu segnen.

Während ich diese Zeilen schrieb, befanden wir uns mitten in der Corona-Pandemie. Dieses kleine Virus hatte die Welt verändert. Schutzmasken, Abstandsregeln, Kontaktbeschränkungen, Lockdowns bestimmten unseren Alltag. Es passierten Dinge, die man sich ein Jahr zuvor nicht hätte vorstellen können. Pflegekräfte auf Intensivstationen kamen ans Limit und nicht wenige Menschen fürchteten um ihre wirtschaftliche Existenz. Politiker rangen um die richtigen Maßnahmen zur Eindämmung der Pandemie. Auch für die Gemeinden hatte Corona enorme Auswirkungen. Gottesdienste waren zwar möglich, jedoch nur auf eingeschränkte Weise. Vieles wurde in der christlichen Szene in Bezug auf die geistliche Einordnung diskutiert. Darauf will ich jedoch nicht eingehen.

Was mich umso mehr bewegt, ist die Beobachtung, dass Corona hinsichtlich der Einheit ein enorm starker Angriff ist. Die Diskussionen über die Sinnhaftigkeit von Maßnahmen, über endzeitliche Szenarien, über Verschwörungen haben in Gemeinden krasse Spuren hinterlassen. Da all dies sehr emotional aufgeheizt ist, kam es zu starken Spannungen in Familien und in Hauskreisen.

Mich besorgt dies sehr, denn eine Welt, die sehr verunsichert ist, braucht eine starke Gemeinde Jesu, die Hoffnung vermittelt und auf den hinweist, der allein Halt geben kann. Leider kommt die Gemeinde ihrem Auftrag hier nicht nach, wenn sie aufgrund von Streitereien sich selbst und ihr Zeugnis schwächt.

Ein eindrückliches Beispiel von Einheit und Kraftwirkung nach außen findet sich in Apostelgeschichte 4,32-33. Dort heißt es:

> *Die Menge derer aber, die gläubig wurden, war ein Herz und eine Seele; und auch nicht einer sagte, dass etwas von seiner Habe sein eigen sei, sondern es war ihnen alles gemeinsam. Und mit großer Kraft legten die Apostel Zeugnis von der Auferstehung des Herrn Jesus ab; und große Gnade war auf ihnen allen.*

Da gibt es offensichtlich einen Zusammenhang: Die Einheit in der Gemeinde war die Kraftquelle ihres Zeugnisses nach außen. Nochmals: Einheit kommt aus dem Herzen Gottes, und wenn wir unsere Herzen von ihm synchronisieren lassen, dann werden wir die Kraftwirkung der Einheit auf ganz neue Weise erleben.

Ich schließe dieses Kapitel mit Psalm 133 ab:

Siehe, wie gut und wie lieblich ist es,
wenn Brüder einträchtig beieinander wohnen.
Wie das edle Öl auf dem Haupt,
das herabfließt auf den Bart, auf den Bart Aarons,
das herabfließt auf den Halssaum seiner Kleider.
Wie der Tau des Hermon,
der herabfließt auf die Berge Zions.
Denn dorthin hat der HERR den Segen befohlen,
Leben bis in Ewigkeit.

Der Psalm zeigt auf geniale Weise, welche Wirkung Einheit hat. Er gebraucht wunderbare Bilder für die Einheit unter Brüdern: Das Salböl, das vom Kopf herab in den Bart des Priesters Aarons fließt, und den Tau auf dem Berg Hermon, der zum lebensspendenden Wasser wird. Der Psalm endet mit der Verheißung:

Dorthin, wo Herzen in Einheit miteinander verbunden sind, befiehlt Gott seinen Segen, einen Segen des Lebens!

Kapitel 10

Ein Herz der Ruhe

Es gibt so vieles, was ich an Jesus bewundere. Er ist und bleibt der perfekte „Abdruck“ des Wesens Gottes (vgl. Hebräer 1,3). Ein Wesenszug bzw. Herzensausdruck ist der der Ruhe. Auf Jesus strömte so vieles ein, seien es die Erwartungen oder die Nöte der Menschen. Tausende kamen zu ihm und wollten ihn hören bzw. sich von ihm berühren lassen. Die, die ihm nicht so wohlgesonnen waren, versuchten ihn auf üble Weise hereinzulegen, mit dem Ziel, etwas gegen ihn vorbringen zu können. Eine Szene will ich kurz herausgreifen. Wir lesen davon im Johannesevangelium, Kapitel 8.

Eine Frau wird vor Jesu Füße gezerrt, die beim Ehebruch erwischt worden ist. Nur nebenbei: Wo ist eigentlich der Mann, der da auch mitbeteiligt war? Wie auch immer. Versuchen wir mal in die Geschichte einzutauchen:

Geschrei, eine völlig aufgeheizte Stimmung, Menschen rennen zusammen und mittendrin eine Frau, evtl. leicht bekleidet, Tränen rinnen ihr übers Gesicht. Sie wird über den Boden geschleift und vor Jesus hingeworfen. Aufgebrachte Menschen, wie eine Horde von Geiern, bilden einen Kreis. Die religiösen Führer rufen Jesus zu: „Nach dem Gesetz muss sie sterben. Was sagst du dazu?“

Was die ganze Situation noch skurriler macht, ist die Tatsache, dass es den Pharisäern und Schriftgelehrten gar nicht vorrangig um die Frau bzw. das Gesetz geht, sondern sie wollen Jesus in die Enge treiben, damit sie etwas haben, um ihn anzuklagen. Die Frau wird nur benutzt, um Jesus zu schaden.

In all dem Durcheinander, im Geschrei der Leute tut Jesus etwas Seltsames. Er bückt sich und schreibt mit dem Finger etwas in die staubige Erde. Was er da geschrieben hat, wird uns nicht überliefert. Was mich aber dabei an Jesus fasziniert: Von allen Seiten ist er bedrängt, Druck wird auf ihn ausgeübt, es herrscht eine hochemotionale Stimmung – und was macht Jesus? Er bückt sich und schreibt. Jesus lässt sein Herz nicht unter Druck setzen, er lässt sich nicht von der Stimmung überrollen, sondern er hat in sich eine tiefe Ruhe, die sich dann nach und nach auch auf das Umfeld auswirkt. Sein Herz ist voller Frieden, auch wenn die Situation extrem aufgeheizt ist.

Meiner Ansicht nach hielt Jesus sein Herz immer in der Ruhe seines Vaters positioniert, aus der heraus er nun dieses Wort voller Kraft und Weisheit spricht: *„Wer von euch ohne Sünde ist, werfe als Erster einen Stein auf sie"* (Johannes 8,7). Nach diesen Worten wird es plötzlich ganz still und man hört nur noch das Plumpsen der Steine aus den Händen der Leute. Die Menschen zerstreuen sich, bis Jesus schließlich mit der Frau alleine ist. Mit liebevollen und ruhigen Worten spricht Jesus die Frau frei und eröffnet ihr auf diese Weise einen Neuanfang.

Es gäbe noch etliche Beispiele in den Evangelien, die uns das ruhende Herz Jesu offenbaren. Jesus will uns an diesem Herzen der Ruhe Anteil haben lassen. In diesem Sinne dürfen wir die große Einladung verstehen, die er in Matthäus 11,28-29 ausspricht:

> *Kommt her zu mir, alle ihr Mühseligen und Beladenen! Und ich werde euch* **Ruhe** *geben. Nehmt auf euch mein Joch und lernt von mir! Denn ich bin sanftmütig und von Herzen demütig, und ihr werdet* **Ruhe** *finden für eure Seelen; denn mein Joch ist sanft und meine Last ist leicht.*

Es gibt so viele Dinge, die unser Herz aufschrecken und verunsichern wollen. Jesus weiß darum. Synchronisierung der Herzen bedeutet, dass unser Herz eingehüllt wird in die Ruhe des Herzens Gottes.

Die Ruhe ist auch ein elementarer Aspekt bei der Schöpfung der Welt. In sechs Tagen schuf Gott die Welt und am siebten Tag ruhte er. Dieser Ruhetag wurde besonders „geheiligt“ (vgl. 1. Mose 2,3). Geheiligt meint „herausgehoben“ aus den anderen Tagen. Die Ruhe ist etwas Heiliges. Da die Menschen am sechsten Tag geschaffen wurden, war das Erste, was sie erlebten, nicht hektisches Arbeiten, sondern das Genießen der Ruhe. Wie genial ist das denn! Gott schuf den Menschen als sein Gegenüber und hüllte ihn zuerst in die Atmosphäre der Ruhe ein. Der Mensch lebt aus dem von Gott Geschaffenen und darf dies genießen.

Gott schuf den Menschen als sein Gegenüber und hüllte ihn zuerst in die Atmosphäre der Ruhe ein.

In der Geschichte Gottes mit seinem Volk Israel spielte der Sabbat eine enorm wichtige Rolle. Der Ruhetag ist ein identitätsstiftender Tag für das Selbstverständnis als Volk Gottes. Ja, er ist neben der Beschneidung das Zeichen des Bundes zwischen Gott und Israel (vgl. 2. Mose 31,16-17). Deshalb legt Gott auf das Halten des Sabbats einen so großen Wert. Was jedoch im Lauf der Jahrhunderte damit gemacht wurde, hat wenig mit dem Ursprünglichen zu tun. Die Schriftgelehrten diskutierten viel darüber, was man nun am Sabbat alles durfte und was eben nicht. Es entstand ein penibler Regelkatalog, der einem die Sicht auf das nahm, was Gott durch den Sabbat Segensreiches bewirken wollte. In den Evangelien wird Jesus immer wieder angegangen, weil er angeblich das Sabbatgebot nicht so ernst nahm. Darauf reagierte er mit folgenden Worten: *„Der Sabbat ist um des Menschen willen geschaffen worden und nicht der Mensch um des Sabbats willen“* (Markus 2,27).

Die äußere Ruhe sollte dazu dienen, auch innerlich zur Ruhe zu kommen. Vielen Menschen ergeht es so, wie es Asaf, der Psalmdichter beschreibt: *„Du hieltest offen die Lider meiner Augen; ich war voller Unruhe und redete nicht“* (Psalm 77,5). Schlaflosigkeit ist eine Volkskrankheit. Viele Menschen leiden daran, dass sie nicht zur Ruhe kommen. Die Ursachen hierfür sind sehr unterschiedlich. Ein Aufgewühltsein und innere Unruhe machen einem das Leben schwer. Ich weiß, von was ich hier schreibe. Ich habe immer wieder unter Schlafstörungen zu leiden. Vieles bewegt mich: Grämen über Vergangenes und Sorgen vor dem, was ansteht. Mein Herz braucht es, dass es in Gott zur Ruhe kommt. Wie kann das geschehen?

Dafür gibt es kein Patentrezept. Und doch ist für mich ein Weg immer wieder der, mich ganz bewusst in die Gegenwart Gottes zu begeben. Still zu werden vor ihm. Ich habe es mir angewöhnt, den Tag mit einigen Minuten der Stille auf den Knien vor Gott zu beginnen und zu beenden. Ich merke, wie sich das auf mein Inneres auswirkt und mein Herz in ihm ruhiger wird.

In meinen Tagebuchnotizen fand ich folgende Impulse, die Gott mir einmal gegeben hatte: „Günter, die Tiefe des Lebens erfasst du in der Sabbat-Ruhe, in der Stille. Ich freue mich an allem Kraftvollen, am Lauten, am Proklamieren. Aber erinnere dich an das Allerheiligste im Tempel: Es war ein Ort der absoluten Ruhe. Abgeschirmt von allem äußeren Lärm, war meine Gegenwart in dieser Stille erfahrbar."

Ruhen in Gott bedeutet nicht Passivität, sondern eine tiefe Gelassenheit, die sich in Gottes Treue gründet. Unser Herz und unsere Seele brauchen dieses Zurückkehren in die Ruhe Gottes.

Im Psalm 116,7 betet der Psalmist genau in diese Richtung:

Kehre zurück, meine Seele, zu deiner Ruhe! Denn der Herr hat dir Gutes erwiesen.

Ruhe hat viel mit Frieden zu tun. Innere Ruhe und innerer Frieden bedingen sich gegenseitig. Wenn wir in unserem Umfeld Frieden erleben wollen, muss es zuerst Frieden in uns werden.

Ruhen in Gott ist von so unschätzbarem Wert. Ich glaube, dass dies mit darüber entscheidet, wie kraftvoll wir in unser Umfeld hineinwirken können. Für das Ruhen in Gott kommt mir ein anderer Ausdruck in den Sinn: Lagern in der Gegenwart Gottes. So wie es Mose und Jesus immer wieder gemacht haben. Mose ging hinaus aus dem Lager in das Zelt der Begegnung (vgl. 2. Mose 33,7 ff.). In der Gegenwart seines Gottes, im Gespräch mit ihm, bekam er Weisung und innere Stärkung. Auch Jesus zog sich zurück in die Stille, um mit seinem Vater tiefe Gemeinschaft zu haben und mit ihm vieles zu besprechen (vgl. Markus 1,35). Diese Zeiten der Ruhe führten dazu, dass Jesus vollkommen in dem Willen des Vaters lebte. Jesus sagte von sich, dass er nichts von sich selbst aus tue, außer das, was er den Vater tun sehe (vgl. Johannes 5,19).

Ist es nicht so, dass unter uns Christen viel Aktionismus vorherrscht und wir uns unglaublich anstrengen, aber das Resultat dann oft dürftig ausfällt? Kann es sein, dass die Dinge, die wir tun, zwar gut, aber nicht „aus Gott geboren" sind? Wenn Gemeindeverantwortliche die Ruhe vor Gott und das Hören auf ihn nicht nur als Randerscheinung behandeln würden, dann würde vielleicht manches länger dauern (reifen), aber es wäre kraftvoller bzw. wirksamer.

Zwar ist man als Leiter herausgefordert, Richtung vorzugeben. Ich kenne es aber aus eigener Erfahrung, dass man sich in dieser Hinsicht unter Druck setzt. Anstatt in Ruhe auf Gott zu hören, sich als Leitende untereinander auszutauschen und sich Zeit zu lassen, steht man in der Versuchung, schnelle Ergebnisse zu liefern. Es wird dann so mancher „geistliche Staub" aufgewirbelt, der sich schnell wieder legt, ohne dass er eine Wirkung gehabt hätte. Geistliche Autorität erwächst aus einem Lebensstil des Ruhens in Gott. Auf Dauer wird spürbar, ob Leiter aus dem Getriebensein oder aus der Ruhe vor Gott heraus agieren.

In einem der letzten Winter war ich auf der verschneiten Schwäbischen Alb spazieren. Vieles hat mich in der Zeit innerlich bewegt und aufgewühlt. Ich kam an einen kleinen Hügel, auf dem eine Sitzbank neben einem Kreuz stand. Ich setzte mich auf die Bank und genoss die Ruhe und die wunderbare Natur. Dann der Impuls: Es ist gut, unter dem Kreuz zu ruhen.

Zu ruhen an dem Ort, der mir zeigt, wie sehr Gott mich liebt und an dem ausgerufen wurde: „Es ist vollbracht!“ Seine Liebe und sein Sieg am Kreuz brachten mein Herz zur Ruhe.

In meiner Klosterzeit in Israel feierten wir jeden Morgen Eucharistie. Wir priesen Gott über seine Liebe und Hingabe und nahmen das Brot und den Wein als geistliche Stärkung zu uns. Zu Beginn konnte ich dem täglichen Abendmahl nicht so viel abgewinnen, aber mit der Zeit wurde es mir zu einem kostbaren Schatz. Sich täglich am frühen Morgen bewusst zu machen, dass ich aus dem lebe, was Christus für mich getan hat, gab mir eine neue Ausrichtung und Ruhe für den Tag.

> *Unser Herz ist manchmal wie so eine durcheinandergewirbelte Schneekugel. Gottes Gegenwart beruhigt unser Herz und wir sehen dadurch wieder klarer.*

Ich erinnere mich, dass ich es als Kind immer besonders fand, mit einer sogenannten Schneekugel zu spielen. Es war eine Kugel aus Glas. In dem Glas war eine Landschaft oder ein Dorf. Wenn man die Kugel schüttelte, dann schwirrten unzählige „Schneeflocken“ in der Kugel umher. Von der Landschaft in der Kugel war nichts mehr zu sehen. Es war schön zu beobachten, wie die Schneeflocken ganz langsam zu Boden schwebten, sich die Szenerie beruhigte und die Landschaft wieder sichtbar wurde. Unser Herz ist manchmal wie so eine durcheinandergewirbelte Schneekugel. Gottes Gegenwart beruhigt unser Herz und wir sehen dadurch wieder klarer. In Psalm 46,11 heißt es:

Lasst ab und erkennt, dass ich Gott bin!

Beziehungsweise:

Seid stille und erkennt, dass ich Gott bin! (LUT)

Im Loslassen, im Stillwerden erkennen wir unseren Gott und unser Herz positioniert sich wieder neu. Neben Sorgen ist für mich die Angst, etwas zu verpassen, immer wieder ein Unruheherd. Als ich vor einigen Jahren bei einer Konferenz war, wurden dort am Nachmittag diverse Workshops angeboten. Ich meldete mich für einen an. Nachdem ich 10 Minuten dort gewesen war, dachte ich, dass ich vielleicht doch zu einem anderen Workshop hätte gehen sollen. So packte ich meine Sachen und suchte den anderen Seminarraum auf. Nun war ich dort für einige Zeit, aber es sprach mich wirklich nicht an. So wechselte ich wieder zurück in den Workshop, in dem ich anfangs gewesen war. Das Fazit war, dass ich von beiden Workshops kaum etwas mitbekam.

Vielleicht lässt dich das schmunzeln, aber es ist ein Ausdruck von der Angst, nicht die beste Entscheidung getroffen zu haben. Wenn sich dies auch in anderen Lebensbereichen so durchzieht, dann ist ein Herz ständig in Unruhe. Es gilt zu lernen, abzuwägen, sich dann zu entscheiden und dann auch mit der Entscheidung versöhnt zu leben. In diesem Punkt habe ich noch Lernpotenzial. Ich will von Jesus lernen, von seinem Herzen. Von ihm wird gesagt, dass er der Friedefürst ist (vgl. Jesaja 9,5). Frieden im Inneren ist der Schlüssel für ein Leben in der göttlichen Gelassenheit.

Vieles gäbe es zu einem Herzen der Ruhe zu sagen. Nur so viel noch: Ein Herz, das vom Herzen Gottes lernt, sich in Ruhe hineinzubegeben, ist ein Herz, das die Kostbarkeiten der Gottesbeziehung und des Lebens überhaupt erst genießen kann. Ein Herz der Ruhe führt zu einem Herzen der Freiheit. Das werde ich nun im Folgenden beschreiben.

Kapitel 11

Ein Herz der Freiheit

Liebe schränkt nie ein, sondern gibt frei. Von einem Theologen las ich einmal: „Die Kraft der Schöpfung verwandelt sich beim Loslassen des Geschöpfs in dessen Freiheit in eine verlangende Liebe zum Geschöpf.“[1]

Was für eine geniale Beschreibung des Herzens Gottes. Er schuf mit göttlicher Kraft den Menschen aus Liebe. Und weil Liebe und Freiheit zusammengehören, entlässt Gott den Menschen und wartet sehnlichst darauf, dass der Mensch auf seine Liebe antwortet. Freiheit ist ein zentrales Thema in der Bibel. Gott ist es, der Menschen frei macht.

Jesus, der sich selbst als die Wahrheit bezeichnet, sagt: „... *ihr werdet die Wahrheit erkennen und die Wahrheit wird euch freimachen.*“ Und weiter: „*Wenn nun der Sohn euch frei machen wird, so werdet ihr wirklich frei sein*“ (Johannes 8,32.36). Menschen sehnen sich nach Freiheit. Viel zu viel Gebundenheit gibt es in unserem Leben. Diese kann ganz unterschiedlich aussehen. Es gibt äußere Gebundenheiten, wenn z. B. Menschen in Gefängnissen sind. Oder dort, wo ein Land von einem Diktator beherrscht wird und es keine freie Meinungsäußerung usw. gibt. Aber noch weit mehr verbreitet sind die inneren Gebundenheiten. Die sind nicht immer gleich sichtbar, beeinflussen jedoch das Leben ungemein. Süchte, traumatische Erlebnisse, Sorgen, Erwartungsdruck, Beziehungskonflikte, seelische Verletzungen und dämonische Belastungen führen dazu, dass Herzen sich verengen.

---

[1] Quelle unbekannt.

Obwohl ich kein Mediziner bin, so glaube ich, dass so manche Herzkrankheiten genau in diesen Dingen ihren Ursprung haben. In Psalm 18,20 bezeugt der Beter, wie Gott an ihm gehandelt hat:

> *Und er führte mich heraus ins Weite, er befreite mich, weil er Gefallen an mir hatte.*

Das ist es, was Gott tun will: Menschen in eine Weite führen. Als Jesus seinen öffentlichen Dienst begann, zitierte er Worte aus dem Propheten Jesaja, die die Berufung des Messias beschreiben:

> *Der Geist des Herrn ist auf mir, weil er mich gesalbt hat, Armen gute Botschaft zu verkündigen; er hat mich gesandt, Gefangenen Freiheit auszurufen und Blinden, dass sie wieder sehen, Zerschlagene in Freiheit hinzusenden, auszurufen ein angenehmes Jahr des Herrn* (Lukas 4,18-19; vgl. Jesaja 61,1-2).

Das Herz Jesu spiegelt sich in seiner Berufung wider. Seine Berufung lautet, Menschen in Freiheit zu führen, weil sein Herz ein Herz der Freiheit ist.

Im Jahr 2011 sind wir als Familie in unsere neue Wohnung gezogen. Wir haben das Privileg, in einem Mehrfamilienhaus in einer Maisonettewohnung im obersten Stockwerk zu wohnen. Von unserem Wohn-/Esszimmer, das von viel Fensterfläche umgeben ist, und von unserem Balkon aus, hat man einen herrlichen Rundumblick auf die Teckregion und die Schwäbische Alb. Es ist nicht nur der Ausblick, sondern ich genieße einfach die Weite. Ich merke, wie diese Aussicht etwas mit meinem Inneren macht. Wenn ich mit einer Tasse Kaffee auf dem Balkon stehe und in Ruhe umherblicke, weitet sich mein Inneres. Für mich ist das ein Sinnbild für Freiheit. Deshalb liebe ich es auch, im Sommerurlaub am Meer zu sein. Die Weite zu betrachten und darin aufzuatmen. Einfach herrlich!

Als ich meine Tagebücher der letzten Jahre durchblätterte, fiel mir auf, dass ich immer wieder über die Sehnsucht nach innerer Freiheit geschrieben hatte. Zu oft war mein Herz eingeengt und verkrampft. Ein Grund dafür war häufig das Empfinden „nicht zu genügen". Obwohl ich wusste, dass Gott mich so liebt, wie ich bin, legten sich die Ketten des eigenen perfektionistischen Anspruchs um mein Herz. Um Veränderung zu erleben, ging ich für einige Zeit zu einem Seelsorger. Durch Aufarbeitung meiner Vergangenheit, besonders der Kindheit, wurde mir manches deutlich. Ich wuchs in einer Familie auf, in der es zwischen meinen Eltern oft Streit gab. Mein Vater war Alkoholiker, und dies war für meine Mutter und für uns Kinder eine starke Belastung. Ich hatte die Rolle inne, in der Familie für Frieden zu sorgen. Schon in jungen Jahren versuchte ich zu vermitteln, was mir die Bezeichnung „Diplomat" einbrachte. Ich fühlte mich verantwortlich für die ganze Situation.

Extrem wurde es, als mein Bruder mit 21 Jahren Suizid beging. Er war ein Jahr älter als ich und wir waren sehr miteinander verbunden. Ich machte mich mitverantwortlich für seinen Tod. Dies und noch vieles mehr führte dazu, dass ich immer alles richtig machen wollte. Man nennt dies auch „überverantwortlich sein". Dass ich an diesem Anspruch scheitern musste, war absehbar.

Mose ging es da ähnlich. Als das Volk in der Wüste sich mal wieder nach Ägypten zurücksehnte, da war es Mose einfach zu viel. Er sagte: *„Ich allein kann dieses ganze Volk nicht tragen, denn es ist mir zu schwer"* (4. Mose 11,14). Ja, Mose trug Verantwortung, aber doch nicht er allein! Letzten Endes war es Gottes Volk, und er würde das Volk leiten und für es sorgen. Überverantwortlichkeit ist ein innerer Treiber, der in Unfreiheit hineinführt, weil man immer das Gefühl hat, nicht genug getan zu haben.

Immer dann, wenn ich in meinen Augen versagte, wurde es eng in meinem Herzen. Daher bat ich Gott häufig um Freiheit. Es dauerte lange, bis ich merkte, dass Gott mein Herz in der

Tiefe verändern möchte. Freiheit ist die Frucht eines von Gottes Liebe geheilten Herzens.

Vor vielen Jahren war ich auf einer Konferenz der „Vaterherz-Bewegung“. In dieser Bewegung geht es darum, die Liebe Gottes in seinem Vatersein in die Herzen der Menschen hineinzupflanzen. Bei dieser Konferenz ließ ich für mich beten. Der Mann, der für mich betete, kannte mich nicht. Während des Gebets gab er einen Eindruck weiter: Er sagte, dass an meinem Rücken tausende von Augen seien, die mich alle beobachteten. Doch Gott komme mit seiner starken Hand und wische all die Augen weg und befreie mich von all dem, was mich beobachtete und einengte. Ich war durch das Gebet tief berührt, denn es sprach genau das aus, was ich empfand.

Freiheit ist die Frucht eines von Gottes Liebe geheilten Herzens.

Paulus ist mir hinsichtlich des Themas innerer Freiheit zum Vorbild geworden. Er schrieb den Brief an die Gemeinde in Philippi aus dem Gefängnis. Er wusste nicht, wie es mit ihm weitergehen würde. Er hatte sicher viele Pläne und wollte sich von Gott gebrauchen lassen. Nun drängten sich andere Lehrer in den Vordergrund und predigten das Evangelium. Anstatt aufgrund seiner eigenen Untätigkeit depressiv oder wütend zu werden, sagt er: „*Was macht es denn? Wird doch auf jede Weise, sei es aus Vorwand oder in Wahrheit, Christus verkündigt, und darüber freue ich mich*“ (Philipper 1,18). Ich würde es so beschreiben: Paulus war frei von sich selbst. Es ging ihm nicht um sich selbst, sein Ansehen, seinen Beitrag, sondern die Hauptsache für ihn war, dass Christus verkündigt wurde. Auch das ist ein Ausdruck eines Herzens, das frei geworden ist.

Ich bin jetzt seit 18 Jahren Pastor und habe viele Höhen und auch Tiefen erlebt. In den letzten zwei Jahren beschäftige ich mich mit meiner zukünftigen Berufung. Ich empfinde, dass Gott neue Wege für mich geplant hat, vor allem hinsichtlich dessen, wie ich mein Pastorensein leben werde. Es geht hierbei auch um eine Weitung meiner Berufung; Weitung hinsichtlich meines

Einflussbereiches. Vor einiger Zeit empfand ich, dass Gott mir Folgendes sagte: „Günter, bevor ich deine Berufung weite, will ich dein Herz weiten." Mir ist klar: Wenn mein Herz nicht in der Freiheit Gottes zu Hause ist, dann wird mich die zukünftige Berufung noch mehr belasten und ich werde es nicht „tragen" können.

Ich kann das Gebet von David so gut nachempfinden, das in Psalm 18,37 überliefert ist:

Du schaffst Raum meinen Schritten unter mir, und meine Knöchel haben nicht gewankt.

Als David auf sein Leben zurückblickte, betete er voller Dankbarkeit:

Er führte mich hinaus ins Weite (2. Samuel 22,20 LUT).

David hatte oft Einengung erlebt, besonders durch die über Jahre anhaltende Verfolgung Sauls. Doch genau da machte er die Erfahrung, dass Gott ein Gott ist, der in die Weite führt. Gott ist es, der Raum schafft und die Enge überwindet.

Wir sind berufen, nicht verängstigt kleine Schrittchen zu tun, sondern kraftvoll vorwärtszugehen im Vertrauen auf unseren wunderbaren Gott. Freiheit hat auch damit zu tun, etwas zu wagen. Es geht nicht um ein unüberlegtes Handeln, und doch lädt Gott uns ein, auch „Verrücktes" auszuprobieren. Ich habe den Eindruck, dass wir als Kinder Gottes eher zu brav unterwegs sind und somit nie das Kribbeln des Abenteuers erleben.

Ein wichtiger Aspekt von Freiheit ist das Bewusstsein, auch Fehler machen zu dürfen. Als ich einmal einige Tage während einer Auszeit in einem Kloster war, ging ich in der Umgebung in einem mir unbekannten Waldstück spazieren. Ich wollte eine Abkürzung nehmen und ging mitten durch den Wald. Dabei verhedderte ich mich zusehends im Dickicht und fand nur mühsam wieder heraus. Aber ich kehrte nicht um, sondern kämpfte mich durch und fand tatsächlich den Waldweg wieder.

In dieser Situation hörte ich, wie Gott mir sagte: „Mein Sohn, auch wenn du mal falsche Entscheidungen triffst und dich verhedderst, so bin ich dennoch bei dir und leite dich wieder heraus."

Gottes Herz gesteht uns Fehler zu. Freiheit bedeutet, Fehler machen zu dürfen.

Gottes Herz gesteht uns Fehler zu. Freiheit bedeutet, Fehler machen zu dürfen. Wichtig ist es, dass wir daraus lernen. Wenn es jedoch wieder passiert (und es passiert immer wieder), dann lächelt unser Vater im Himmel über uns und lässt uns seine Barmherzigkeit und Gnade erfahren. Er setzt uns nicht unter Druck, der uns zu einem pseudo-perfektionistischen Lebensstil antreibt. Ihm ist es vielmehr wichtig, unseren Charakter und unser Herz zu entwickeln. Und wir entwickeln uns eben nicht nur durch das, was gelingt, sondern genauso durch das, was schiefgeht.

Es gibt einen Unterschied zwischen Enge und Grenzen. Enge ist eben das Empfinden von Gebundensein, von mangelnder Weite. Aber Grenzen können hilfreich sein, damit wir uns nicht in Endlosigkeit verlieren.

Vor einigen Jahren kam eine Frau aus unserer Gemeinde auf mich zu und sagte mir, sie habe während ihres Betens ein Bild für mich gehabt. Sie fragte mich, ob sie mir das erzählen dürfe. „Na klar!", war meine Antwort. Ich schätze es, wenn Menschen mir ihre Eindrücke weitergeben. Es liegt an mir, diese zu prüfen und dann zu entscheiden, ob ich sie so annehmen kann, oder ob ich eher denke, dass ich sie getrost zur Seite legen kann. Aber dieser Eindruck hat mich echt bewegt. Sie erzählte Folgendes: Sie sah mich auf einem Ackerfeld. Ich arbeitete dort und das Ackerfeld war enorm groß. Ich war dabei sehr angestrengt und wirkte irgendwie verloren auf dem Feld. Es hatte den Anschein, dass mich dieses große Feld überforderte. Sie sah dann, wie vom Himmel herab Zäune kamen und das Feld, auf dem ich stand, eingrenzten. Als ich diese Zäune wahrnahm, bekam ich eine neue Motivation und

Kraft für meine Arbeit. Diese Grenzen, diese Zäune waren nicht einengend, sondern schützend.

Als ich diesen Eindruck hörte, wusste ich genau, dass er von Gott kam, denn ich war in einer Situation, in der mir alles über den Kopf zu wachsen schien. Mir war klar, dass ich mich begrenzen musste, um mich nicht zu verlieren. Echte Freiheit braucht auch den Schutz vor der unbegrenzten Weite. In meinem Dienst als Pastor einer großen Gemeinde musste ich nach und nach lernen, auch Nein zu sagen. Die vielen Erwartungen sind oft grenzenlos, und ich wusste, dass es in meiner Verantwortung liegt, mir und anderen Grenzen zu setzen. Nein-Sagen eröffnet neue Freiheiten! Im Markusevangelium wird berichtet, dass Jesus, nachdem er Zeit mit seinem Vater im Himmel verbracht hatte, von seinen Jüngern aufgesucht wurde (vgl. Markus 1,35-38). Die Jünger sagten zu Jesus: *„Alle suchen dich."* Er antwortete: *„Lasst uns anderswohin gehen."* Jesus hatte es gelernt sich abzugrenzen und sich so die Freiheit zu erhalten, das zu tun, was wirklich dran war. Wow! So ein Herz der Freiheit will ich auch!

Wir Christen reden oft darüber, dass wir erlöst sind. Doch wie frei sind wir wirklich? Wie zeigt sich das in unserem Leben? Es gibt ein bekanntes Zitat des einflussreichen Atheisten Friedrich Nietzsche. Er sagte: „Bessere Lieder müssten sie mir singen, dass ich an ihren Erlöser glauben lerne: Erlöster müssten mir seine Jünger aussehen!"[2] Er trifft hier einen wunden Punkt. Wie viel Verkrampfung, Missmut und Enge sind in manchen christlichen Kreisen wahrzunehmen. Unsere Ausstrahlung ist so, als wären wir in Zitronensaft getauft worden. Der Ruf von Paulus erschallt nach wir vor mit voller Kraft: *„Für die Freiheit hat Christus uns freigemacht"* (Galater 5,1).

In unserer Gemeinde war eine ältere Frau, die vor einigen Jahren verstorben ist. Sie war seit ihrer Kindheit gläubig und seit Jahrzehnten Mitglied der Gemeinde. Dennoch war sie das Abbild eines dermaßen unfreien Menschen. Wenn man ihre

[2] https://www.aphorismen.de/zitat/164776

Biografie anschaut, dann gibt es Gründe dafür. Sie erkrankte als Jugendliche an Kinderlähmung. In ihrer Familie fühlte sie sich zurückgesetzt. Sie blieb ihr Leben lang allein. Da war so viel an Bitterkeit, die zu Herzenshärte führte. Vieles, was in der Gemeinde lief bzw. auch erneuert wurde, begleitete sie sehr kritisch oder besser gesagt ablehnend. Obwohl ich oft im Clinch mit ihr lag, tat sie mir auch sehr leid. Da war vieles in ihrem Leben nicht aufgearbeitet und ihr Herz war einfach unfrei. Ja, sie war eine Erlöste in Christus, aber diese Erlösung brach sich nicht Bahn in ihr Herz hinein. Ich weiß, dass sie nun bei ihrem Erlöser ist und in Ewigkeit erleben darf, was wirkliche Freiheit bedeutet.

Herzen, die in dieser Weise unfrei sind, können mit einer verrosteten Tür verglichen werden. Ihre Beweglichkeit ist enorm eingeschränkt. Der Rost hält die Tür verschlossen. „Herzens-Rost" entsteht dort, wo die Verletzungen des Lebens nicht die Möglichkeit bekommen, vom Erlöser geheilt zu werden. Wenn der Glaube erstarrt, braucht es das eine: Einen Rost-Löser! Öl, himmlisches Öl, muss auf den Rost geträufelt werden und nach und nach löst sich die Starre des Herzens. Freiheit und Leben kommen zurück.

Viele Menschen leiden unter Herzkrankheiten. Eine der häufigsten ist die sogenannte koronare Herzkrankheit (kurz: KHK). Sie entsteht durch verengte Herzkranzgefäße. Folglich bekommt das Herz nicht mehr ausreichend Sauerstoff. Es kann zu Beschwerden kommen, wie etwa ein Engegefühl in der Brust oder Luftnot. Langfristig wird das Herz geschädigt. Folgen einer KHK können sein: Herzinfarkt, Herzschwäche, Herzrhythmus-Störungen und plötzlicher Herztod. Nicht nur das körperliche, sondern auch das seelische Herz kann unter Verengung leiden. Im 2. Korintherbrief, in dem Paulus Stellung gegen persönliche Angriffe bzw. Infragestellungen bezieht, schreibt er einen interessanten Satz: *„Ihr seid nicht beengt in uns, sondern ihr seid beengt in euren eigenen Herzen … werdet auch ihr weit"* (2. Korinther 6,12.13b). Paulus sieht die Ursache mancher Konflikte in der Enge des Herzens.

Herzensweite führt zu Barmherzigkeit und schafft Räume für wirkliches Leben.

Synchronisierung unserer Herzen mit dem Herzen Gottes bedeutet, dass Gott unsere Herzen weitet. Lassen wir ihn sein heilsames Werk an bzw. in uns tun.

Ich schließe dieses Kapitel mit einem ermutigenden Aufruf aus dem Propheten Jesaja. Im 54. Kapitel beschreibt der Prophet, wie Gott sich seinem Volk, das sich von ihm abgewendet und dadurch auch Gericht erlebt hatte, voller Erbarmen wieder zuwendet. In Vers 2 ruft er sein Volk auf:

> *Mache weit den Raum deines Zeltes, und deine Zeltdecken spanne aus. Spare nicht! Mache die Seile lang, und deine Pflöcke stecke fest.*

In dem Kapitel geht es um die Zukunftshoffnung des Volkes. Und Zukunft bedeutet Weite. Nicht mehr länger in Enge zu leben, sondern Raum zu schaffen, damit neues Leben sich entfalten kann. Ich glaube, dass diese Worte im übertragenen Sinne auch für unsere Herzen gelten.

Mache dich weit und spare nicht!
Dein Gott führt dich in eine Weite, in der du aufatmen und auch für andere zum Lebensspender werden kannst.
Verströme den Duft der Freiheit der Kinder Gottes.

Vor Kurzem „entdeckte" ich folgenden genialen Bibelvers. Er findet sich in Psalm 4,2. David betet dort: *„In Bedrängnis hast du mir Raum gemacht."* Mich bewegt dieses kurze Gebet enorm. David bezeugt: Ja, es gibt Bedrängnis bzw. Enge, aber in dieser Bedrängnis schafft Gott ihm einen Raum, eine Weite, um darin zu leben. Diese Erfahrung wünsche ich uns allen: Auch wenn es weiterhin Bedrängnis in unserem Leben gibt, so soll sich in unserem Herzen ein Raum bilden, der von himmlischer Weite ausgestattet ist. Eine Weite, die uns trotz manchem äußeren Druck gelassen leben lässt.

Kapitel 12

Ein Herz der Weisheit

Viele Jahre lang war in unserem Gemeindejahr die „Vater-Kind-Kanu-Freizeit“ ein Highlight. Wir waren ungefähr zwanzig Väter und machten mit etwa fünfzig Kids im Alter zwischen acht und zwölf Jahren im Sommer ein Wochenende lang die Donau oder den Rhein unsicher. Da ich selbst fünf Kinder habe, war ich bei etlichen Kanutouren dabei. Geplant und geleitet wurden diese Wochenenden von Armin, einem leidenschaftlichen Kanuten, der auch in seiner Freizeit viel auf etlichen Flüssen Europas unterwegs ist. Armin ist ein echter Kanufreak.

Wir liehen uns bis zu fünf Boote aus, in denen jeweils etwa fünfzehn Leute Platz hatten. Nach der Anreise am Freitagabend auf dem Campingplatz, einem zünftigen Abendessen und Lagerfeuer ging es am nächsten Tag los. Wir paddelten meistens auf dem Rhein zwischen dem Bodensee und Schaffhausen. Alles war super geplant, und Armin, der sonst ein eher ruhiger Zeitgenosse ist, gab ständig klare Anweisungen, damit jeder wusste, was zu tun ist. Ein Boot wurde von Armin gesteuert, die anderen von Männern, die Armin in einem Crashkurs ins Bootfahren eingewiesen hatte.

Bei der Einteilung der Boote war es meist so, dass viele den Wunsch hatten, mit Armin zu fahren. Nicht aus Sorge vor der Sicherheit, denn die anderen Bootsführer machten ihre Sache immer gut, sondern weil Armins Boot immer das Schnellste war. Es gibt zwei Gründe für die Schnelligkeit auf dem Wasser. Die Paddelkraft und die Lenkung des Bootes. Natürlich waren die Insassen des Bootes gefragt, kräftig zu rudern, wenn man gut vorankommen wollte. Aber das alleine reichte noch nicht. Je nachdem, wie der Bootsführer lenkte und die Strömung des Flusses richtig einschätze, konnte ein Boot Geschwindigkeit aufnehmen. Armin sagte mir einmal: „Du musst den Fluss lesen können." Durch viele Jahre Erfahrung erkannte Armin, welche Linie auf dem Fluss die Ideale ist. So konnte er sogar Stromschnellen, vor denen man etwas Bammel hatte, auf gute Weise ausnutzen. Andere Bootsführer, die diese Kenntnis nicht hatten, fuhren hier und da recht mühsam durch den Fluss.

Weisheit hat für mich damit zu tun, das Leben richtig „lesen" zu können. Aufgrund von mangelnder Weisheit vertun wir oft unnötig Kraft und kommen im Leben nicht wirklich voran. Weisheit ist mehr als Intelligenz. Es gibt viele intelligente Menschen, die aber deswegen nicht unbedingt weise sind. Sie wissen zwar viel, mühen sich aber dennoch durchs Leben. Weisheit räumt nicht alle Herausforderungen aus dem Weg, aber sie weiß, wie mit diesen umzugehen ist und entwickelt dadurch eine Lebensdynamik.

Die Quelle aller Weisheit liegt in Gott – im Vater, im Sohn und im Heiligen Geist. Paulus schreibt in Kolosser 2,3 (NLB):

> *In ihm [Christus] liegen alle Schätze der Weisheit und der Erkenntnis verborgen.*

Weisheit ist etwas Kostbares. Sie ist ein Schatz. Es gibt viele Menschen, von denen Weisheit ausgeht. Aber: Die absolute, ultimative Weisheit ist in Jesus. Wer versucht, sein Leben ohne diese Weisheit zu lesen, der wird immer wieder in mühsame Fahrwasser kommen. Gottes Herz ist ein Herz voller Weisheit, und er liebt es, uns seine Weisheit zu offenbaren. Ja mehr noch: Er will uns seine Weisheit in unser Herz einpflanzen. Wie? Durch seinen wunderbaren Geist, den er uns geschenkt hat. Der Heilige Geist will uns in alle Wahrheiten des Lebens hineinnehmen (vgl. Johannes 16,13).

Vor einiger Zeit lernte ich den Leiter eines Gebetshauses kennen. Vor unserem ersten Treffen kannte ich ihn bereits als Lobpreiser, der es verstand, Menschen tief in die Anbetung

Gottes hineinzuführen. In einer Gebetszeit mit Gott hatte ich den Eindruck, dass ich mich mit dem Mann treffen sollte. Ich wollte von ihm hören, wie er seine Beziehung mit Gott lebte. Der Leiter war gerne bereit, sich mit mir zu treffen. Ich fuhr hin und wir hatten eine geniale Zeit miteinander. Vieles haben wir bewegt, und das Gespräch hat mich sehr inspiriert. Eines ist mir besonders im Gedächtnis geblieben. Ich fragte ihn, wie er seine Lobpreiszeiten gestaltete bzw. vorbereitete. Seine Antwort: „Ich bereite diese Zeiten vor, aber das Wichtigste für mich ist, mit dem Heiligen Geist zu kooperieren.“ Es geht um eine Partnerschaft mit dem Geist Gottes. Weisheit bedeutet, sich vom Geist Gottes führen zu lassen.

Martin Schleske drückt es ähnlich wie dieser Gebetshausleiter aus. Er schreibt: „In jedem Moment meines Daseins möchte ich mit der Anwesenheit des Heiligen und Ewigen kooperieren. Das zu erlernen ist die Berufung, ein Schüler Jesu zu sein.“[1]

Schulungen zu besuchen, Literatur zu lesen, sich mit anderen auszutauschen – das alles sind wichtige Bausteine für den Aufbau von Weisheit. Doch dies allein reicht nicht. Viel zu oft agiere ich aus meinem religiösen Wissen heraus. In Gebeten und Gesprächen wende ich das an, was ich gelernt habe. Vieles ist dabei hilfreich, aber ich merke immer wieder, dass Weisheit etwas ist, das zwar erlernt werden kann, insbesondere durch Lebenserfahrung, aber dennoch nie etwas Abgestandenes ist.

Weisheit braucht eine beständige Frische aus der engen Gemeinschaft mit dem Heiligen Geist heraus. Dann kann Weisheit eine besondere, hier und da auch überraschende Kraft entwickeln.

Wenn das Herz Gottes voller Weisheit ist und sich diese in unserem Herzen abbilden soll, dann braucht es die tiefe Beziehung zu ihm. Wie ein Herz tickt, kann man nur erfassen, wenn

[1] Martin Schleske: Der Klang, a.a.O., S. 178.

man sich Zeit dafür nimmt, diesen Herzschlag wahrzunehmen. Hier kommt der Bibel, der Heiligen Schrift, eine besondere Bedeutung zu. Das Kooperieren mit dem Heiligen Geist, das spontane Hören auf seine Leitung, ersetzt nicht das Verwurzeltsein im Wort Gottes. Die Bibel ist „gottgehaucht" (vgl. 2. Timotheus 3,16) und sie ist bedeutsam für die Gestaltung des Lebens.

Die Weisheit Gottes fließt und formt unser Herz in dem Maße, wie wir seinem Wort Raum geben. Es geht hier nicht um eine fromme Leistung, die da heißt: „Lies mehr Bibel", sondern um eine vertiefende Aneignung des Wortes Gottes. In der Heiligen Schrift hören wir den Herzschlag Gottes. Es ist so wichtig, dass wir genau hinhören. Herzensveränderung durch die Bibel, aus der Weisheit hervorgeht, ist nicht das Ergebnis eines kurzen Reinschauens, sondern des Studierens, Berührtwerdens und des Auslebens.

Lukas berichtet in seinem Evangelium, dass Maria die Worte der Hirten, nachdem diese den Stall der Geburt ihres Kindes verlassen hatten, bewahrte und in ihrem Herzen bewegte (vgl. Lukas 2,18). Es waren ja Worte, welche die Engel über Jesus offenbart hatten. Diese Worte hörte Maria nicht nur, sondern sie bewegte sie auch in ihrem Herzen. Auf diese Weise formen göttliche Worte Herzen, und es entfaltet sich eine Weisheit, die eine tiefe Sicht über das Wirken Gottes beinhaltet. Eine Weisheit, die Kraft schenkt, schwierige Situationen auszuhalten, weil ein tieferer Blick vorhanden ist.

Im Buch der Sprüche finden sich eine Vielzahl von Lebensweisheiten. Im Kapitel 8 kommt die Weisheit selbst zu Wort und sagt: *„Ich, die Weisheit, bin die Nachbarin der Klugheit, und besonnene Erkenntnis finde ich"* (Vers 12). Und weiter sagt sie: *„Denn wer mich findet, hat Leben gefunden …"* (Vers 35). Gerade dieser Vers deutet letzten Endes wieder auf Jesus hin. In ihm, der personifizierten Weisheit, ist Leben zu finden.

König Salomo, der einen Großteil des biblischen Buches der Sprüche geschrieben hat, wird ja als der König mit herausragender Weisheit beschrieben. Woher kam diese Weisheit? War es die gute Bildung als Königssohn, die er genießen durfte? Nach dem Tod seines Vaters David lastete nun die Bürde des Königtums auf den Schultern des jungen Salomo. Gott erschien ihm in einem Traum (vgl. 1. Könige 3,5 ff.) und fragte ihn, was er ihm geben solle. Salomo beschrieb sich als kleinen Knaben, der sich mit all den Entscheidungen, die er als König zu treffen hatte, überfordert fühlte (Vers 7). Aus diesem Empfinden heraus bat er Gott, dass er ihm ein hörendes Herz schenken möge, um das Volk auf gute Weise leiten bzw. auch richten zu können (Vers 9). Gott freute sich über diesen Wunsch und verhieß ihm: *„Siehe, ich gebe dir ein weises und verständiges Herz, sodass es vor dir keinen wie dich gegeben hat und nach dir keiner wie du aufstehen wird"* (Vers 12). Und Gott stand zu seiner Verheißung. In 1. Könige 5,9 lesen wir: *„Und Gott gab Salomo Weisheit und sehr große Einsicht und Weite des Herzens, wie der Sand am Ufer des Meeres."* Wow, was für eine Beschreibung!

Ich glaube, dass Gott auch uns solch ein Herz geben will, ja, der Same der Weisheit ist schon in uns. Er braucht sich nur noch zu entfalten.

Leider wurde die Weisheit Salomos im Laufe seiner Jahre als König eingetrübt. Nicht weil Gott ihm die Weisheit wieder weggenommen hätte, sondern weil er mehr seinen Begierden nachgab, als auf sein eigenes weises Herz zu hören.

Für ein hörendes Herz braucht es eine „heilige Aufmerksamkeit". Genau hinzuhören, was Gott mitteilen will, ist entscheidend. In Paarbeziehungen ist das ja immer wieder ein Problem: Einander zuhören. Meine Frau sagt mir auch hier und da: „Günter, ich habe nicht deine ungeteilte Aufmerksamkeit." Und ganz ehrlich: Meistens hat sie recht. Ich bin mit meinen Gedanken ganz woanders und nehme nur schemenhaft wahr, was meine Frau mir mitteilen will.

Für ein hörendes Herz braucht es eine „heilige Aufmerksamkeit". Genau hinzuhören, was Gott mitteilen will, ist entscheidend.

Aufmerksames Hören ist ein Schlüssel für das Formen eines weisen Herzens. Jesus ruft immer wieder dazu auf: *„Wer Ohren hat zu hören, der höre!“* (z. B. Lukas 8,8; 14,35). Anfang 2014 hatte ich Probleme mit einem meiner Ohren. Es war wie taub und ich hörte meine Umgebung nur auf gedämpfte Weise. Das war echt mühsam. Und ich war so froh darüber, als mein Ohr wieder aufging und ich richtig hören konnte. Das ist genau das, was der Heilige Geist tun möchte: Taube Herzensohren hörend machen.

In den letzten zwei Jahren wurde mir von verschiedenen Menschen in unterschiedlichen Situationen dasselbe Bibelwort zugesprochen. Es steht in Jeremia 33,3. Dort heißt es:

Rufe mich an, dann will ich dir antworten und will dir Großes und Unfassbares mitteilen, das du nicht kennst.

Gott sagt Jeremia zu, dass er ihm Besonderes mitteilen will. Unser Gott liebt es, sein Herz, seine Absichten zu offenbaren. Das, was Jeremia hören soll, ist nicht abgestandene Theologie, sondern tiefe und vor allem neue Offenbarung. Etwas, was er noch nicht kennt. Das Kostbare, was Gott hier sagen möchte, kann man sich nicht durch menschliches Mühen aneignen, sondern es ist ein Geschenk seiner Gnade. „Unfassbares“ heißt es in dem Vers. Man kann dies auch mit „Unzugängliches“ übersetzen. Gottes Herz ist für uns nicht einfach zugänglich, sondern er selbst öffnet es. Fakt ist aber: Er öffnet es gerne – allen, die ihn anrufen.

Ich nehme wahr, wie dieser Vers sich in meinem Leben ereignet. Das heißt nicht, dass ich jeden Tag ein Feuerwerk göttlicher Offenbarungen erlebe, aber es kommt immer wieder vor, dass ich staunend das Wort Gottes betrachte oder im Hören auf Gott ein Reden des Heiligen Geistes vernehme, das tief mein Herz berührt. Ein frisches, neues Reden, das mir etwas zeigt von Gottes genialer Weitsicht und Liebe für diese Welt und für mein persönliches Leben. Ich habe es mal so beschrieben: „Fire of new inspiration"[2] – „Wenn Gott seine Wahrheiten direkt in mein Herz pflanzt."

Gott sucht nach Menschen, die wirklich interessiert daran sind, in seine Pläne eingeweiht zu werden. In dem bekannten Psalm 103 lesen wir eine interessante Aussage. In Vers 7 heißt es: *„Er [der Herr] tat seine Wege kund dem Mose, den Söhnen Israel seine Taten."* Spannend: Mose kannte Gottes Wege, das Volk Israel Gottes Taten. Das ist ein enormer Unterschied! Mose wurde von Gott eingeweiht in das, was in seinem Herzen ist. Das Handeln Gottes im Sichtbaren konnte Mose einordnen, weil er wusste, was Gottes Absichten waren. Das Volk, das in keiner wirklich tiefen Gemeinschaft mit seinem Gott lebte, hatte keine Ahnung vom Herzen Gottes. Es sah nur seine Taten. Es staunte oder erschrak darüber. Richtig einordnen konnte es Gottes Handeln nicht, weil es sein Herz nicht kannte. Die immer wiederkehrende Rebellion Gott gegenüber hatte genau darin ihren Ursprung: Das Volk kannte seinen Gott nicht wirklich und hatte anscheinend auch gar kein Interesse daran. Die Taten, seien sie auch noch so wundervoll, verscheuchten nicht den Nebel hinsichtlich ihres Verständnisses des Herzens ihres Gottes.

Das, was Mose erlebte, dass Gott ihm seine Wege kundtat, das will der Geist Gottes auch uns schenken (vgl. dazu Psalm 25,14). Wir sollen nicht nur die Taten Gottes sehen, sondern darüber hinaus Einsicht in sein Handeln haben.

Weisheit heißt nicht nur, irgendwelche wunderbaren Manifestationen Gottes zu erleben, sondern seinen Herzschlag zu kennen. Es ist ein geistliches Sehen, das erkennt, was schon ist und noch werden wird. Darauf gilt es dann die Gebete und das Handeln abzuzielen, damit das Zukünftige ins Sichtbare kommt!

---

[2] Das Feuer einer neuen Inspiration.

Himmlische Weisheit braucht kein vorgegebenes Bildungsniveau. Wenn auch das Verstehen von Gottes Absichten eine Sache des Denkens ist, so ist es in erster Linie eine Sache des Herzens. Als die Jünger von ihrem Praktikumseinsatz zurückkamen und begeistert berichteten, was sie erlebt hatten, begann Jesus innerlich zu jubeln. Warum?

> *Ich preise dich, Vater, Herr des Himmels und der Erde, dass du dies vor Weisen und Verständigen verborgen hast und hast es Unmündigen offenbart* (Lukas 10,21).

Mit Unmündigen sind hier die ungebildeten, einfachen Menschen gemeint. Sie empfingen Weisheit, ein tiefes Verständnis von Gott, nicht aufgrund ihrer Bildung, sondern aufgrund ihres offenen Herzens. Ähnlich wird es in Apostelgeschichte 4 beschrieben. Als Petrus und Johannes, zwei einfache Fischer aus Galiläa, sich vor dem Hohen Rat, der Elite des Volkes, verantworten mussten, lesen wir von der Verwunderung des Hohen Rates: *„Als sie aber die Freimütigkeit des Petrus und Johannes sahen und bemerkten, dass es ungelehrte und ungebildete Leute waren, wunderten sie sich; und sie erkannten sie, dass sie mit Jesus gewesen waren"* (Apostelgeschichte 4,13). Es gab eine Verwunderung über diese Herzen voller Weisheit. Eine ähnliche Verwunderung gab es über das weise Herz des zwölfjährigen Jesus (vgl. Lukas 2,47). Sicher wurde Jesus von seinen Eltern in den Schriften unterwiesen und er nahm sich Zeit, diese zu studieren. Jedoch in all dem war eines entscheidend: Sein Herz, das seinem Vater im Himmel völlig zugewandt war. Es war ein Gefäß, in das all die himmlische Weisheit hineinfließen konnte.

Gott gebraucht unterschiedliche Wege, um unser Herz mit seiner Weisheit zu formen. Nicht selten sind es Menschen, die er dazu nutzt. Ich durfte von Vätern und Müttern in Christus manches an Weisheit lernen, das mein Inneres berührt hat. Wichtig ist jedoch, dass sich die Weisheit, die wir von anderen Menschen erfassen, auch wirklich in unser Herz einprägt. In der Bibel gibt es Beispiele, bei denen eines deutlich wird: Solange geistlich weise Menschen Einfluss hatten, liefen die Dinge gut. Sobald diese jedoch nicht mehr da waren, gab es einen Rückfall in „Un-Weisheit".

In 2. Chronik 24 wird von König Joasch berichtet. Er wurde schon mit sieben Jahren König von Juda. Sein weiser geistlicher Vater war der Priester Jojada. Gemeinsam waren sie ein hervorragendes Team. Durch sie erlebte das Volk großen Segen. Als Jojada jedoch starb, dauerte es nicht lange, bis König Joasch völlig falsche Wege einschlug und sich von anderen beeinflussen ließ. Es kam sogar so weit, dass er Secharja, den Sohn Jojadas, hinrichten ließ, weil er im Auftrag Gottes auf die Missstände hinwies.

Was will ich durch diese Geschichte zum Ausdruck bringen? Die Weisheit des Priesters Jojada beeinflusste König Joasch zwar, aber sie durchdrang nie wirklich sein Herz. Weisheit kann man zwar von anderen lernen, aber sie muss selbst empfangen werden. Nur so kann sich ein Herz der Weisheit auf Dauer positionieren.

Weisheit kann man zwar von anderen lernen, aber sie muss selbst empfangen werden. Nur so kann sich ein Herz der Weisheit auf Dauer positionieren.

Ein weises Herz entwickelt sich nicht nur durch das Hören, sondern durch das Leben an sich. Gott spricht durch unser Erleben zu unserem Herzen. Erfreuliche Situationen aber auch herausfordernde Erlebnisse haben das Potenzial, unser Herz zu formen. Weisheit hat für mich viel mit Reife bzw. Mündigkeit zu tun. Dort, wo sich geistliche Weisheit entfaltet, wird eine Herzensreife sichtbar.

Ein für mich inspirierender Freund ist Uwe Dahlke. Er ist Gründer des Christlichen Zentrums Karlsruhe und war dort über viele Jahre Pastor. Er ist nun im aktiven Ruhestand und bietet diverse Seminare an. Ein Thema, das ihm sehr am Herzen liegt, lautet: „Die Reise zur geistlichen Reife." Solch ein Seminar führte er auch in unserer Gemeinde durch. Es war genial, und ein Satz ist mir besonders hängen geblieben. Uwe sagte: „Die Reise in die geistliche Reife beginnt interessanterweise oft dann, wenn wir vermeintlich an das Ende unserer Möglichkeiten gekommen sind."

Reife und Weisheit eröffnen sich manchmal genau dann, wenn man mit seinem Latein am Ende ist und voller Sehnsucht nach Gottes Eingreifen ruft. Daher: Wenn du in einer schwierigen Situation bist, dann sei besonders aufmerksam. Gott lässt dich nicht los und er will sich dir darin offenbaren. Hiob steht ja für all die menschliche Not und das Ringen mit Gott. Am Ende des Buches Hiob sagt er Folgendes: *„Vom Hörensagen hatte ich von dir gehört, jetzt aber hat mein Auge dich gesehen"* (Hiob 42,5). Mitten im Durchleben von enormen Herausforderungen bekam er eine neue Qualität der Gotteserkenntnis. Es war eine Erkenntnis des Herzens Gottes.

Jakobus spricht von der Weisheit, die von oben kommt und die vor allem eines ist: Wahrhaftig und voller Erbarmen (Jakobus 3,17). Weisheit zielt auf unseren Charakter. Ein Charakter, der letzten Endes ein Ausdruck unseres Herzens ist. Gott hat seine Weisheit in unser Herz gepflanzt. Lassen wir sie aufgehen, indem wir den Samen der Weisheit begießen, hegen und beschneiden.

Schließen will ich diesen Teil der Herzenssynchronisierung mit den wunderbaren Versen aus Kolosser 1,9-10. Es ist ein leidenschaftliches Fürbittegebet des Apostels Paulus, das er sicher auch für uns beten würde:

> *Deshalb hören auch wir nicht auf, von dem Tag an, da wir es gehört haben, für euch zu beten und zu bitten, dass ihr mit der Erkenntnis seines Willens erfüllt werdet in aller Weisheit und geistlichem Verständnis, um des Herrn würdig zu wandeln zu allem Wohlgefallen, fruchtbringend in jedem guten Werk und wachsend durch die Erkenntnis Gottes.*

Wow, was für ein kraftvolles Gebet! Da kann man nur eines dazu sagen: Amen!

Kapitel 13

Ein Herz der Gerechtigkeit und ein Herz für Leidende

Vor einigen Jahren war ich Teilnehmer einer Willow-Creek-Leitungskonferenz. Diese alle zwei Jahre stattfindende Konferenz war für mich oft ein Feuerwerk von Inspiration, Ermutigung, Herausforderung und praktischen Ideen. Die internationalen Sprecher kamen aus den Bereichen Kirche und Business.

An einen Vortrag erinnere ich mich besonders. Er wurde von Christine Caine gehalten, Pastorin der *Hillsong Church* in Sydney und Begründerin von A21, einer Organisation, die sich gegen Menschenhandel einsetzt. Sie erzählte zuerst aus ihrem eigenen Leben. Sie wuchs in schwierigen Familienverhältnissen auf und erlebte als Jugendliche sexuellen Missbrauch. Es hatte lange gedauert, bis sie all dies hatte aufarbeiten können. Der Glaube an Gott hatte ihr dabei Kraft und Ausdauer gegeben. Dann berichtete sie, wie es dazu gekommen war, dass sie und ihr Mann die Organisation A21 gründeten. Obwohl Sklaverei offiziell seit vielen Jahrzehnten abgeschafft ist, blüht der Menschenhandel im 21. Jahrhundert so stark wie nie zuvor. Millionen von Menschen sind in Zwangsprostitution und Zwangsarbeit versklavt. In einigen Ländern werden Kinder als Soldaten missbraucht. Menschen werden zerbrochen, ihrer Würde und letzten Endes ihres Lebens beraubt. A21 bekämpft Menschenhandel durch Prävention, Aufklärung, Befreiung, Integrationsprogramme und auch durch juristische Verfolgung. Ziel ist es, in den Ländern auch Politik und Rechtsprechung für dieses brutale Ausbeuten von Menschen zu sensibilisieren.

Christine Caine hielt ein leidenschaftliches Plädoyer dafür, sich gegen Menschenhandel einzusetzen. Sie sprühte förmlich auf der Bühne. Voller Kraft aber auch voller Erbarmen für all die, die so viel Ungerechtigkeit erleben. Es wurde deutlich, dass Ihre Motivation, ihr Herz von einem geprägt war: Von dem Herzen Gottes! Gott hasst Ungerechtigkeit, er leidet mit Menschen, die unterdrückt werden und viel Leid erleben.

**Ja, Gott liebt alle Menschen,
aber er ist nicht unparteiisch.
Er steht auf der Seite der Schwachen
und stellt sich denen entgegen,
die die Würde von Menschen mit Füßen treten.**

Mich hat dieser Vortrag damals sehr bewegt. Nicht alle Christen sind dazu berufen, sich aktiv im Kampf gegen Menschenhandel zu engagieren. Aber wir alle brauchen ein Verständnis von Gottes Herz hinsichtlich Gerechtigkeit und Erbarmen für die Menschen, die in dieser Welt Not leiden. Ein Verständnis, das dann aber nicht nur in der Theorie hängen bleibt, sondern auch zur Tat wird.

In der Bibel finden sich mehr als 3000 Aussagen über Gerechtigkeit und dabei oft im Zusammenhang mit Armut und sozialer Ungerechtigkeit. Im Buch der Sprüche ist das Erbarmen gegenüber den Armen mit der Ehrerbietung gegenüber Gott verknüpft. Dort heißt es:

> *Wer sich des Armen erbarmt, der ehrt Gott* (Sprüche 14,31).

Und weiter:

> *Wer sich des Armen erbarmt, der leiht dem Herrn, und der wird ihm vergelten, was er Gutes getan hat“* (Sprüche 19,17).

Andere sehr klare und krasse Aussagen finden sich bei den Propheten Jesaja und Amos. In Jesaja 58 spricht Gott selbst durch den Propheten über falsche und echte Frömmigkeit, speziell in Bezug auf das Fasten. Mit markanten Worten rüttelt er auf:

> *Ist nicht vielmehr das ein Fasten, an dem ich Gefallen habe: Ungerechte Fesseln zu lösen, die Knoten des Joches zu öffnen, gewalttätig Behandelte als Freie zu entlassen und dass ihr jedes Joch zerbrecht? Besteht es nicht darin, dein Brot dem Hungrigen zu brechen und dass du heimatlose Elende ins Haus führst? Wenn du einen Nackten siehst, dass du ihn bedeckst und dass du dich deinem Nächsten nicht entziehst? Dann wird dein Licht hervorbrechen wie die Morgenröte, und deine Heilung wird schnell sprossen. Deine Gerechtigkeit wird vor dir herziehen, die Herrlichkeit des Herrn wird deine Nachhut sein* (Jesaja 58,6-8).

Diese Verse offenbaren viel vom Herzen Gottes. Ihm liegt es so sehr auf dem Herzen, dass Menschen in ihrem Leiden Hilfe erfahren. Der Prüfstein für echte Gemeinschaft ist der, wie diese mit Leidenden umgeht. Gott verheißt Licht, Heilung, Gerechtigkeit und vor allem seine Herrlichkeit dort, wo eine Gemeinschaft ihr Herz füreinander öffnet. Das hat nichts mit Werkgerechtigkeit zu tun. Wir können uns die Liebe Gottes und seinen Segen nicht verdienen. Sein Handeln ist immer von Gnade bestimmt. Und doch können wir durch unser Handeln bzw. durch unsere Herzenshärte Segen entweder freisetzen oder blockieren.

Damit der Einsatz für Gerechtigkeit nicht nur ein Strohfeuer ist, braucht es vor allem zwei Dinge: Ein Verständnis für das Erbarmen Gottes, für seine Sicht auf leidende Menschen, und eine Weichheit des eigenen Herzens.

Wenn ich beginne, Gottes Herz für die Menschen in Not zu erfassen, dann macht das auch etwas mit meinem Inneren. Es führt mich aus Lethargie und Gleichgültigkeit, ohne dass es mich unter Druck setzt, für alles verantwortlich zu sein.

Gelebter Glaube ist immer auch erbarmender Glaube. Ja, wir beten Jesus an, der auf dem Thron sitzt und alles überwunden hat. Und dennoch: Wir beten auch den an, der selbst gelitten hat und auch heute noch leidet an all der Ungerechtigkeit in dieser Welt.

An was für einen Gott glaubst du? An einen, der über alles erhaben ist und der alles im Griff hat? Ich bin so froh, dass der Gott der Bibel nicht einer lächelnden, über alles erhabenen Buddha-Statue gleicht, sondern dass er ein Herz hat, das voller Kraft und Autorität ist, in dem aber auch Raum ist für Schmerz und Traurigkeit wegen der „Kaputtheit" dieser Welt. Schmerz darüber, dass Menschen ohne ihn leben und dass sie an der Schwere ihres Lebens und ihrer beraubten Würde leiden. Der Schmerz Gottes ist auch mit Zorn über all diejenigen verbunden, die andere ausbeuten und missbrauchen. Und über die, die sich in ihre „heile" Welt zurückziehen und die Dinge laufen lassen.

Genau hier setzt auch die Kritik an, die Gott durch den Propheten Amos zum Ausdruck bringt: *„Halte den Lärm deiner Lieder von mir fern! Und das Spiel deiner Harfen will ich nicht hören. Aber Recht ergieße sich wie Wasser und Gerechtigkeit wie ein immerfließender Bach"* (Amos 5,23-24). Ich gehe davon aus, dass der Lobpreis musikalisch super war, und doch hatte Gott keine Freude daran, weil im Volk Gottes von seinem Herzen nichts sichtbar wurde, einem Herzen voller Gerechtigkeit und Erbarmen.

Jesus greift dies in seiner Endzeitrede in Matthäus 25 auf. In den Versen 31 bis 46 beschreibt Jesus das Gericht über die Nationen. Es geht hier nicht um das Heil des Einzelnen. Wir wissen, dass unser Heil nur im vollbrachten Werk Jesu am Kreuz verankert ist. Und doch: Das Kriterium in diesem sogenannten „Nationen-Gericht" ist Folgendes: Inwieweit kümmerte man sich um Hungernde, Dürstende, Fremdlinge, Kranke und um die Gefangenen? Jesus identifiziert sich mit all den Notleidenden, indem er sagt:

Was ihr einem dieser meiner geringsten Brüder getan habt, das habt ihr mir getan (Matthäus 25,40).

Ich bin in christlichen Kreisen großgeworden, in denen man argwöhnisch Prediger bewertet hat, die allzu politisch waren. „Politik und Verkündigung muss man doch trennen.“ Es ist die Frage, wie man Politik definiert. Wenn Politik die Summe dessen ist, wie wir in einer Gesellschaft miteinander leben, dann muss Verkündigung auch politisch sein.

Ich liebe es, Biografien zu lesen. Für mich sind dies Inspirationsquellen für mein eigenes Leben. Besonders fasziniert haben mich die Biografien von William Wilberforce, Dietrich Bonhoeffer und Martin Luther King. Diese drei Männer verbanden ihren Glauben mit dem Einsatz gegen Ungerechtigkeit, und die zwei zuletzt genannten bezahlten diesen Einsatz mit ihrem Leben.

Wilberforce (1759–1833) war britischer Parlamentsabgeordneter und setzte sich über viele Jahre seines Lebens für die Abschaffung des Sklavenhandels ein. Sein tiefer Glaube an Gott, verbunden mit der Einsicht, dass Sklaverei eine boshafte Ungerechtigkeit ist, gaben ihm Kraft und Geduld, sich so lange dafür einzusetzen, bis er sein Ziel erreicht hatte. 18 Jahre dauerte es vom ersten Antrag im Parlament bis zum Beschluss der Abschaffung des Sklavenhandels. Wilberforce sagte Folgendes: „So gewaltig, so furchtbar, so unheilbar erschien ihre Bosheit, dass ich selbst ganz und gar entschlossen war, für ihre Abschaffung einzutreten. Ein Handelszweig, der auf Frevel gründet und so betrieben wird wie dieser, muss abgeschafft werden, koste es was es wolle – welche Folgen es auch immer nach sich ziehen mag. Ich war von dieser Zeit an entschlossen, nicht eher zu ruhen, bis ich für seine Abschaffung gesorgt habe.“[1]

---

[1] Eric Metaxas, Wilberforce - Der Mann, der die Sklaverei abschaffte, Holzgerlingen: SCM Hänssler-Verlag, 2012, S. 198.

Für Dietrich Bonhoeffer (1906–1945) war schnell klar, dass das Nazi-Regime ein Unrechtsregime ist. Als junger Pastor schloss er sich der Bekennenden Kirche an und leitete deren Predigerseminar. Er kam mit Kreisen des Widerstandes gegen Hitler in Kontakt. Nach längerem inneren und theologischen Ringen entschloss er sich, sich dem Widerstand anzuschließen. Von Bonhoeffer stammen folgende Worte: „Wenn die Kirche den Staat ein Zuviel oder ein Zuwenig an Ordnung und Recht ausüben sieht, kommt sie in die Lage, nicht nur die Opfer unter dem Rad zu verbinden, sondern dem Rad selbst in die Speichen zu fallen."[2]

Sein Glaube an einen Gott der Gerechtigkeit war für ihn Motivation und Auftrag, sich im Widerstand zu engagieren. Am 9.4.1945 wurde Bonhoeffer im KZ Flossenbrück hingerichtet.

USA in den 1950er-Jahren: In den Südstaaten ist die Rassentrennung extrem ausgeprägt. Menschen mit dunkler Hautfarbe werden abgewertet und in vielen Bereichen der Gesellschaft benachteiligt. Es entsteht eine gewaltige Bürgerrechtsbewegung unter der schwarzen Bevölkerung. Deren Leitfigur wurde der Pastor Martin Luther King (1929–1968). Mit seinen Mitstreitern formierte er einen gewaltfreien Kampf gegen Unterdrückung und soziale Ungerechtigkeit. Beim Marsch nach Washington am 28.8.1963 hielt er seine berühmte Rede „I have a dream“ (Ich habe einen Traum). Obwohl 1964 in den USA offiziell die Rassentrennung per Gesetz aufgehoben wurde, setzte sich Martin Luther King bis zu seiner Ermordung für die Rechte der Schwarzen ein.

Und auch bei ihm war es so: Seine Beziehung zu seinem Gott, das Wissen um das Herz Gottes für die Leidenden, war für ihn die Kraftquelle all seines Einsatzes.

In Lateinamerika entstand, ebenfalls in den 1960iger Jahren, die sogenannte Befreiungstheologie. Deren Vertreter innerhalb der katholischen und protestantischen Kirche verkündeten ein Evangelium, das nicht nur die Freiheit von

---

[2] Dietrich Bonhoeffer, *Die Kirche vor der Judenfrage,* DBW 12, S. 353.

persönlicher Schuld im Blick hatte, sondern auch eine Freiheit von ungerechten sozialen Strukturen. Nicht selten waren es die etablierten Kirchen, auch die der Evangelikalen, die sich dieser Bewegung widersetzten. Ein Grund war sicher auch der, dass die Befreiungstheologie zum Teil politisch von sozialistischen Bewegungen für ihre Zwecke vereinnahmt wurde. Auch wenn manche Entwicklungen der Befreiungstheologie kritisch zu sehen sind, so wird in ihrem Ursprung sehr wohl etwas vom umfassenden Evangelium deutlich: ein Evangelium der Barmherzigkeit, der Gerechtigkeit und der Freiheit.

In diesem Buch geht es um das Herz Gottes, das sich insbesondere in Jesus offenbart. Und was zeigt sich in Jesus? Ein Herz voller Erbarmen für Ausgegrenzte, Arme und Leidende. Ein Herz, das mutig die Ungerechtigkeit beim Namen nennt. Ja, es stimmt:

Jesus hat nicht zur Revolution im engeren Sinn aufgerufen. Und doch: Die Synchronisierung mit dem Herzen Gottes führt zu einer Art innerer Revolution bzw. tiefgreifender Veränderung, die sich im konkreten Handeln manifestiert.

Als 2015 in unserem Land viele Flüchtlinge ankamen, waren auch wir in unserer Gemeinde herausgefordert, uns zu positionieren. Sind wir solche, die Angst vor Überfremdung und Islamismus propagieren, oder sehen wir die Not der Menschen und bieten ihnen Unterstützung an? Wir entschieden uns für das Letztere. Und das war und ist gut so. In den letzten sechs Jahren hatte ich etliche Begegnungen mit Menschen aus anderen Kulturen. Viele von ihnen waren innerlich suchend und fanden zum lebendigen Glauben an Jesus Christus. Neben dem, dass wir den Flüchtlingen den Weg zu Jesus aufzeigen konnten, war es uns ein Anliegen, sie in ihrem ganz praktischen, oft noch sehr chaotischen Leben zu unterstützen. Sie brauchten Annahme und eine neue Lebensperspektive. Etliche

Menschen aus unserer Gemeinde engagierten sich in dieser Arbeit und konnten auf diese Weise etwas von der Liebe Gottes weitergeben.

Seit 2013 gibt es in unserer Gemeinde das „Café Hope". Es ist ein sozialdiakonisches Projekt. Im Café Hope wird dreimal in der Woche ein leckerer Mittagstisch angeboten. Etwa 100 Gäste genießen an diesen Tagen das Essen und die Begegnungen. Bis auf die leitenden Personen besteht das Mitarbeiterteam aus Ehrenamtlichen. Über lange Zeit hinweg waren es vor allem Flüchtlinge aus unterschiedlichen Nationen. Das Café Hope wurde für sie nicht nur zu einem Ort, an dem sie sich einbringen konnten, sondern dort wurden sie ganzheitlich als Menschen wahrgenommen und erlebten vielfältige Unterstützung. Einige sagten: „Ich habe zwar meine Familie in der Heimat zurückgelassen, aber das Café Hope ist für mich zur neuen Familie geworden." Ich habe mit eigenen Augen gesehen, wie gelebte Barmherzigkeit neue Hoffnung freisetzt.

In den letzten Jahren trat die Kampagne „Fridays for Future" immer mehr in die Öffentlichkeit, eine globale Bewegung, insbesondere von der jungen Generation ausgehend, die sich für Klimaschutz einsetzt. Als in unserer Stadt eine Demo angesagt war, bin ich auch hingegangen. Es ist schon interessant, welche politischen Gruppierungen sich da tummeln. Und doch: Als ich auf dem Marktplatz stand und so auf die Menge schaute, hatte ich einen Impuls von Gott, der mir Folgendes sagte: „Wo sind hier meine Kinder?" Als ich das wahrnahm, hat mich das sehr bewegt. Ja, wo sind wir Christen, die an einen Gott glauben, der diese Erde so wunderbar geschaffen hat und die nun stöhnt vor lauter Erschöpfung, aufgrund der Ausbeutung durch uns Menschen? Wir müssten doch in vorderster Reihe dabei sein, wenn es um die Bewahrung dieser genialen Schöpfung geht. Gott selbst gab dem Menschen den Auftrag, diese Erde zu bebauen und zu bewahren. Leider hat sich in manch frommem Denken die Idee eingenistet, dass diese Erde ohnehin eines Tages von der Bildfläche verschwindet und dass sich daher kein besonderer Einsatz für deren Erhalt lohnt. Falsch gedacht: Ja, diese Erde seufzt (nach Römer 8,22) und hofft auf ihre Erneuerung. Gott wird diese Erde völlig neu machen oder, anders gesagt, er wird sie wiederherstellen und in ihren ursprünglichen genialen Zustand bringen. Bis dahin tragen wir jedoch Verantwortung für seine gute Schöpfung.

Ich weiß, dass dieses Thema sehr komplex ist, und doch hat es auch etwas mit dem Herzen Gottes zu tun. Ein befreundeter Pfarrer sagte einmal in einer Predigt: „Klimaschutz ist gelebte Nächstenliebe." Wenn wir uns für Klimaschutz einsetzen und mithelfen, dass gewisse Küstenstreifen der Welt nicht in den Ozeanen versinken, oder dass sich die Trockenheit nicht noch weiter ausbreitet und so den Menschen ihre Existenzgrundlage erhalten bleibt, dann ist dies ganz konkret global gelebte Nächstenliebe. Stimmt!

In meinen Tagebuchaufzeichnungen fand ich folgenden Satz, den ich als Reden Gottes für mich wahrnahm: „Überall, wo du mit Liebe versuchst, Gerechtigkeit zu leben, schlägt dein Herz mit meinem Herzen im Einklang."

Ich schließe dieses Kapitel mit genialen Worten aus Psalm 85. Worte voller poetischer Weisheit und Herausforderung. In Vers 11b heißt es: *„Gerechtigkeit und Frieden haben sich geküsst."* Was für ein Bild! Gerechtigkeit und Frieden sind eins. Eins wie ein Paar, das sich aneinander freut und voneinander abhängig ist. Dort, wo ein Herz von Gerechtigkeit durchflutet ist und sich dies im konkreten Leben zeigt, blüht echter Frieden auf.

Dort, wo ein Herz von Gerechtigkeit durchflutet ist und sich dies im konkreten Leben zeigt, blüht echter Frieden auf.

Kapitel 14

Ein Herz der Ermutigung, der Wertschätzung und des Zutrauens

Es war Sonntag, der 28. Mai 2017 – ein Tag, den ich nie vergessen werde. Sechs Tage zuvor hatte ich meinen 50. Geburtstag gehabt. Da dieser Tag auf einen Montag fiel, feierte ich diesen runden Geburtstag mit Freunden und Familie am Samstagabend. Es war ein herrlicher Frühsommertag und ich genoss dieses Fest mit meinen ungefähr siebzig Gästen in vollen Zügen. Am nächsten Tag ging ich mit meiner Familie und mit einigen meiner Geburtstagsgäste in den Gottesdienst in unserer Gemeinde. Es war ein Missionsgottesdienst, zu dem wir einen Gastprediger eingeladen hatten. Er kam aus Uganda. Ich muss ehrlich zugeben, dass ich mich nicht mehr an den Inhalt der Predigt erinnern kann, aber es war ein guter Gottesdienst. Ich als Pastor hatte an dem Sonntag keinen „Job“, sondern durfte einfach nur dabei sein.

Der Gottesdienst war fast zu Ende und das Lobpreisteam spielte noch ein Segenslied. Es war ein bekanntes Lied, und plötzlich hörte ich, dass in dem Segenslied mein Name auftauchte. Das Team hatte den Text etwas umgeschrieben, und sie sangen mir zu meinem Geburtstag nun ein Segenslied zu. Ich war echt berührt. Doch das war erst der Anfang. Nach dem Lied kam eine ältere „Glaubensschwester“, knapp über 80, nach vorne und trug ein Gedicht vor – über mich und meinen Dienst in der Gemeinde. Es war so genial und ich hatte schon Tränen in den Augen.

Dann bat mein Ältestenteam (die Gemeindeleitung) mich nach vorne auf die Bühne. Es folgten sehr tiefgehende, wertschätzende Worte, die wirklich von Herzen kamen. Nach diesen Worten stand die ganze Gemeinde auf und es gab für mich und meine Frau „Standing Ovations". Mir war das fast etwas peinlich, aber es war so eine Welle von Ermutigung und Wertschätzung, die uns da im positiven Sinne überrollte. Mir fiel es wirklich schwer, danach Worte des Dankes zu finden. Doch es ging noch weiter.

Als der Gottesdienst zu Ende war und wir ins Foyer gingen, war dort ein wunderschöner Sektempfang mit kulinarischen Genüssen vorbereitet. Ich wusste nichts davon – es war eine absolute Überraschung. Neben allen Geschenken, die ich zu meinem 50. Geburtstag bekommen hatte, war dieses Gottesdiensterlebnis das Größte, mit dem ich beschenkt wurde.

Ich habe in der Gemeinde viele gute Zeiten erlebt. Aber es waren auch Phasen dabei, in denen ich gedehnt wurde und die auch für die Gemeinde herausfordernd verliefen. Nicht immer habe ich richtig reagiert und manches würde ich im Nachhinein anders machen. Und dennoch: An diesem Sonntagmorgen erlebte ich Wertschätzung und Ermutigung in Reinkultur. Und ich nahm wahr, was für eine heilende Kraft darin liegt. Eines weiß ich: Wertschätzung und Ermutigung fließt direkt aus dem Herzen Gottes. Diese Dinge sind keine menschliche „Erfindung", sondern haben ihren Ursprung in Gott selbst.

> *Eines weiß ich: Wertschätzung und Ermutigung fließt direkt aus dem Herzen Gottes.*

Vielleicht liest du diese Zeilen und denkst: Für mich wurde nie so etwas organisiert. Anstatt Wertschätzung und Ermutigung erlebtest du Abwertung und Entmutigung, auch vielleicht im christlichen Kontext. Das schmerzt und hinterlässt tiefe Spuren im Inneren. Aber lass dir eines sagen: Im Herzen Gottes ist reine Liebe, eine Liebe, die dich wertschätzt, so wie du bist, und eine Ermutigung, die dich zum Leben beflügelt. Sieh, wie Jesus mit

Menschen umgegangen ist, die von der Gesellschaft abgestempelt und erniedrigt wurden. Er war zu Gast bei Zöllnern und Prostituierten, berührte die Aussätzigen und gab denen neue Hoffnung, die am Leben zu scheitern drohten. Jesus wurde als ein „Freund der Sünder und Zöllner" bezeichnet (Lukas 7,34). Hör genau zu: Jesu Umgang mit Menschen, die sich, zum Teil selbst verschuldet oder durch Schuld anderer, in Sackgassen manövriert hatten, zeichnete sich nicht lediglich durch Solidarität aus, sondern durch ein Herz voller Liebe und Erbarmen. Durch die Gemeinschaft, durch das Zuhören und das Hineinsprechen flossen Ströme von Wertschätzung und Ermutigung. Die Menschen, auf die sonst nur herabgesehen wurde, empfingen diese Dinge vielleicht zum ersten Mal in ihrem Leben.

Egal was wir über Gott denken, lesen und oder was über ihn gelehrt wurde: Wenn wir sein Herz erfassen wollen, dann müssen wir das Herz Jesu betrachten. Durch Jesus wurden Menschen reich beschenkt, vor allem mit einem: mit Würde!

Ich muss an dieser Stelle einen kurzen theologischen Ausflug machen. Gerade in der evangelikalen Theologie, mit der ich mich zu weiten Teilen identifiziere, gibt es jedoch Betonungen bzw. theologische Schlüsse, die ich für problematisch erachte. Ich fasse die evangelikale Sicht auf das Evangelium so zusammen: Der Mensch ist schlecht, böse und sündig. Er hat das Gericht verdient. Jesus kam und nahm das Gericht auf sich, und nun kann jeder, der seine Boshaftigkeit vor Gott bekennt, errettet werden. Ich weiß, dass dies etwas verkürzt dargestellt ist. Um was es mir aber geht, ist Folgendes: Es wird versucht, auf dem finsteren Hintergrund der menschlichen Sündhaftigkeit das helle Licht des Evangeliums aufstrahlen zu lassen. In 1. Mose 8,21 heißt es ja: *„... das Sinnen des menschlichen Herzens ist böse von seiner Jugend an ..."* Da steht es klipp und klar, dass im Menschen nichts Gutes ist. Stimmt das wirklich so?

Eines will ich klarstellen: Ich glaube absolut, dass wir Menschen „erlösungsbedürftig" sind. Wir brauchen Befreiung von der Macht der Sünde. Und es stimmt auch, dass „Böses" im Herzen von uns Menschen ist. Da muss man nur in die Welt schauen, wo Machtstreben, Gier und Hass so viele Leben zerstören. Menschen wird das Leben genommen, nur weil sie einer anderen Religion oder Sippe angehören. Frauen erleben Gewalt, Kinder werden missbraucht und so weiter. Wenn wir ehrlich sind, dann merken wir auch, dass in unseren Herzen immer wieder „Böses" aufsteigen will und manchmal auch Raum zu wirken bekommt. In Römer 7 beschreibt der Apostel Paulus diesen inneren Kampf. Wir Menschen brauchen Erlösung durch den Erlöser Jesus Christus. Da gibt es keinen anderen Weg.

ABER: Manche Frommen verwechseln die „Erlösungsbedürftigkeit" mit einer umfassenden Abwertung des Menschseins. Auch wenn in unseren Herzen manch Ungutes ist, so trägt doch jeder Mensch die Gottebenbildlichkeit in sich. Und selbst wenn die Sünde vieles verzerrt hat, so bleibt Gottes „Urteil" über den Menschen dennoch bestehen, das da lautet: „Siehe, sehr gut!" (vgl. 1. Mose 1,31). Die Würde des Menschen ist immer noch da, egal wie stark er von der Sünde gebunden ist. Und ich glaube, dass es ein Schlüssel für Evangelisation ist, wenn wir nicht lediglich das „Schlechte" im Menschen adressieren und ihm so die Erlösung „schmackhaft" machen, sondern indem wir den Menschen an das erinnern, wer er eigentlich ist – und so in ihm eine Sehnsucht nach demjenigen wecken, der über ihn ausgesprochen hat: „Du bist sehr gut und ich liebe dich von Herzen!"

Ich hoffe, du verstehst mich. Es geht mir nicht um die Bagatellisierung von Schuld, aber ich glaube, der Schlüssel des Evangeliums ist Wertschätzung und nicht Abwertung.

Vor einiger Zeit habe ich eine Predigt von Thorsten Hebel gehört, die mich sehr angesprochen hat. Er leitet seit einigen Jahren die „blu:boks" in Berlin. Auf ihrer Homepage findet sich folgendes „Vision-Statement": „Der blu:boks BERLIN geht es darum, den Hintergrund von Kindern und Jugendlichen aus sozial benachteiligten Gebieten durch die persönliche

Begleitung und kreative Förderung zu erweitern und zu bereichern. Junge Menschen werden so die Erfahrung von Anerkennung und Wertschätzung machen und zu hoffnungsvollen Mitgestalter*innen der Gesellschaft heranwachsen"[1]. Thorsten Hebel beschrieb in seiner Predigt, wie Kinder und Jugendliche, die noch sehr wenig Wertschätzung in ihrem Leben erfahren haben, durch die Arbeit neu aufblühen. Ja, sie machen auch viel Ungutes, haben oft nichts anderes gesehen, aber jeder Mensch hat eine Würde und hat Potenzial. Dies muss nur adressiert werden, um es zum Leben zu erwecken. Die *blu:boks* nennen sich „die Selbstwertmanufaktur". Wie herrlich!

Ich bin überzeugt, dass unser Gott ein Gott ist, der uns Würde und Wertschätzung in überfließendem Maß geben will. Dies darf unser Herz so berühren, dass wir gar nicht anders können, als diese Wertschätzung auch anderen zuteilwerden zu lassen.

Echte Ermutigung und Wertschätzung ist eine heilsame Kraft, die Menschen aufrichtet und ungemein stärkt. Diese Kraft ist, bildlich gesprochen, wie Wind unter unseren Flügeln.

Barnabas – Sohn des Trostes und der Ermutigung

Einer meiner biblischen Lieblingspersonen ist Barnabas. Wir lesen von ihm in der Apostelgeschichte. Er ist ein Sinnbild von gelebter Ermutigung. Zum ersten Mal wird er in Apostelgeschichte 5,36 erwähnt. Eigentlich heißt er Josef, jedoch wird er von den Aposteln Barnabas genannt. In vielen Übersetzungen wird dieser Name mit „Sohn des Trostes" wiedergegeben. Etwas präziser ist folgende Übersetzung: „Sohn des Propheten" (kommt von „Bar" = „Sohn" und von „Nabi" = „Prophet"). Ein Prophet war nicht nur einer, der die Zukunft voraussagte,

[1] www.bluboks-berlin.de

sondern er offenbarte Gottes Absichten. Es konnten ermutigende oder auch richtende Worte sein. Barnabas war wohl einer, der nah dran war am Herzen Gottes und von dem vor allem Trost und Ermutigung ausging.

Dieser Barnabas wurde vor allem für eine Person enorm wichtig: Für Saulus, der auch Paulus genannt wurde. Als Saulus, der ja die ersten Christen erbarmungslos verfolgte, auf dem Weg nach Damaskus Jesus begegnete und sich bekehrte und dann nach einiger Zeit nach Jerusalem zurückkehrte, wollte er die Leiter der Gemeinde aufsuchen. Doch er stieß verständlicherweise nicht auf offene Arme, sondern die Gemeinde war ihm gegenüber voller Misstrauen. Aber einer war anders. In Apostelgeschichte 9,27 lesen wir: *„Barnabas aber nahm Saulus und brachte ihn zu den Aposteln und erzählte ihnen, wie er auf dem Weg (nach Damaskus) den Herrn gesehen habe ...“* Barnabas, der Sohn der Ermutigung, war für Saulus der Türöffner in die Gemeinschaft der Gläubigen.

Er setzte sich für Saulus ein. In ihm war keine Festlegung auf die Vergangenheit, sondern er war bereit, Neues zu wagen. Für Paulus war Barnabas enorm wichtig. Durch ihn konnte er Vertrauen zwischen sich und den Aposteln und Leitern der Jerusalemer Gemeinde aufbauen. In Apostelgeschichte 11 spielt Barnabas wiederum eine bedeutende Rolle. In Antiochia, der drittgrößten Stadt im römischen Reich, bildete sich eine wachsende Gemeinde. Antiochia war eine wichtige Metropole und ein Schmelztiegel der Religionen und Kulturen. Die dortige Gemeinde nahm in der Urchristenheit neben Jerusalem eine enorm wichtige Rolle ein. Als die Gemeinde dort immer weiterwuchs, sandten die Leiter aus Jerusalem Barnabas nach Antiochia, um nach dem Rechten zu sehen. Es war nicht von ungefähr, dass ausgerechnet Barnabas ausgesucht wurde. Man wusste: Dieser Mann steht fest im Glauben, hat eine geistliche Weitsicht und ist eben ein Mann der Ermutigung.

Als er nach Antiochia kam, freute er sich von Herzen über das, was Gott in dieser Gemeinde tat. In Apostelgeschichte 11,25 wird etwas beschrieben, was zum Wendepunkt in Saulus‘

Leben wurde. Ein Wendepunkt, der für die Ausbreitung des Evangeliums entscheidend war. Saulus musste aus Jerusalem fliehen und lebte nun schon einige Zeit in seiner Heimatstadt Tarsus. Was er dort genau tat, wird uns nicht berichtet. Doch als Barnabas in Antiochia war und diesen Aufbruch in der dortigen Gemeinde sah, der ihm auch viel Arbeit abverlangte, erinnerte er sich an Saulus. Wir lesen: *„Barnabas zog aber aus nach Tarsus, um Saulus aufzusuchen, und als er ihn gefunden hatte, brachte er ihn nach Antiochia“* (Apostelgeschichte 11,26-26a).

Barnabas ging hin und klopfte an die Tür des Paulus in Tarsus. Für mich steht Tarsus als der „Ort der Vergessenheit“. Paulus lebte dort, studierte wahrscheinlich die heiligen Schriften, aber er war in Tarsus nicht in seiner Berufung. Doch dann gebrauchte Gott diesen „Mann des Trostes“, um Paulus in seine Berufung hineinzuführen. Denn was geschah? Sie gingen gemeinsam zurück nach Antiochia, lehrten die Gläubigen und waren maßgeblich daran beteiligt, dass die Gemeinde sich auf gesunde Weise weiterentwickelte.

Wie viele Christen hängen noch immer in ihrem „Tarsus“ fest, weil niemand gekommen ist, an ihre Türe klopfte und sie ermutigte, ihren Weg zu ihrer Berufung zu finden? Barnabas ist für mich der gelebte Ausdruck des Herzens Gottes. Gott will uns ermutigen, unseren Platz zu finden und unser Potenzial zur Entfaltung zu bringen.

Gemeinsam gingen Paulus und Barnabas dann auf die erste große Missionsreise (ab Apostelgeschichte 13). Wie genial ist es, wenn man auf eine herausfordernde Reise geht und solch einen Mann wie Barnabas an seiner Seite hat!

In der weiteren Erzählung berichtet die Apostelgeschichte, wie Paulus zunehmend in den Vordergrund rückte. Barnabas, der Ermutiger, hatte kein Problem damit, dass Paulus an Einfluss gewann. Sein Herz freute sich daran, dass dieser ehemalige Christenverfolger sich nun mit ganzem Eifer für das Evangelium einsetzte.

Diese Herzenshaltung ist nicht selbstverständlich. Manche Leiter fördern zwar andere, tun sich jedoch schwer, wenn deren Einfluss zunimmt. Ich will ehrlich sein: Auch ich bin da nicht ganz frei davon. Ich mache es an einem Beispiel fest: Zu unserem Team von Hauptamtlichen gehörte ein junger, dynamischer Mann. Er war zunächst für die Jugendarbeit und später für den Lobpreisbereich verantwortlich. Immer wieder predigte er auch. Viele Zuhörer wurden von seiner jungen, frischen Art sehr angesprochen. Er machte es auch echt gut. Wenn ich das Lob aus der Gemeinde hörte, kamen mir folgende Gedanken: Was ist, wenn der junge Mann auf Dauer besser ankommt als ich? Werde ich noch gebraucht? Ich weiß, dass diese inneren Fragen irgendwie absurd waren, denn ich hatte meinen Stand in der Gemeinde. Und doch waren sie da. Es war ein stückweit paradox: Auf der einen Seite war ich der Mentor des jungen Mannes und ich liebte es, ihn zu fördern und mich in ihn zu investieren. Auf der anderen Seite hatte ich Sorge um meine Position. Was tun?

Ich sprach mit ihm darüber und sagte ihm, dass ich mich nicht von diesem unguten Gefühl leiten lassen möchte, sondern mich dafür einsetzen wolle, dass er sich auf gute Weise entwickeln kann. Interessant war: Durch das offene Aussprechen veränderte sich etwas in meinem Herzen und ich hatte wieder neue Freude daran, ihn zu fördern. Ich glaube, dass es manchen „älteren" Leitern so wie mir geht. Wir fördern Menschen sind aber bewusst oder unbewusst bestrebt, unsere Position zu halten. Wir deckeln dadurch das Potenzial, das Gott in Menschen hineingelegt hat. Das schadet den Menschen und dem Reich Gottes. Speziell an diesem Punkt braucht es in unseren Gemeinden eine Erneuerung der Herzen hinsichtlich einer umfassenden Haltung von Ermutigung.

In Gottes Herzen haben das Vergleichen und das Denanderen-klein-Halten" keinen Raum. In der Trinität ehrt der Sohn den Vater und der Heilige Geist ehrt den Sohn und alle miteinander verherrlichen sich gegenseitig. Echte Ermutigung geschieht dort, wo ich mich nicht mit anderen vergleichen muss, sondern mir meiner Identität in Christus in meinem Herzen gewiss bin. Dann kann ich es zulassen, ja mich daran erfreuen, wenn andere über mich hinauswachsen.

Noch ein anderer Gedanke: Echte Ermutigung schafft keine Abhängigkeiten! Was will ich damit sagen? Ich habe mich über einige Jahre immer wieder mit einem anderen jungen Mann getroffen und ihn geistlich begleitet. Ich sah in ihm eine zukünftige Schlüsselperson für unsere Gemeinde. Eines Tages kam er und sagte mir, er und seine Frau hätten sich entschieden, in eine andere Gemeinde zu gehen. Da musste ich zuerst schlucken. Obwohl seine Gründe größtenteils nachvollziehbar waren, so war in mir doch eine gewisse Enttäuschung. Auch der Gedanke: Ich habe doch nun in ihn investiert und nun geht er einfach. In diesem empfand ich, wie Gott zu mir sprach: „Günter, lass los! Ermutigung schließt das ‚Freigeben' des anderen mit ein." Sobald wir einen Anspruch auf einen anderen Menschen erheben, entziehen wir der Ermutigung ihre freisetzende Kraft.

Sobald wir einen Anspruch auf einen anderen Menschen erheben, entziehen wir der Ermutigung ihre freisetzende Kraft.

Eine Begebenheit zwischen Paulus und Barnabas sei noch kurz erwähnt. In Apostelgeschichte 16 wird erzählt, dass Barnabas und Paulus so richtig Zoff miteinander hatten. Es war kurz vor dem Aufbruch zur zweiten Missionsreise. Worum ging es? Bei der ersten Missionsreise hatten die beiden noch einen weiteren Begleiter dabei. Er hieß Johannes mit dem Zusatznamen Markus (vgl. Apostelgeschichte 13,13). Aus nicht genannten Gründen kehrte dieser wieder nach Antiochia zurück. Nun schlug Barnabas vor, genau diesen Mann zur zweiten Missionsreise nochmals mitzunehmen. Paulus war völlig dagegen (vgl. Apostelgeschichte 15,38). Er empfand, dass Johannes Markus sie bei der ersten Reise im Stich gelassen hatte. Er brauchte Menschen um sich, auf die er sich absolut verlassen konnte. Paulus war nicht bereit, Johannes Markus eine zweite Chance zu geben. Nicht so

Barnabas! Er gab Johannes Markus eine neue Chance. Dafür riskierte er sogar den zeitweiligen Bruch mit Paulus. Die Folge war, dass Paulus mit Silas Richtung Syrien ging und Barnabas mit Johannes Markus nach Zypern segelte. Durch beide Teams wirkte Gott auf besondere Weise.

Interessant ist, dass bei späteren Briefen des Paulus Johannes Markus wieder erwähnt wird (z. B. Kolosser 4,10; 2. Timotheus 4,11). Das macht deutlich, dass Johannes Markus wieder zum engen Mitarbeiterkreis von Paulus gehörte. Nicht zuletzt geht die frühchristliche Überlieferung davon aus, dass das Markusevangelium genau von diesem Johannes Markus verfasst wurde. Ohne Barnabas, ohne diesen Herzensermutiger, hätte Johannes Markus nicht nochmals die Chance zur Bewährung erhalten. Ja, wahrscheinlich war Johannes Markus auf der ersten Missionsreise unzuverlässig, aber das ist für einen Ermutiger kein Hinderungsgrund, ihm neue Erfahrungen zu ermöglichen.

Wenn ich über Barnabas lese, dann empfinde ich so viel vom Herzschlag Gottes – ein Herzschlag von gelebter Ermutigung. Und genau mit diesem Herzschlag darf sich mein Herz mehr und mehr synchronisieren. Dies wird nicht ohne Auswirkung bleiben, für mich und für Menschen in meinem Umfeld. Ich durfte einige solcher „Barnabasse" erleben: Menschen, die mich auf ganz unterschiedliche Weise ermutigt haben.

Von einem erzähle ich kurz: Sie hieß Anneliese, eine ältere Frau aus unserer Gemeinde, die vor einigen Jahren verstarb. Sie war eine Frau, die nie im Rampenlicht stand, bescheiden war, aber eine herausfordernde Biografie durchlebt hatte. Sie hatte über viele Jahre als leidenschaftliche Krankenschwester in der damaligen DDR gearbeitet. Nach dem Eintritt ins Rentenalter war sie mit ihrer Freundin in unsere Region gekommen und Gemeindemitglied geworden. Ich besuchte sie regelmäßig und habe diese Besuche immer sehr genossen. Sie war so voller Herzlichkeit und freute sich über jede Begegnung.

Leidvolles im Leben hat bei Menschen im Alter unterschiedliche Auswirkungen. Manche werden verbittert, andere behalten ein dankbares Herz. Anneliese gehörte zur zweiten Gruppe.

Was für mich besonders war: Sie war eine geniale Ermutigerin. Immer wieder sagte sie mir, wie sehr sie mich und meinen Dienst schätze und dass sie regelmäßig für mich bete. Es waren mehr als nette Komplimente, denn ihr Herz war voll von Ermutigung. Und ich bin überzeugt: Gottes Herz ist es auch! Nach den Besuchen war ich immer erfrischt und neu gestärkt. Gottes Herz der Ermutigung führt genau dazu: Es erfrischt, stärkt und bevollmächtigt.

Gottes Herz der Ermutigung führt genau dazu: Es erfrischt, stärkt und bevollmächtigt.

Als ich 2004 mein theologisches Masterstudium abschloss, wurde ich von den Studienverantwortlichen gesegnet. Einer von ihnen hatte für mich folgendes Bild: Ich stehe an einem großen Suppentopf und bin dabei, Menschen zu sättigen. Aber es sind sehr viele, und ich habe immer Sorge, dass es nicht ausreicht. Doch es wird so sein, dass immer genug da ist.

Die biblische Parallele dazu findet sich in der Erzählung der Speisung der Fünftausend. Die Jünger hatten nur fünf Brote und zwei Fische. Viel zu wenig. Doch im Austeilen vervielfältigten sich die Gaben. In den vielen Jahren meines Dienstes war dieses Bild vom Suppentopf und die Geschichte von der Speisung der Fünftausend stets eine enorme Ermutigung. Mein Gott gibt mir, was ich brauche, und er vervielfältigt es auf wunderbare Weise. Immer wieder durfte ich dies in meinem Dienst erleben.

Wie bereits erwähnt, war ich 2017 knapp zwei Wochen in der *Bethel Church* in Redding/USA. Neben vielem, was mich dort berührte und inspirierte, war es vor allem eines, das mein Herz bewegte: Eine gelebte Kultur der Ermutigung und Wertschätzung. Ich versuche es in folgenden Stichworten auszudrücken: Gastfreundschaft; das Feiern von Kreativität; das Feiern von Zeugnissen über Gottes Wirken; das Ehren und Feiern von biblischer Lehre und deren Lehrer; Ermutigung, „groß zu träumen“; die Demut, von anderen zu lernen; unverkrampfter Umgang mit Fehlern und starkes Interesse am Einzelnen.

Es ist schwer zu beschreiben, man muss es erleben. Auch wenn ich hinsichtlich ihrer Theologie nicht mit allem eins bin, so war ich dennoch von dieser Atmosphäre der Ermutigung enorm angetan. Solch eine Atmosphäre, besser gesagt, solch eine Kultur entsteht nicht von heute auf morgen. Da wurde über viele Jahre etwas eingeübt, das direkt aus dem Herzen Gottes kommt!

> *Mit Entmutigung nehmen wir uns gegenseitig den Wind aus den Segeln, anstatt zu schauen, wie wir dem anderen zum Auftrieb verhelfen können.*

Unsere Welt ist eher durchzogen von Entmutigung als von Ermutigung. Mir ist klar, dass eine konstruktive Kritik auch eine Ermutigung ist. Aber viel zu oft ist Kritik eben nicht konstruktiv und führt bei den Menschen eher zu Verunsicherung und Resignation. Mit Entmutigung nehmen wir uns gegenseitig den Wind aus den Segeln, anstatt zu schauen, wie wir dem anderen zum Auftrieb verhelfen können. Es gab eine Zeit in meinem Pastorendasein, in der ich sehr entmutigt war. Manches lief nicht so, wie ich es erhofft hatte, und irgendwie war die geistliche Dynamik in der Gemeinde abgeflaut.

Was dann noch dazu kam, war, dass ehemals Mitleitende zu meinen schärfsten Kritikern wurden. Es waren Menschen, mit denen ich über Jahre sehr eng, fast schon freundschaftlich verbunden war. Aus verschiedenen Gründen hatten sie ihre Leitungsverantwortung abgegeben. Doch anstatt uns als bestehendes Leitungsteam und mich als Pastor konstruktiv zu begleiten, hatte ich das Empfinden, dass sie grundsätzlich mit unserem Kurs nicht einig waren und uns als Leitungsteam in Frage stellten. Für mich war diese Zeit sehr herausfordernd und demotivierend. Wenn sich dann so ein „Geist von Entmutigung" auf einen legt, dann macht sich nur noch mehr Verunsicherung breit, und ganz ehrlich: Ich hatte in der Zeit auch „Fluchtgedanken". Ich stellte mich ziemlich in Frage und gleichzeitig nervte mich der einseitige Blick auf das, was ungut lief. Nochmals: Ein kritisches Hinterfragen ist immer wieder nötig. Aber wie das geschieht, entscheidet darüber, ob die Frucht daraus *Er*mutigung oder *Ent*mutigung lautet.

In der Bibel finden sich einige „Entmutigungsgeschichten". Eine mit enormen Auswirkungen findet sich in 4. Mose 13 und 14. Das Volk Israel ist endlich raus aus der Sklaverei in Ägypten. Sie haben die Wüste durchwandert und stehen nun vor dem verheißenen Land. Kundschafter werden ausgesandt. Doch diese kommen mit niederschmetternden Nachrichten zurück: „Das Land ist zwar genial, aber die Bewohner sind uns haushoch überlegen. Da haben wir keine Chance!" Bis auf Kaleb und Josua berichten die anderen voller Angst darüber, dass die Bewohner wie Riesen und sie in ihren Augen nur wie Heuschrecken seien (vgl. 4. Mose 13,32 f.). Der Geist von Entmutigung legt sich auf das ganze Volk. Jegliche Hoffnung zerrinnt. Das Volk überlegt sogar, Mose abzusetzen und sich einen anderen Leiter zu wählen, der sie zurück nach Ägypten bringen würde. Wie krass, was Entmutigung auslösen kann! Die Folge ist uns bekannt: Gott ist zornig auf das Volk und beschließt, dass aus der jetzigen Erwachsenengeneration niemand außer Kaleb und Josua das gelobte Land sehen wird. Vierzig Jahre muss das Volk in der Wüste umherziehen. Was für einen Schaden Entmutigung doch anrichten kann!

Zirka vier Jahrhunderte später: David ist nun endlich König über ganz Israel und sein Regierungssitz ist Jerusalem. David bringt die Bundeslade, das sichtbare Zeichen der Treue und Gegenwart Gottes (in ihr sind die Steintafeln mit den zehn Geboten, der Stab Aarons und ein Krug mit Manna) nach Jerusalem (vgl. 2. Samuel 6). David ist so voller Freude darüber, dass er ausgelassen vor der Bundeslade tanzt. Seine Frau Michal beobachtet ihn und findet sein Verhalten völlig unangemessen. Als David nach Hause kommt, trifft ihn die Verachtung seiner Frau (vgl. 2. Samuel 6,20 ff.). Ihre Verachtung ist letzten Endes ein Akt von Entmutigung. Michal steht für eine Haltung von Herabwürdigung und Entmutigung. Wie viele Herzen wurden durch solche Haltungen schon tief verletzt? Herzen, die sich nichts mehr zutrauen und sich in ihr

„Schneckenhaus“ zurückziehen. Entmutigung raubt Leben! Ich kann dies aus meinen eigenen Erfahrungen heraus bezeugen.

Ich schließe dieses Kapitel mit einem starken biblischen Ermutigungsbild. Es steht in 5. Mose 32,11-12a:

> *Wie der Adler sein Nest aufstört, über seinen Jungen schwebt, seine Flügel ausbreitet, sie aufnimmt, sie trägt auf seinen Schwingen, so leitete ihn der Herr allein ...*

Mich fasziniert dieses Bild: Der Adler liebt seine Jungen. Damit sie das Fliegen lernen, muss er sie jedoch aus dem wohlbehüteten Nest rauswerfen. Aber der Adler lässt seine Jungen nicht einfach allein, sondern ist da, fängt sie auf und ermutigt sie immer wieder, es neu zu versuchen. Genauso wird Gott beschrieben. Er ist es, der seine Kinder manchmal aus der Komfortzone herausschubst bzw. „herausermutigt“. Doch nur so können wir die Erfahrung machen, dass wir in uns ein großes Potenzial tragen. Und wenn es mal nicht so gut funktioniert, dann ist unser Gott da und fängt uns auf. Gibt es ein besseres Bild für Ermutigung? Mich berührt das zutiefst.

Gottes Herz ist ein Herz voller Ermutigung. Die ganze Bibel ist eine Schrift der Ermutigung. Möge unser Herz durchdrungen werden von dieser göttlichen Herzenseigenschaft. Es wird dadurch in uns und im Leben anderer aufblühen.

Kapitel 15

Ein Herz des Zorns und der Traurigkeit

Eure Neumonde und eure Feste hasst meine Seele. Sie sind mir zur Last geworden, ich bin es müde, sie zu ertragen. Und wenn ihr eure Hände ausbreitet, verhülle ich meine Augen vor euch. Auch wenn ihr noch so viel betet, höre ich nicht – eure Hände sind voll Blut. Wascht euch, reinigt euch! Schafft mir eure bösen Taten aus den Augen, hört auf, Böses zu tun! Lernt Gutes tun, fragt nach dem Recht, weist den Unterdrücker zurecht! Schafft Recht der Waise, führt den Rechtsstreit der Witwe! (Jesaja 1,14-17).

Glasklare Worte, die Gott hier zu seinem Volk spricht. Gott ist zornig und traurig über den Zustand bei seinen Leuten. Er lässt nicht Fünfe gerade sein, sondern ruft die Leute zur Umkehr auf. Nun beschäftigen wir uns mit einer spannenden Herzensregung unseres Gottes: Es geht um seinen Zorn. Wenn wir über das Herz Gottes nachdenken, dann kommen uns sicher schnell Begriffe wie Liebe, Gnade, Erbarmen und so manches mehr in den Sinn. Über einige habe ich ja bereits geschrieben. Aber wie ist es mit dem Zorn in seinem Herzen?

Die Bibel beschreibt an vielen Stellen, dass Gott zornig ist. Die Frage ist, wie wir Zorn definieren: Ist Zorn ein unkontrollierter, zerstörerischer Ausbruch von Emotionen? In Kolosser 3,8 sagt Paulus: *„Jetzt aber legt auch ihr das alles ab: Zorn, Wut, Bosheit, Lästerung, schändliches Reden aus eurem Mund.“* Hier geht es um die zerstörerische Kraft des Zorns. Wie viel wurde schon kaputt gemacht, weil Menschen ihrem Zorn freien Lauf ließen! Doch von welcher Art von Zorn spricht die Bibel, wenn sie den Zorn Gottes erwähnt? Der Zorn Gottes entzündet sich an dem Bösen bzw. an der Ungerechtigkeit. Dort, wo Menschen dem Bösen an sich und der Ungerechtigkeit im Speziellen Raum geben, findet sich beides: Gottes Traurigkeit und Gottes Zorn.

Zorn ist das Gegenteil von Gleichgültigkeit!
Gottes Herz ist nie gleichgültig dem gegenüber,
was Leben zerstört und den Menschen der Würde beraubt.

Als Jesus nach Jerusalem kam und sah, wie es im Tempel bzw. um den Tempel herum abging, da packten ihn Traurigkeit und Zorn. Er konnte es nicht mit ansehen, was die Menschen aus diesem heiligen Ort gemacht hatten (nachzulesen in Johannes 2,13-25). Es gibt ein göttliches Leiden an dieser gefallenen Welt. Sein Zorn ist die Kraft, welche Gerechtigkeit wiederherstellt.

Eingangs habe ich kurz davon berichtet, dass ich im Jahr 2016 einige Tage bei den Darmstädter Marienschwestern verbrachte. Auf deren Kommunitätsgelände war auf einer Anhöhe ein Kreuz aufgestellt. Ich saß unter diesem Kreuz und genoss die Ruhe in der Gegenwart meines Gottes. Plötzlich kam in mir der Impuls: „Günter, ich leide immer noch." Obwohl das Kreuz, der Ort des schlimmsten Leidens, leer ist, Jesus siegreich auferstanden ist und auf dem Thron sitzt, ist die Leidenszeit Jesu noch nicht zu Ende. Ich habe Jesus gebeten: „Zeig mir, woran du heute leidest!" Folgendes habe ich damals in mein Tagebuch geschrieben:

„Ich leide an ...

... der zerstörerischen Kraft der Sünde (obwohl ihre Macht schon längst gebrochen ist);

... der Ausbeutung und Entwürdigung;

... harter Gesetzlichkeit unter meinen Kindern, die meine Gnade zudeckt;

... Heuchelei;

... Selbstgerechtigkeit, die auf andere herabsieht;

... der Angst, die meine Kinder lähmt, obwohl ich diese Angst überwunden habe;

... unversöhnten Beziehungen;

... der Lauheit, weil sie so weit entfernt ist von meinem Herzen;

... den durch Krieg und Hass zerstörten Existenzen und zerstörten Seelen;

... der Machtgeilheit verschiedener Menschen;

... der Perversion meiner guten Gaben;

... der Verkümmerung des Potenzials, das ich in Menschen hineingelegt habe;

... dem oberflächlichen Verständnis meiner so unermesslichen Liebe.“

Als ich dies vernahm und in mein Tagebuch aufschrieb, da überfiel mich selbst eine tiefe Traurigkeit. Keine resignierende Traurigkeit, sondern ich glaube, es war diese heilige, göttliche Traurigkeit. Eine Traurigkeit oder auch extremer ausgedrückt: ein Zorn, der sich in Gottes Herz regt, über all die zerstörerischen Kräfte in dieser Welt. In Kapitel 10 schrieb ich bereits über den grassierenden Menschenhandel in unserer Zeit. Gott hat Erbarmen mit den Leidenden, aber in ihm ist ein Zorn über all die Täter und die Systeme, die die Menschen kaputt machen.

Kann es sein, dass unseren Herzen diese Regung eines „heiligen Zornes“ fehlt und wir diese unguten Dinge deshalb so distanziert wahrnehmen oder gleich wieder verdrängen? Klar, ich kann nicht jedes Leid dieser Welt an mich heranlassen, aber es fehlt etwas in meinem Inneren, wenn ich mich nur um meine kleine, heile Welt drehe. Wie oben in der Aufzählung beschrieben, die ich auf dem „Berg Tabor“ empfangen habe, geht es ja nicht nur um Ungerechtigkeiten, sondern einfach um menschliche Zustände, die weit weg sind von dem Leben, das uns in Christus verheißen ist.

Vor Kurzem sprach ich mit einem gläubigen Mann, der eine sehr konservative theologische Haltung hat. Für ihn ist die pfingstlich-charismatische Bewegung eine Verführung in der Endzeit. Er sagte mir, dass er voll hinter der sogenannten Berliner Erklärung stehe. Diese Erklärung wurde 1909 von pietistischen Vertretern verfasst. In dieser wird die Pfingstbewegung als eine Bewegung „von unten" bezeichnet. Das heißt, dass Satan der Urheber dieser Bewegung sei. Auch wenn es einzelne Auswirkungen gab, die man kritisch sehen konnte, so war jedoch diese Berliner Erklärung aus meiner Sicht eine fatale Fehleinschätzung, die sich geistlich über viele Jahre hinweg negativ auf unser Land ausgewirkt hat. Ich will das aber jetzt nicht weiter vertiefen. Worum es mir geht, ist, dass dieser Mann, mit dem ich redete, so felsenfest von seiner Sicht überzeugt war, dass mich dies echt schockierte. Für mich war es ein Richten über einen großen Teil des Leibes Christi. Beim Zuhören merkte ich, wie in mir ein Zorn aufkam. Weniger über den Mann, der so geprägt war, als viel mehr über den Geist von Rechthaberei und geistlicher Verurteilung.

Jesus selbst war immer wieder genervt von den Pharisäern und Schriftgelehrten. Nicht darüber, dass sie so im Gesetz verwurzelt waren, sondern darüber, dass sie in Hochmut andere verurteilten und an manchen Stellen heuchlerisch unterwegs waren. In Matthäus 23,33 nennt Jesus sie „Schlangen und Otternbrut". Ja, Jesus ist erzürnt über das Verhalten der religiösen Leiter. Sie legen einen religiösen Druck auf Menschen und sind vor allem bestrebt, nach außen gut dazustehen.

Nochmals: Es gibt zwei Arten von Zorn. Zum einen den „heiligen Zorn", der aufsteht, ungute Dinge beim Namen nennt und sich für Veränderungen einsetzt. Aber es gibt auch den Zorn, der aus einem verletzten Herzen heraus gelebt wird und wiederum Zerstörung hervorbringt. Diesen gilt es immer wieder bei Jesus abzulegen.

Die Jünger waren mit Jesus unterwegs nach Jerusalem. Sie kamen in ein samaritanisches Dorf und wollten dort übernachten. Doch die Bewohner erwiesen ihnen keine Gastfreundschaft, sondern lehnten sie ab. Die Jünger waren zurecht zornig und sagten zu Jesus: *„Herr, willst du, dass wir sagen, dass Feuer vom Himmel herabfallen und sie verzehren soll?“* Wie reagiert Jesus auf diesen „grandiosen“ Vorschlag? *„Er wandte sich aber um und schalt sie“* (Lukas 9,54-55). Dieser Zorn der Jünger führte nur zu einem: Zerstörung. Davon distanzierte sich Jesus auf ganz klare Weise.

Möge Gott unsere Herzen mit dem seinen so synchronisieren, dass wir in uns etwas von seinem Leiden, seiner Traurigkeit und seinem Zorn über all das Böse in dieser Welt wahrnehmen – mit der Zielrichtung, dass diese Herzensregung uns motiviert, das Böse mit dem Guten zu überwinden
(vgl. Römer 12,21).

Kapitel 16

Ein Herz für die „Verlorenen“

„Ihr seid mein D.A.!“ Das waren die Worte von Lenard auf dem Campus der *Bethel Church* in Redding, die er zu unserem Lobpreispastor und mir sagte. Wir verstanden nicht, was er meinte. Er klärte uns auf. „D.A.“ steht für „Divine Appointment“ und bedeutet „Göttliche Verabredung“. Lenard, ein väterlicher, dynamischer Mann, erzählte uns, dass er täglich auf solche „D.A.s“ achte. Er glaube, dass Gott solche ungeplanten „Verabredungen“ vorbereite und es wichtig sei, diese im Alltag zu erkennen.

Einige Monate später kam Lenard nach Deutschland und machte einen Überraschungsbesuch bei der Hochzeit unseres Lobpreispastors. Er war fast eine Woche hier und in der Zeit bei uns in der Familie zu Gast. Lenard war häufiger alleine in unserer Kleinstadt unterwegs. Und es war spannend, am Abend zu hören, welche D.A.s er an diesem Tag gehabt hatte.

Eines Abends, als ich nach Hause kam, war Lenard mit einer mir nur flüchtig bekannten Person auf unserem Balkon. Er meinte, er habe den jungen Mann eingeladen und hoffe, dass dies okay für uns sei. Ich war etwas überrascht, fand es aber gleichzeitig genial. Die beiden redeten bis spät nach Mitternacht miteinander.

Am nächsten Tag sagte Lenard mir, dass er ein Treffen mit einem jungen Mann habe, den er in einem Männermodegeschäft kennengelernt habe. Der junge Mann war dort Verkäufer. Lenard war mit ihm ins Gespräch gekommen und hatte ihn an dessen freien Arbeitstag in ein Café eingeladen, wo er ihm dann von Jesus erzählte. Lenard hielt Ausschau nach „D.A.s“ und offenbarte auf diese Weise etwas vom Herzen Gottes.

Einer der bekanntesten Bibelverse lautet:

> *Denn so hat Gott die Welt geliebt, dass er seinen einzigen Sohn gab, damit jeder, der an ihn glaubt nicht verloren geht, sondern ewiges Leben hat* (Johannes 3,16).

An unserem Gemeindezentrum prangt dieser Vers in etwa zwanzig verschiedenen Sprachen. Er spricht von der Motivation und dem Ziel der Sendung Jesu. Die Motivation lautet Liebe, das Ziel ist, Menschen das ewige Leben zu schenken. Jesus kam in diese Welt, um das Herz des Vaters zu offenbaren und den Menschen den Weg zu ihm zurück zu ermöglichen. Gott ist auf der Suche – nach Menschen, die sich verirrt haben! Die Sendung Jesu ist eine „himmlische Suchaktion" nach dem, was verloren gegangen ist. Eine Suche nach dem Menschen.

> *Die Sendung Jesu ist eine „himmlische Suchaktion" nach dem, was verloren gegangen ist. Eine Suche nach dem Menschen.*

In den wunderbaren Gleichnissen vom „verlorenen Schaf", von der „verlorenen Münze" und vom „verlorenen Sohn" wird das leidenschaftliche Herz des Vaters offenbart (vgl. Lukas 15). Jesus fokussierte seine Sendung, indem er sagte:

> *... der Sohn des Menschen ist gekommen, zu suchen und zu retten, was verloren ist* (Lukas 19,10).

Es war ein kalter Vorweihnachtstag. Ich saß auf einer Steintreppe und beobachtete die Menschen, die sich durch den Weihnachtsmarkt unserer Stadt schlängelten. Es war eine nette Stimmung. Manche schlenderten gemütlich umher und genossen die Atmosphäre. Andere wiederum waren eher hektisch unterwegs. Als ich die Menschen so ansah, wurde mir bewusst: Neben all dem Schönen, das diese Welt bietet, gehen sie an dem vorbei, von dem echtes Leben ausgeht. Sie sind nicht erreichbar für die Liebe Gottes – verloren im wahrsten Sinne des Wortes.

Wenn wir in unserem frommen Jargon über Verlorenheit sprechen, dann meinen wir damit, dass die Menschen nach ihrem Tod nicht das ewige Leben haben, sondern auf ewig von Gott getrennt sind. Das bedeutet Verdammnis für immer. Die Bibel erwähnt dies an etlichen Stellen. Und sicher ist diese Bedeutung von Verlorenheit absolut ernst zu nehmen. Und doch: Es geht nicht nur um das zukünftige, sondern auch um das gegenwärtige Leben. Das Leben hier auf dieser Welt ist ein Geschenk Gottes. Es ist einzigartig, trotz all der Nöte. Wenn Menschen der Liebe Gottes, seiner Vergebung und Gnade, seiner Gegenwart und Kraft, seiner Hoffnung, seines Trostes und vieles mehr nicht zugänglich sind, dann sind sie zutiefst verloren.

Gottes Herz schlägt für die Verlorenen. Er will sie zurückgewinnen. Er will, *„dass alle Menschen errettet werden und zur Erkenntnis der Wahrheit kommen"* (1. Timotheus 2,4).

Ich glaube zutiefst, dass Gott mein und unser aller Herz in dieser Hinsicht mit seinem Herzen synchronisieren möchte. Bevor wir in Aktionen denken, braucht unser Herz ein Durchflutet-Sein mit der Liebe Gottes für die Menschen, die ihn noch nicht kennen. In unseren Gemeinden machen wir viele Programme für uns Christen. Vieles davon ist auch gut und wichtig. Doch wir stehen in der Gefahr, dass wir, um unser Gewissen zu beruhigen, lediglich einmal im Jahr etwas hinsichtlich Evangelisation machen, um dann das Thema wieder abzuhaken.

Ich hatte ein Gespräch mit einem Ehepaar, das schon viele Jahre mit Jesus unterwegs ist, aber erst vor Kurzem für sich ganz neu die Gnade und die Liebe Gottes entdeckt hat. Sie sagten mir: „Günter, jetzt macht das Evangelisieren Spaß. Nicht aus einem Druck heraus, sondern es fließt einfach, weil Gott unser Herz verändert hat." Wow – ich glaube das brauchen wir alle! Zu oft ist es ein Appell, den wir (auch ich als Pastor) an uns und andere richten: Evangelisiere, sonst bist du mitverantwortlich, dass dieser Mensch in die Hölle geht!

Pardon, wenn ich das so krass ausdrücke. Diese Motivation macht uns unfrei und nicht wenige geben resigniert auf, wenn es darum geht, mit anderen Menschen ihren Glauben zu teilen.

Ich bin zutiefst überzeugt, dass gelebte Mission nur aus einer tiefen Erkenntnis Gottes heraus wirkliche Kraft hat. Unser Herz braucht Erkenntnis über unseren genialen Gott, und wenn das Herz dann voll ist, dann geht uns auch der Mund über. Natürlich brauchen wir auch praktische Zurüstung, wie wir bei Menschen „andocken" können. Wenn ich sehe, wie Jesus einen Zugang zu Menschen bekommen hat, dann fällt mir eines auf: Er ist auf die Lebenswelt seines Gegenübers eingegangen und er hat immer wieder Fragen gestellt. Genial finde ich das Gespräch zwischen ihm und der Frau am Jakobsbrunnen. Es ist in Johannes 4,1-42 überliefert. Jesus sitzt am Brunnen und sieht die Frau. Er bittet sie, ihm Wasser zu geben. Daraus entwickelt sich eine Konversation – ein Gespräch auf Augenhöhe und ein Gespräch, das bei der Frau immer mehr Neugierde hervorruft. Erst am Ende ihrer Unterhaltung offenbart sich Jesus, und sie glaubt an ihn.

> *Unser Herz braucht Erkenntnis über unseren genialen Gott, und wenn das Herz dann voll ist, dann geht uns auch der Mund über.*

Ein Herz für die „Verlorenen" ist ein Herz, das in Wertschätzung mit Menschen umgeht. Ein Herz, das zuhört und nicht einfach die volle „fromme Dröhnung" rauslässt. Es reicht nicht, den Menschen nur ein paar richtige Glaubensdogmen überzustülpen, sondern es braucht ein Wahrnehmen, wo die Leute stehen. Zum Beispiel wissen zwar die Menschen darum, dass sie versagen, aber hinsichtlich einer Versöhnung mit Gott fehlt ihnen meist ein inneres Verständnis. In unserer mehr und mehr säkularisierten Welt können Menschen kaum etwas damit anfangen, dass jemand an ihrer Stelle für ihre Sünden gestorben ist. Ich weiß, dass dies eine zentrale Wahrheit ist, und die muss auch verkündet werden, aber es geht mir darum, dass wir zuerst hinhören müssen und nicht einfach Antworten geben auf Fragen, die mein Gegenüber nie gestellt hat. Wir brauchen unbedingt ein Verständnis über die inneren Einstellungen von Menschen, die wir für Jesus gewinnen wollen.

Vor Kurzem nahm ich an einer mehrwöchigen Online-Schulung an einer christlichen Akademie teil. Es war eine Schulung hinsichtlich Apologetik. Hierbei geht es um die Frage, welche vernünftigen Gründe es gibt, an einen Gott zu glauben. Ebenso um ein Verständnis, dass Wissenschaft und Glaube sich nicht widersprechen müssen, sondern gut miteinander vereinbar sind. Eine „Hausaufgabe" in der Schulung war, einen nichtchristlichen Menschen zu interviewen und ihm dabei folgende Frage zu stellen: Was denkst du über Ursprung, Sinn, Moral und Bestimmung des menschlichen Lebens? Kurzum: Es ging darum, die Weltanschauung meines Gegenübers wahrzunehmen und zu verstehen. Die Aufgabe bestand darin, nur Fragen zu stellen und zuzuhören.

Ich befragte meinen Nachbarn, der in einem großen Unternehmen in leitender Position tätig ist. Wir hatten ein geniales Gespräch. Mein Gegenüber war sehr offen und erzählte mir viel über seine Weltanschauung, und wir sprachen darüber, wie er zu diesen Sichtweisen gekommen ist. Es wurde auch deutlich, dass er gegenüber der Institution „Kirche" sehr reserviert, aber dem persönlichen Glauben gegenüber sehr offen ist. Ich habe viel aus seiner Kindheit und seinem Leben erfahren. Als wir uns einige Tage später in der Tiefgarage wiedertrafen, hat er sich bei mir dafür bedankt, dass wir so ein gutes Gespräch hatten und ich auf diese Weise Interesse an seinem Leben gezeigt hatte. Ich habe neu gemerkt: Menschen sind offen, wenn sie das Gefühl haben, wirklich ernstgenommen zu werden.

Im direkten Umfeld unseres Gemeindezentrums entstehen viele neue Wohnungen. Etwa eintausend Menschen werden zeitnah dort einziehen. Aber nicht nur für diese Menschen, sondern auch für die Menschen in unserer Region stellt sich die Frage, wie wir sie mit der besten Botschaft der Welt erreichen können. Wie sind unsere Gemeindeangebote für die verschiedenen Zielgruppen? Sind sie so, dass Menschen ohne

Hürden andocken können? Was müssen wir modifizieren? Mitten in diese Überlegungen hinein hatte jemand aus unserer Gemeindeleitung folgende Idee: Warum stellen wir nicht den Menschen, für die wir Kirche sein wollen, folgende Frage: Wie müsste Kirche sein, damit Kirche für Sie attraktiv bzw. relevant wäre? Nicht wir müssen überlegen, was den Menschen helfen würde, einen Zugang zum Glauben zu bekommen, sondern wir hören hin, was die Menschen von Kirche und Gemeinde erwarten. Ich glaube zutiefst, dass die Zukunft von Kirche ganz stark davon abhängt, inwieweit sie ihren missionarischen Auftrag neu ergreift und so lebt, dass Menschen mit Gott in Berührung kommen können. Dietrich Bonhoeffer sagte: „Kirche ist nur Kirche, wenn sie für andere da ist."[1] Wir dürfen uns befreien von dem Druck, andere „bekehren" zu müssen, sondern unser Auftrag lautet: „Den Menschen eine Begegnung mit Gott ermöglichen." Alles andere dürfen wir Gottes Wirken überlassen.

Im Sommer 2015 war ich bei einem Mega-Event. Es war die Konferenz „Awakening Europe" im Fußballstadion in Nürnberg. 25.000 meist junge Leute waren zwei Tage bei diesem Treffen voller Power und Inspiration. Toller Worship, herausfordernde Predigten und eine geniale Gemeinschaft waren dort zu erleben. An einem Nachmittag haben die 25.000 Teilnehmer die Stadt Nürnberg geflutet und sind mit Menschen über Jesus ins Gespräch gekommen. Erweckungsluft erfüllte diese Konferenz. Auch wenn dieses Meeting bisher keine offensichtlich größeren Auswirkungen gehabt hat, so glaube ich zutiefst, dass auch in unserem Land Erweckung möglich ist. Erweckung kann man nicht einfach machen und anordnen. Es ist immer die kraftvolle

Erweckung kann man nicht einfach machen und anordnen. Es ist immer die kraftvolle Gegenwart Gottes, die Erweckung hervorbringt.

[1] Dietrich Bonhoeffer, *Widerstand und Ergebung,* DBW Band 8, Seite 560.

Gegenwart Gottes, die Erweckung hervorbringt. Aber wir sind nicht beteiligungslos. Gott will seine Sehnsucht nach den Verlorenen auch in unsere Herzen hineinpflanzen.

Die konkreten Auswirkungen eines Herzens für Menschen, die Gott noch nicht kennen, können ganz unterschiedlich sein. Es zeigt sich in praktischer Unterstützung, im Bezeugen von Erlebnissen, im Teilen des Wortes Gottes oder auch in der Fürbitte. Wenn ich mit Menschen im Gespräch bin und diese mir gewisse Nöte anvertrauen, dann frage ich hier und da, ob ich für sie beten kann. Darauf folgt meist ein überraschter Blick verbunden mit einem „Okay“. Nicht selten habe ich es erlebt, dass während des Betens mein Gegenüber tief berührt wurde und etwas von Gottes Liebe und Erbarmen wahrnahm. Ich glaube, wir dürfen da mutiger sein.

In manchen Gemeinden wird ja „Treasure Hunt“ praktiziert, was so viel wie „Schatzsuche“ heißt. Das läuft meist so ab: Ein paar Christen treffen sich zum Gebet und fragen Gott, welche Menschen (Schätze) er heute beschenken will. Eindrücke werden aufgeschrieben. Als ich einmal daran teilnahm, hatte ich den Eindruck, dass ich einem Mann begegnen werde, der in einem Jogginganzug unterwegs ist. In Zweierteams schwirrten wir durch die Stadt. Als wir uns entschlossen hatten, wieder zum Gemeindezentrum zurückzukehren, sagte ich zu meiner Mitstreiterin: „Ich laufe noch einmal durch das kleine Einkaufszentrum.“ An der Eingangstür sah ich einen Mann mit einer Joggingjacke. Ich hatte den klaren Eindruck, dass es nicht diese Person ist. Als ich etwas enttäuscht weiterlief, sah ich ihn plötzlich: Ein Mann, etwa 60 Jahre alt, stand in einem etwas älteren Jogginganzug vor mir. Ich nahm allen Mut zusammen und sprach ihn an. Ich erklärte ihm, dass er „mein Schatz“ ist und ich ihm sagen solle, dass Gott ihn von Herzen liebt. Er war sehr überrascht und etwas überfordert. Es ergab sich kein längeres Gespräch, aber es war dennoch eine mutmachende Erfahrung.

Einige Zeit später war ich mit einigen jungen Menschen in der Stadt unterwegs, um uns von Gott zeigen zu lassen, wen wir ansprechen und ermutigen können. Ein Team sah am Spielplatz eine sehr junge Mutter mit ihren Kindern. Eine Teilnehmerin hatte den Eindruck der jungen Mutter zu sagen, dass sie einen tollen Job macht und dass Gott dies ehrt, was sie für ihre Kids tut. Kaum hörte die junge Mutter diese Worte rannen ihr Tränen über die Wangen. Tief berührt sagte sie, dass dies noch nie jemand zu ihr gesagt habe. Sie habe oft den Eindruck, sie sei überfordert und eben keine gute Mutter. Ich glaube, dass diese junge Mutter an diesem Tag etwas von der Liebe Gottes wahrgenommen hat.

Wir wohnen in einem Mehrfamilienhaus. In einigen Wohnungen leben ältere Menschen. Eine Nachbarin ist an Krebs erkrankt. Meine Frau besucht sie immer wieder und erledigt für sie Einkäufe. Kürzlich sagte diese ältere Dame zu meiner Frau: „Katrin, du bist der Hausengel!" Was für eine große Wertschätzung. Mittlerweile liest sie in der Bibel und stellt viele gute Fragen. Mal sehen, was sich daraus noch entwickelt.

Viele Geschichten würden sich da anschließen lassen. Doch ich möchte es so zusammenfassen: Ein Herz für Menschen, die Gott noch nicht kennen, ist immer ein Herz von Wertschätzung, Liebe und Erbarmen. Dies macht auch das Herz Jesu aus, und mit diesem Herzschlag lassen sich noch viele von der heilenden Kraft Gottes berühren. Uns „schickt der Himmel" hin zu Menschen, die eine Begegnung mit dem lebendigen Gott so nötig haben.

Kapitel 17

Ein Herz für Israel

Schma Israel, Adonai Eleheinu, Adonai Echad.
Höre Israel, der Herr ist dein Gott, der Herr allein
(5. Mose 6,4).

Seit vierzig Jahren bin ich ein Jesus-Nachfolger. Bis vor acht Jahren hatte ich Israel nicht auf meinem Radar bzw. in meinem Herzen. Ich wusste um die Bedeutung des Volkes Israel in der Heilsgeschichte und mir war auch klar, dass Jesus selbst Jude war. Jedoch hatte ich sonst keinen inneren Bezug zum jüdischen Volk. Ich war nie ein Vertreter der sogenannten „Ersatztheologie“[1]. Jedoch war mir auch nie klar, warum Israel für mein persönliches Glaubensleben Bedeutung haben sollte. In unserer Gemeinde gab es über viele Jahre hinweg eine Gruppe, die eine besondere Beziehung zu Israel hatte. Ich titulierte sie als „Israel-Freaks“. Sie trafen sich am Freitagabend zur Sabbat-Feier. Für sie hatten die jüdischen Feste eine hohe Bedeutung und sie setzten sich sehr stark für den israelischen Staat ein. Mir war das immer etwas einseitig und ich sah keinen Grund, dieser Gruppe in unserer Gemeinde einen größeren Raum zu geben.

Im Gottesdienst am Sonntag, dem 13.3.2016 proklamierten wir in unserer Gemeinde folgende Stellungnahme: „Wir erkennen an, dass Israel das auserwählte Volk Gottes ist und von

---

[1] Diese besagt, dass aufgrund dessen, dass die Juden ihren Messias verworfen haben, sie keine Bedeutung mehr in der Heilsgeschichte Gottes spielen würden und damit alle Verheißungen für das Volk Israel auf die Gemeinde Jesu übergegangen seien.

ihm von Herzen geliebt wird. Aus diesem Volk kommt das Heil, unser Herr Jesus Christus. Wir wollen unsere Gleichgültigkeit gegenüber Israel überwinden und unseren Auftrag, die Juden „zur Eifersucht zu reizen“ zu unserer gelebten Jesus-Nachfolge werden lassen.“ Zwei Jahre später formulierten wir als Gemeinde unsere zwölf Grundwerte. Einer davon lautet: „Liebe zu Israel: Wir lieben und segnen Israel, weil es Gottes erwähltes Volk ist und wir durch Jesus Christus mit ihm verbunden sind.“ Im Juni 2019 unterzeichneten wir als Gemeinde eine Partnerschaft mit der Jerusalemer Gemeinde *King of Kings*.

Wie kam es zu dieser Wende in unserer Gemeinde? Es war eine Wende, die viel mit meiner inneren Veränderung zu tun hatte. Diese basierte auf folgender Offenbarung: Das Volk der Juden war und ist für immer auf dem Herzen meines Gottes. Sein Herz ist voller Liebe zu Israel. Wenn meinem Gott Israel so auf dem Herzen liegt, dann kann es mir nicht egal sein. Ich bat den Herrn, mein Herz auch in diesem Bereich mehr und mehr mit seinem Herzen zu synchronisieren. In diesem Prozess schenkte mir Gott vermehrt Erkenntnisse über seine Absichten mit seinem Volk. Folgende Bibelworte haben mich sehr berührt:

> *Denn du bist dem Herrn, deinem Gott, ein heiliges Volk. Dich hat der Herr, dein Gott, erwählt, dass du ihm als Eigentumsvolk gehörst aus allen Völkern, die auf dem Erdboden sind. Nicht weil ihr mehr wäret als alle Völker, hat der Herr sich euch zugeneigt und euch erwählt – ihr seid ja das geringste unter allen Völkern – sondern wegen der Liebe des Herrn zu euch und weil er den Eid hielt, den er euren Vätern geschworen hat* (5. Mose 7,6-8).

Durch den Propheten Jeremia lässt Gott dem Volk Israel sagen:

> *Ja, mit ewiger Liebe habe ich dich geliebt, darum habe ich dir meine Güte bewahrt. Ich will dich wieder bauen und du wirst gebaut sein, Jungfrau Israel* (Jeremia 31,3-4a).

Gott litt häufig an seinem Volk Israel. Wie oft haben sie ihren Gott enttäuscht und sind eigene Wege gegangen. Verschiedene Gerichte Gottes waren die Folge. Aber im Herzen Gottes, an seiner Zuneigung zu seinem Volk, hat sich nichts verändert. Er hat eine Leidenschaft für Israel. Im Propheten Sacharja lesen wir:

> *Denn wer euch antastet, tastet meinen Augapfel an* (Sacharja 2,12).

Wow, was für eine Aussage! Gott identifiziert sich mit seinem Volk auf vollkommene Weise. Wer gegen sein Volk ist, der bekommt es mit ihm zu tun!

Gott ist sein Volk Israel nicht egal. Das änderte sich auch im Neuen Bund nicht. Auch wenn der Neue Bund, ein universeller Bund ist (gültig für alle Nationen), so bleibt die besondere Liebe Gottes für Israel bestehen. In den Kapiteln 9 bis 11 im Römerbrief thematisiert Paulus den geistlichen Zustand Israels und dessen Platz in der Heilsgeschichte. Zusammenfassend sagt er in Bezug auf Israel: *„Denn die Gnadengaben und die Berufung Gottes sind unbereubar“* (Römer 11,29). Auch wenn das Heilshandeln Gottes jetzt weit über Israel hinausgeht, so hat Gott mit diesem Volk spezielle Absichten. Es lohnt sich, sich weiter dahinein zu vertiefen. Es würde den Rahmen dieses Buches sprengen, darauf jetzt noch konkreter einzugehen. Nur so viel: Dass sich im Jahr 1948, drei Jahre nach Ende des zweiten Weltkrieges und nach Ende des so brutalen Holocausts, der Staat Israel gründen konnte, ist ein sichtbares Wunderwirken Gottes. Nach fast 1900 Jahren Zerstreuung sammelt Gott sein Volk wieder in ihrem Land, und von Jerusalem ausgehend wird er am Ende der Zeit sein Reich über diese Welt aufrichten.

Im Herzen Gottes, an seiner Zuneigung zu seinem Volk, hat sich nichts verändert. Er hat eine Leidenschaft für Israel.

Mein Gott, der Gott Israels, hat mir in den Jahren 2014 bis 2018 viele geniale Erlebnisse geschenkt, die meine Sicht auf Israel verändert haben. Es waren Seminare, Begegnungen und vor allem auch verschiedene Reisen in das Heilige Land. Angefangen hat es mit einem sehr emotionalen und tiefgehenden Wochenendseminar. Das Thema lautete: „Die Decke des Schweigens." Ein Pastor einer Freikirche in Tübingen war der Referent. Er hatte sich intensiv mit den Ereignissen des Holocausts auseinandergesetzt. Was waren die Ursachen für diesen Völkermord an den Juden? Welche Rolle spielte die Theologie? Wie wirkte sich die Schuld in den jeweiligen Familienbiografien aus? Welche Sicht hat Gott auf sein Volk? Die Auseinandersetzung mit diesen Fragen hat uns als Gemeinde enorm bewegt. Zwei Dinge, die eine Erneuerung brauchten, standen im Fokus: Unsere Theologie und unser Umgang mit der Schuld an den Juden.

Wie schon kurz angerissen, war eine Ursache für die Judenverfolgung in der Geschichte (nicht nur während des NS-Regimes) die sogenannte Ersatztheologie. Der Mord an den Juden wurde damit begründet, dass sie ja die „Christusmörder" seien und nun unter Gottes Zorn standen. Hinsichtlich der Schuld, gerade unserer Nation, wurde mir klar: Ja, es gab von offizieller Seite aus (Regierenden, Kirchenleitung und anderen Institutionen) immer wieder Schuldeingeständnisse und die Bitte um Vergebung. Aber wie war das in den jeweiligen Familien? Wie wurde dort mit der Schuld umgegangen? Meistens fand dort ein Totschweigen statt. Die Last von Schuld hatte oft gravierende Auswirkungen auf Biografien von ganzen Familien. In diesem Seminar wurden wir ermutigt, unsere Familiengeschichte auf diesem Hintergrund anzuschauen. Sollte uns da etwas deutlich werden, dann gilt die Einladung, dies alles unter das versöhnende Blut Jesu zu bringen.

Im Jahr 2015 (70 Jahre nach Ende des 2. Weltkrieges) luden wir in unsere Gemeinde eine Frau ein, die seit vielen Jahren die Geschichte der Juden in unserer Stadt Kirchheim unter Teck recherchiert hatte. Es war ein bewegender Vortrag, verbunden mit einem Stadtrundgang. Die Einzelschicksale wurden so real für uns, dass sie eine Betroffenheit unter uns auslösten, hinsichtlich dessen, was damals in unserer Stadt geschehen war.

Aber nicht nur diese dunkle Seite im Umgang mit den Juden hat mein Herz verändert. Es war vor allem auch die Israelreise, die wir mit 24 Leuten aus unserer Gemeinde im Herbst 2015 durchführten. Ich selbst war als junger Kerl 1988 zum ersten Mal in Israel gewesen. Doch bei dieser neuerlichen Reise verband sich etwas in mir mit dem jüdischen Volk. Unser Reiseleiter vom Arbeitskreis Israel der Liebenzeller Mission nahm uns auf geniale Weise in die Geschichte der verschiedenen biblischen Orte mit hinein. Zudem hatten wir während der Reise einige wertvolle Begegnungen mit messianischen Juden und mit Christen, die in Israel leben. In diesen Tagen wurde mein Herz für dieses Land neu entzündet.

In den Monaten danach hatten wir in unserer Gemeinde weitere Seminare hinsichtlich der jüdischen Wurzeln unseres Glaubens. Über den Reiseleiter bekam ich Kontakt zum Pastor der Gemeinde *King of Kings* in Jerusalem. Mir wurde klar: Seminare und Lehre sind zwar wichtig, aber die Beziehung zu Israel bleibt nur lebendig, wenn sie auf die Basis von Begegnungen gestellt ist. Gott hat Gnade gegeben und wir haben nun seit dem Jahr 2019 eine Partnerschaft mit der Gemeinde in Jerusalem. Wir waren als gesamte Gemeindeleitung dort, und ich bin regelmäßig im Austausch mit den Verantwortlichen in Israel.

Wie am Anfang des Buches berichtet, durfte ich im Jahr 2018 drei Wochen in der Kommunität Latrun sein, die zwischen Tel Aviv und Jerusalem liegt. Rückblickend war diese Zeit eine der wertvollsten meines Lebens. Der Ort, das Land, die Menschen, die Ruhe und vor allem die intensiven Zeiten mit meinem Gott waren ein unglaublicher Schatz.

Vieles gäbe es zum „Herzensbereich Israel" noch zu sagen.

Ich glaube, wenn unser Herz von Gottes Herz der Liebe für Israel erfasst ist, dann hat dies unter anderem folgende Auswirkungen: Wir werden anfangen, für Israel zu beten und dieses Volk zu segnen.

Segnen mit Schutz und mit der Erkenntnis ihres Messias Jeschua. In Psalm 122,6 werden wir aufgefordert, für das Heil bzw. für den Frieden (Schalom) Jerusalems zu beten. Gott verheißt, all diejenigen zu segnen, die auch Abraham und seine Nachkommen segnen (vgl. 1. Mose 12,3). Paulus betet ganz besonders für sein Volk, dass sie ihren Gott erkennen (vgl. Römer 10,1).

Ein weiterer Ausfluss unserer Liebe zu Israel ist, dass wir gegen jegliche Art von Antisemitismus aufstehen. Leider nehmen antisemitische Anfeindungen, Parolen und sogar Anschläge in unserem Land dramatisch zu (ein negativer Höhepunkt war der brutale Angriff auf die Synagoge in Halle am höchsten jüdischen Feiertag Jom Kippur im Jahr 2019). Gleichgültigkeit war der Nährboden für viel Leid am jüdischen Volk. Ein Herz, das von der göttlichen Liebe für sein Volk berührt worden ist, kann nicht länger gleichgültig sein.

Mancher Antisemitismus wird auch an der politischen Kritik am jüdischen Staat deutlich. Sicher: Auch die Regierenden in Israel machen Fehler, handeln aus machtpolitischen Interessen heraus, so wie es andere Regierende in der Welt auch tun. Aber: Immer wieder wird deutlich, dass in der Beurteilung des Handelns Israels im Vergleich mit anderen Ländern mit zweierlei Maß gemessen wird. Israel wird als Besatzungsmacht tituliert, die angeblich die Palästinenser unterdrückt. Diese Sichtweise und auch die medialen Berichterstattungen sind oft sehr einseitig. Dass der jüdische Staat aufgrund der Erlebnisse von Judenverfolgungen in den letzten Jahrhunderten ein enormes Sicherheitsbedürfnis hat, ist absolut nachvollziehbar.

Während der drei Wochen in Latrun besuchte ich ein Treffen mit Holocaustüberlebenden. Es waren kostbare Begegnungen und ich spürte mir als Deutschem gegenüber keinerlei Ablehnung. Doch plötzlich fragte mich einer der Überlebenden: „Wie stehst du zu Israel?" Er brachte seine Sorge zum Ausdruck, dass wir in Europa die Bedrohung des Staates Israel ignorieren würden. Nochmals: Wir müssen nicht alle Entscheidungen der israelischen Regierung für richtig erachten, es darf kritisiert werden. Und doch müssen wir auch aufpassen, dass wir nicht die Bedürfnisse Israels übersehen und durch überzogene Kritik einen Nährboden für Antisemitismus schaffen. Gerade wir als Christen, als Nachfolger des Juden Jeschua, sollten an der Seite Israels stehen.

Zwei Tage vor meinem Heimflug fand im Mai 2018 in Jerusalem zum 70. Jahrestag der Staatsgründung Israels ein „Marsch der Nationen" statt. Ca. 4000 Christen aus 40 Nationen kamen nach Jerusalem und zeigten in einem Marsch ihre Solidarität für Israel. Ich marschierte mit und es war bewegend, wie viele Menschen an den Straßen und an ihren Fenstern voller Freude und Dankbarkeit waren. Ich hatte das tiefe Empfinden, dass dieser Marsch das Herz Gottes besonders erfreute. Er hatte für mich etwas Prophetisches als „Vorläufer" dessen, was in Jesaja 2,3 beschrieben wird:

> *Und viele Völker werden hingehen und sagen: Komm, lasst uns hinaufziehen zum Berg des HERRN, zum Haus des Gottes Jakobs, dass er uns aufgrund seiner Wege belehrt und wir auf seinen Pfaden gehen. Denn von Zion wird Weisung ausgehen und das Wort des HERRN von Jerusalem.*

Israel, ein Volk, das auf dem Herzen Gottes ist. Gott freut sich darüber, wenn er diese Liebe zu seinem Volk auch in unsere Herzen einpflanzen kann. Eine Synchronisierung mit seinem Herzen führt unser Herz zu einer inneren Verbindung mit dem jüdischen Volk. Das Heil kommt von den Juden (vgl. Johannes 4,22) und wir sind eingepfropft auf den edlen Ölbaum namens Israel (vgl. Römer 11,17). Zusammen mit dem jüdischen Volk lasst uns ausrufen: „Le chaim!“ – „Auf das Leben!“ Mögen noch viele Juden ihren Messias erkennen und in ihm das Leben finden!

Kapitel 18

Ein Herz des Erbarmens

Es gibt ihn: Den Unterschied zwischen Vertröstung und echtem Trost. In Zeiten von Not und Leid ist unser Herz sensibel dafür, was oberflächliches Gerede ist und was wirklich Substanz hat. Als mein ein Jahr älterer Bruder 1988 mit 21 Jahren verstarb (er beging Suizid) und meine Mutter 1995 mit 59 Jahren einem Krebsleiden erlag, flossen viele Tränen. Zu beiden, meinem Bruder und meiner Mutter, hatte ich eine innige Beziehung. Mir war so, als würde ein Teil von mir selbst sterben. In all der Trauer erlebte ich sowohl oberflächlichen als auch echten Trost. Der oberflächliche kam von Christen genauso wie von Nichtchristen. Sie versuchten dem Unfassbaren eine schnelle Deutung zu geben. Den echten Trost erfuhr ich von meinem Gott und von Menschen, die einfach da waren.

Mein Bruder und meine Mutter – beide haben gelitten, auf unterschiedliche Weise. Und ich wusste: Das Leiden ist nun zu Ende und hat nicht das letzte Wort! Das letzte Wort hat das Leben! Jesus, der den Tod besiegte, hat meine Lieben mit offenen Armen empfangen und sie dürfen nun befreit von allen körperlichen und seelischen Schmerzen leben. Diese Hoffnung, diese innere Gewissheit gab mir einen enormen Trost. Ich weiß: Ich werde sie wiedersehen. Trost erlebte ich auch von Freunden, die für mich da waren, ähnlich wie die Freunde Hiobs (vgl. das biblische Buch Hiob), die anfangs schweigend gegenwärtig waren und so ihre Anteilnahme zum Ausdruck brachten. Wenig tröstlich für Hiob wurde es, als die Freunde die Stille und das Klagen Hiobs nicht mehr aushielten und damit begannen, sein Leid erklären zu wollen.

Echter Trost ist eine Lebenskraft. Wir alle erfahren im Laufe unseres Lebens Notvolles. Wir brauchen Trost! Trost wird aber erst dann wirksam, wenn zuvor der Raum zur Klage und zum Ausdruck des Schmerzes vorhanden ist. Erbarmen und Trost pulsieren im Herzen unseres Gottes. In Jesaja 66,13 heißt es:

Wie einen, den seine Mutter tröstet, so will ich dich trösten.

Gott, der Vater im Himmel, ist ebenso wie eine Mutter ist, die ihren Kindern im Schmerz beisteht und ihnen Trost spendet. Gott weiß um all die Not und das Leid in dieser Welt (in Kapitel 12 habe ich dazu einiges ausgeführt). Es berührt ihn und er leidet mit an dieser Welt. Warum? Weil er sie liebt. Martin Schleske bringt Liebe und Leiden folgendermaßen zusammen:

> Wer Liebe sucht und nicht bereit ist, am Geliebten zu leiden, der hat das Wesentliche der Liebe nicht begriffen.[1]

Welch eine Wahrheit!

Trösten ist im Vergleich zum Überwinden nicht ein zweitrangiges Wirken Gottes. Ja, Gott ist auch ein Überwinder und er vollbringt Wunder und verändert Leid auf krasse Weise. Darauf werde ich noch eingehen.

Nicht immer verändert sich Leid in der Weise, wie wir es erhoffen, doch mitten darin macht sich sein Trost breit. Ein Trost, der nicht logisch erklärbar ist, sondern den man nur erfahren kann.

Paulus, der viele Wunder erlebt hat, beschreibt Gott folgendermaßen:

Gepriesen sei der Gott und der Vater unseres Herrn Jesus Christus, der Vater der Erbarmungen und Gott allen Trostes,

[1] Martin Schleske, Klangbilder - Werkstattgedanken, München: Kösel-Verlag, 2011, S.118.

der uns tröstet in all unserer Bedrängnis, damit wir die trösten können, die in allerlei Bedrängnis sind, durch den Trost, mit dem wir selbst von Gott getröstet werden (2. Korinther 1,3-4).

Das Herz Gottes ist ein Herz voller Erbarmen und Trost. Es ist eine nie versiegende Quelle des Heils, in die wir unsere Tränen hineinfließen lassen können. Paulus schreibt nicht nur, dass Gott ein Gott des Trostes ist, sondern ein Gott **allen** Trostes! Nicht nur ein bisschen, sondern in vollem Maß! Dann geht er einen Schritt weiter: Der erfahrene Trost Gottes befähigt uns, andere zu trösten. Wir können andere nur trösten, wenn wir ein Herz des Trostes und des Erbarmens haben. Die Welt ist voll von guten Ratschlägen und Lebenskonzepten, die Erfolg versprechen. Aber sie verstummt, wenn Zerbruch, Leid und Misserfolg in ein Leben kommen. Auch in christlichen Kreisen wird manchmal suggeriert, dass das Leben ein beständiges Triumphieren ist. Aber dem ist nicht so.

Trost bedeutet für mich zweierlei: Zum einen ist es ein Wahrnehmen und Zulassen der „Ist-Situation". Kein Beschönigen und Beschwichtigen, sondern ein Ehrlichwerden und Benennendürfen. In Psalm 56,9 betet David:

Gieße meine Tränen in deinen Schlauch [Krug]. Stehen sie nicht in deinem Verzeichnis?

Was für ein Bild! David macht sich bewusst, dass seine Tränen von seinem Gott in einem Krug bzw. Schlauch aufgefangen sind. Seine Tränen sind Gott nicht egal und er darf sie weinen. Für Gott sind diese Tränen kostbar! Das ist das Herz Gottes! Unser Herz soll von diesem Herzen so geformt werden, dass auch wir Schmerz und Tränen nicht negieren, sondern ihnen Raum geben dürfen.

Doch dabei bleibt der Trost Gottes nicht stehen. Auch wenn er uns hinsichtlich dessen, was uns in unserem Leben geschieht, nicht alles erklärt, so bahnt er uns einen Weg, auf dem wir wieder neue Schritte wagen dürfen. Gottes Trost und

Erbarmen eröffnet einen Raum der Hoffnung – vielleicht anfangs ganz zaghaft, aber dann immer kraftvoller! Gott hat uns seinen Geist gegeben, einen Geist des Erbarmens und des Trostes. Er wird uns leiten, wie wir Menschen in diesen Raum der Hoffnung hineinführen können. Da gibt es keine Patentrezepte, sondern ich glaube, dass der Heilige Geist uns in der jeweiligen Situation seine Weisheit geben wird. Eine Weisheit, die von Sensibilität und Kühnheit durchdrungen ist!

Seit fast 20 Jahren bin ich nun Pastor. Etliche wundersame Dinge durfte ich erleben, aber ich wurde auch mit Situationen konfrontiert, die mit sehr viel Schmerz verbunden waren. 2014 verstarb der Vater eines jungen Mannes, mit dem ich eng verbunden war. Der Vater war 52 Jahre alt, als er bei Waldarbeiten einen Herzschlag erlitt. Sein Sohn war dabei und der Vater verstarb in dessen Armen. Bis zur Beerdigung war ich mehrmals mit ihm am Sarg seines Vaters. Dem jungen Mann riss es förmlich den Boden unter den Füßen weg. Er war gerade dabei, seinem Leben eine neue Richtung zu geben, als dies geschah. Es gab nichts zu erklären, ich war einfach nur da und tröstete ihn, so gut ich konnte. Ich nahm ihn in den Arm, wir weinten und beteten zusammen und wir erlebten, wie der Friede Gottes uns immer wieder einhüllte. Trösten kostet Kraft.

Im Jahr 2019 hatte ich innerhalb von drei Monaten drei sehr herausfordernde Beerdigungen. Anfang Januar verstarb Ole, ein Freund von mir, im Alter von 37 Jahren (ich habe an anderer Stelle schon kurz davon berichtet). Über ein Jahr lang rang er mit einer besonderen Art von Leukämie. Bei den Besuchen in seiner Krankheitszeit floss zwischen ihm, seiner Frau und mir ein beständiger Strom des Trostes. Wir richteten uns gegenseitig auf und ermutigten einander, unseren Blick auf Jesus zu richten. Ja, wir beteten auch um Heilung und erhofften ein Wunder. Kurz bevor Ole starb, richtete er eine Videobotschaft an uns als Gemeinde. In dieser Botschaft sagte er: „Egal wie es kommt, haltet daran fest: Gott ist gut!“ Von Ole ging Trost aus, weil der Gott allen Trostes in ihm lebte.

Am Tag von Oles Beerdigung bekam ich die Nachricht, dass bei einer Familie aus unserer Gemeinde das Baby im Mutterleib (8. Monat) gestorben war. Bereits zu Beginn der Schwangerschaft wurde eine Fehlbildung diagnostiziert und es wurde den Eltern gesagt, dass das Kind nicht lebensfähig sein würde. Als wir wenige Tage später auf dem Friedhof standen und der Vater des Kindes den kleinen Sarg zum Grab trug, da war so ein Schmerz und so ein Trost zugleich erlebbar. Um die Familie herum standen ihre Freunde, die sie in den Arm nahmen und mit ihnen weinten. Aber auch Gottes trostvolle Gegenwart war zu spüren. Eine Gegenwart, die den Schmerz auffing, trotz allem Nichtverstehen.

Einige Wochen später ging das Leben meines engen Freundes und geistlichen Vaters Wolfgang zu Ende. Er hatte Bauchspeicheldrüsenkrebs. Mein Büro ist direkt gegenüber von Wolfgangs Wohnhaus. Kurz vor der Mittagszeit wurde ich von einer Nachbarin geholt und gebeten zu Wolfgang zu kommen, da er einen Zusammenbruch erlitten habe. Der Notarzt sei schon unterwegs. Ich kam zu meinem lieben Wolfgang und er war von völliger Schwachheit gezeichnet. Seine Frau und ich wuschen ihn und zogen ihm Kleider an. Bevor er vom Rettungswagen ins Krankenhaus mitgenommen wurde, konnte ich noch ein Segensgebet über ihm aussprechen. In all dem Schmerz des Abschiednehmens war in diesem Moment der Friede Gottes präsent. Ich selbst erfuhr in den Tagen danach viel Trost von meinem himmlischen Vater und von Menschen um mich herum.

Im Herbst 2020 verlor eine Familie aus unserer Gemeinde ihren Vater und Ehemann. Er wurde 53 Jahre alt. Die Familie hat fünf Kinder. Wenn man zum Trauergespräch in solch eine Familie kommt, dann fühlt man sich ziemlich hilflos. Doch was ich dort erlebte, war Gottes Gegenwart als eine Gegenwart mitleidenden Erbarmens.

Über dem Corona-Jahr 2021 stand folgende Jahreslosung:

> *Seid nun barmherzig, wie auch euer Vater barmherzig ist* (Lukas 6,36).

Die Pandemie löste und löst viel Leid aus: Menschen sterben an COVID-19; viele leiden an seelischen Nöten aufgrund von Vereinsamung und Angst um wirtschaftliche Existenz; Beziehungen zerbrechen an unterschiedlichen Auffassungen über den Umgang mit der Pandemie und vieles mehr. Barmherzigkeit ist ein bedeutender Schlüssel für diese Zeit. Nicht Rechthaberei, sondern ein Wahrnehmen der Not, ein Mitleiden, aber auch das Gestalten eines Raumes der Hoffnung sind Ausdruck von gelebtem Erbarmen.

Als Jesus voller Schmerzen am Kreuz hing, sah er seine Mutter in Tränen aufgelöst. Unfassbare Trauer durchzog das Herz Marias. Ein Herz, das Trost brauchte. Diesen Trost sollte sie in erster Linie durch wen erfahren? Durch Jesu „Lieblingsjünger" Johannes. Jesus verbindet seine Mutter und Johannes unter dem Kreuz. Von Johannes heißt es: *„Von jener Stunde an nahm der Jünger sie zu sich"* (Johannes 19,27). Maria erfuhr durch Johannes in ihrem Schmerz eine besondere Form des Trostes.

> *Wir sind berufen, aus einem mit Gottes Herz synchronisierten Herzen heraus diese verwundete Welt mit der trostvollen und heilenden Kraft des Himmels zu berühren.*

Ich glaube, dass Jesus uns auch heute beauftragt, uns der Leidenden anzunehmen. Wir müssen und können nicht die Not der Welt auf unser Herz nehmen – das kann allein Jesus tun, und das hat er auch getan –, aber in dem Umfeld, in dem wir sind, dürfen wir uns als erbarmungsvolle Tröster gebrauchen lassen. Wir sind berufen, aus einem mit Gottes Herz synchronisierten (bewegten) Herzen heraus diese verwundete Welt mit der trostvollen und heilenden Kraft des Himmels zu berühren. Gottes Herz ist bewegt durch Erbarmen. Möge in der Weise auch unser Herz bewegt sein!

KAPITEL 19

Ein Herz der Wiederherstellung

Es war der 4. Mai 2017 – ein bedeutender Tag für mein Leben. Wie schon erwähnt, war ich zu dieser Zeit für zehn Tage in Redding und besuchte die *Bethel Church*. Schon häufiger hatte ich von der *Sozo*-Gebetsseelsorge gehört, welche die Gemeinde anbietet. *Sozo* ist ein griechisches Wort und umfasst folgendes Bedeutungsspektrum: retten, heilen, freisetzen und wiederherstellen. Bei der *Sozo*-Seelsorge handelt es sich um eine Mischung aus seelsorgerlichem Gespräch und prophetischem Gebet.

Es kostete mich Überwindung, mich zum „Sozo-Gebet" anzumelden. Mein Englisch ist absolut ausbaufähig und ich war mir nicht sicher, ob eine Seelsorge auf Englisch funktionieren würde. Doch prompt bekam ich eine Zusage, dass ich spätnachmittags am 4. Mai in das Seelsorgezentrum der Gemeinde kommen könne. Ich erinnere mich noch, wie ich bei 36 Grad schwitzend die Straße zum Seelsorgezentrum hochlief. Ich war echt angespannt. Als ich etwa zwei Stunden später das Gebäude wieder verließ, war ich um viele innere Lasten erleichtert und mein Herz war voller Dankbarkeit. Wiederherstellung, innere Heilung und Befreiung wurde für mich erfahrbar!

Was war geschehen? Ich wurde von einem älteren Herrn namens Ron empfangen. Er war ein väterlicher Typ und ließ sich auf wunderbare Weise vom Heiligen Geist leiten. Auch die sprachlichen Herausforderungen waren kein Hindernis für Gottes Wirken an mir. Ich erzählte ihm aus meinem Leben. Hier und da unterbrach er mich und lud mich ein zu beten und darauf zu achten, welche Impulse Gott mir gab. So führte mich der Geist Gottes auf behutsame Weise an die wunden Punkte meiner Biografie.

Ich wurde 13 Monate nach meinem Bruder Dietmar geboren. Mir wurde in dem Gebet klar, dass ich zuerst kein Wunschkind, sondern wohl eher eine Überforderung für meine Mutter war. Von Erzählungen wusste ich, dass ich als Baby viel geweint hatte. Irgendwie musste ich gespürt haben, dass ich auf dieser Welt nicht wirklich willkommen war. Ron fragte mich, wo ich darin Jesus sehe. Ich sah ihn als den, der sich an mir erfreute, der mich mit offenen Armen empfing. Erste Tränen rollten über mein Gesicht und ich sprach meiner Mutter gegenüber Vergebung aus, da sie sich am Anfang meines Lebens nicht über mich freuen konnte.

1988 beging, wie schon erwähnt, mein Bruder mit 21 Jahren Suizid. Die Monate davor waren herausfordernd. Er war manisch-depressiv. Phasen völlig übertriebener Handlungen und tiefer Depression wechselten sich bei ihm ab. Am Abend, bevor er sich das Leben nahm, sah ich ihm an, dass es ihm nicht gut ging. Es war dann der 13.1.1988, als ein Schrei meiner Mutter uns alle aufweckte. Sie fand ihren Sohn erhängt in der Garage. Auch über 30 Jahre danach bewegt es mich noch, wenn ich darüber schreibe.

Mein Bruder und ich hatten uns ein Zimmer geteilt. Ich hatte nicht bemerkt, dass er sich in den frühen Morgenstunden aus dem Zimmer schlich, um seinem Leben ein Ende zu setzen. Über all die Jahre hinweg fühlte ich mich „mitschuldig" am Tod meines Bruders. Warum hatte ich die Situation nicht richtig eingeschätzt? Hätte ich es verhindern können? Warum hatte ich am Abend davor nicht mit ihm geredet, als ich wahrnahm, wie schlecht es ihm ging? All diese Gedanken und Emotionen kamen fast 30 Jahre später beim *Sozo*-Gebet an die Oberfläche. Ron leitete mich hindurch, und immer wieder lautete seine Frage: Wo siehst du Jesus in der Situation? Im Zimmer war ein leerer Sessel. Ron lud mich ein, mir vorzustellen, dass mein Bruder darinsitze und ich ihm jetzt etwas sagen könne. Ich bat ihn um Vergebung, sagte ihm aber auch, welch einen Schmerz er durch seinen Suizid in meinem Leben ausgelöst hatte. Dann befahl ich ihn der Fürsorge Jesu an. Es war so befreiend!

Mein Vater hatte über viele Jahre Alkoholprobleme. Dies belastete unsere Familie sehr. In diesem *Sozo* habe ich ihm ganz bewusst für sein Nicht-Vater-Sein Vergebung zugesprochen. Mein Vater war 2010 verstorben. Sieben Jahre später konnte ich ihn ganz loslassen. Auch das war heilsam.

Vieles erlebte ich in diesen zwei Stunden. Auf eines will ich noch kurz eingehen. Ich bin absolut gerne Pastor. Ich weiß mich von Gott berufen. Es ist für mich ein Privileg, als Pastor tätig zu sein. Doch in all den Jahren kämpfte ich immer wieder mit enormer Selbstkritik. Ich setzte mich selbst unter Druck und empfand auch einen gewissen Druck, den andere auf mich legten. Ron sprach mir im Namen Jesu Folgendes zu: „It is more important that you are a prince of the kingdom as a pastor of your church" (Es ist wichtiger, dass du ein Prinz des Reiches Gottes bist, als ein Pastor deiner Gemeinde). Auch hier: Tränen flossen, als ich diesen Satz hörte. Es war ein Satz, den mein Gott durch Ron in mein Herz hineinsprach. In mir atmete alles auf! Vielleicht kannst du, lieber Leser, jetzt verstehen, warum der 4. Mai 2017 für mein Leben so bedeutsam war.

Spannend: In der Nacht nach dem *Sozo*-Gebet hatte ich zwei Träume: Im ersten Traum wurde ich öffentlich beschuldigt. Menschen schauten auf mich herab. Im zweiten Traum sah ich die Giebelwand eines Hauses. Diese Wand stand lose da und begann zu schwanken. Kurze Zeit später fiel sie in sich zusammen. Viele halfen mit, den Schutt wegzuräumen. Für mich war das ein klares Reden Gottes: Alle Anklage, alle Schuld fällt in sich zusammen. Der Schutt wird weggeräumt. Genau dies war für mich das Erleben beim *Sozo*-Gebet.

Warum habe ich diese Erfahrung so ausführlich erzählt? Weil hinter diesem Erleben eines steht: Das Herz meines Gottes. Es ist ein Herz, das für Wiederherstellung, Heilung und Befreiung schlägt. Die große Klammer der ganzen Heils- und

Menschheitsgeschichte lautet: Wiederherstellung. Gott hat alles perfekt geschaffen. Durch die Eigenwilligkeit des Menschen, durch die Macht der Sünde und des Teufels kamen Zerstörung, Schmerz, Krankheit und vieles mehr. Wenn wir die ersten beiden Kapitel der Bibel (1. Mose 1 und 2) mit den letzten beiden Kapiteln der Bibel (Offenbarung 21 und 22) vergleichen, dann wird eines klar: Gott stellt seine wunderbare, gute Schöpfung komplett wieder her. In Apostelgeschichte 3,21 sagt Petrus über Jesus: *„Den muss freilich der Himmel aufnehmen bis zu den Zeiten der* ***Wiederherstellung aller Dinge,*** *von denen Gott durch den Mund seiner Propheten von jeher geredet hat."*

Die große Klammer der ganzen Heils- und Menschheitsgeschichte lautet: Wiederherstellung.

Ja, das ist Gottes Plan. Das ist sein Herz: Ein Herz der Wiederherstellung. Auch wenn die vollkommene Wiederherstellung erst mit dem zweiten Kommen Jesu einhergeht, so ist Wiederherstellung auch im Gegenwärtigen erlebbar. Im Leben Jesu wird dies auf besondere Weise deutlich. Er heilt, er vergibt, er befreit und setzt so Wiederherstellung frei! Die Evangelien berichten von vielen solchen Wiederherstellungsereignissen, die Jesus gewirkt hat. Im 5. Kapitel des Markusevangeliums werden drei Geschichten erzählt: eine Befreiungs- und zwei Heilungsgeschichten. Und alle haben mit Wiederherstellung zu tun. Auf zwei dieser Geschichten gehe ich kurz ein.

Jesus und die Jünger fuhren mit dem Boot über den See Genezareth und kamen in das Land der Gerasener. Dort sprang ihnen ein Mann entgegen, der angsteinflößend aussah. Er war völlig verwildert und sein Körper war übersät mit Wunden. Warum? Weil er von dämonischen Mächten besessen war. Sein Wohnort, so wird berichtet, war auf dem Friedhof, am Ort des Todes und der Einsamkeit. Jesus befahl den Dämonen, aus dem Mann auszufahren und ihn nicht länger zu quälen. Die Geister mussten der Autorität Jesu gehorchen und verließen diesen Mann (sie fuhren in Schweine, die dann den Abhang hinunterfielen und im See ertranken). Die Befreiung bedeutete für diesen Mann eine Wiederherstellung. Nach der Befreiung bekleidete sich der Mann und Jesus schickte ihn zurück in sein Zuhause. Durch die Besessenheit hatte der Mann alles verloren – sein Leben war völlig kaputt gewesen. Durch das Handeln Jesu erlebte der Mann, wie sich sein Leben neu ordnete und ihm dadurch wieder Würde geschenkt wurde.

Im selben Kapitel wird von einer Frau berichtet, die seit zwölf Jahren unter Blutfluss litt. Neben der körperlichen Schwächung hieß dies für die Frau, dass sie nach den mosaischen Gesetzen als unrein galt. Die Folge: Isolierung von religiösen Zusammenkünften und gesellschaftliche Ausgrenzung. Diese Krankheit hatte ihr die Würde geraubt. Die Not war so groß, dass sie ihre ganzen Ersparnisse für medizinische Hilfe ausgegeben hatte – doch ohne Erfolg.

Nun erfuhr sie, dass Jesus in ihren Ort gekommen war. Viele Menschen umringten ihn. Doch die Frau hatte ein Ziel: Sie musste das Gewand Jesu berühren und hoffte, dadurch Heilung zu erleben. Genau dies geschah dann auch – aber nicht heimlich, wie es sich die Frau vorgestellt hatte. Jesus hatte bemerkt, dass Kraft von ihm geflossen war, und er fragte, wer ihn berührt habe. Es ging nicht um eine normale Berührung, sondern um eine Glaubensberührung. Die Frau outete sich, und Jesus sprach sie in aller Öffentlichkeit an und sagte zu ihr: *„Tochter, dein Glaube hat dich geheilt. Geh hin in Frieden und sei gesund von deiner Plage“* (Markus 5,34). Jesus heilte sie und gab ihr ihre Würde zurück. Welch ein Akt von Wiederherstellung!

Gottes Herz ist ein Herz von Heilung, Befreiung und Wiederherstellung. Erleben wir das immer? Im Kapitel davor habe ich von Erlebnissen berichtet, in denen Heilung ausgeblieben ist; Heilung in der Weise, wie wir es uns erwünscht hätten. Ich will jetzt an dieser Stelle keinen theologischen Diskurs über das Thema Heilung starten. Nur kurz die Eckpunkte meines Verständnisses:

Gott ist ein Gott der Heilung. Er will Heilung bzw. Befreiung. Er ist nicht der Urheber von Krankheit. Im Gebet, das Jesus seine Jünger lehrte, heißt es: „... dein Wille geschehe wie im Himmel so auf Erden ..." Der Himmel steht für mich für den Raum, in dem Gottes Wille zu 100 Prozent zur Geltung kommt. Im Himmel gibt es keine Krankheit (vgl. Offenbarung 21,4). Daraus schließe ich, dass Gottes Wille Heilung und Befreiung beinhaltet. Jesus hat in seinem Leben diesen „Heilungswillen" Gottes zur Geltung gebracht. Auch unser Auftrag als Christen und Gemeinde Jesu ist es, diesen Heilungswillen Gottes in die Welt hineinzubringen. Jesus starb am Kreuz für alle Schuld und auch für alle Krankheiten und hat so die Macht des Todes besiegt (vgl. Jesaja 53,4-5 und Matthäus 8,16-17). Aufgrund dessen bete ich für Kranke und segne sie mit der Kraft der Heilung und Wiederherstellung.

Nun weiß ich, dass Menschen an Krankheiten sterben (siehe Kapitel 15) und eben nicht immer Wiederherstellung im Sinne von körperlicher Heilung geschieht. Obwohl Jesus den Sieg über Tod und Krankheit schon errungen hat, manifestiert sich dieser Sieg bis zu seiner Wiederkunft nicht in vollkommener Weise. Das Reich Gottes ist durch Jesus angebrochen, es weitet sich aus, aber die Vollendung kommt erst am Ende der Zeit. Das ist eine ungemeine Spannung, die es auszuhalten gilt. Was das Thema Heilung betrifft, können wir nicht alles erklären. Manche noch so frommen Erklärungsversuche, warum zum Beispiel jemand nicht geheilt wird, legen Menschen noch zusätzliche Lasten auf. Zum Beispiel, wenn solche Aussagen fallen wie: „Du glaubst zu wenig" oder: „Wahrscheinlich ist noch Sünde in deinem Leben." Wir dürfen in Demut sagen, dass wir eben nicht alles verstehen.

Wichtig ist, dass wir weder vor Krankheit kapitulieren und alles laufen lassen, noch vor Enttäuschung unseren Glauben an einen guten Gott verlieren, wenn Heilung nicht eintritt. Letzten Endes siegt immer das Leben, weil Krankheit und Tod nicht das letzte Wort haben!

Diese Welt ist eine gebrochene Welt. Eine Welt, die nach Heilung und Wiederherstellung schreit. Und Gott hat diesen Ruf gehört. Deshalb sandte er seinen Sohn, den Heiland der Welt. Und er sandte uns, um Heilung und Wiederherstellung in dieser Welt auszubreiten. Im Psalm 147,3 sagt der Beter über Gott:

Er heilt die zerbrochenen Herzens sind, und verbindet ihre Wunden.

Hier geht es um innere und körperliche Wunden. Durch den Propheten Jeremia offenbart Gott seinen Willen:

Siehe, ich will Genesung und Heilung bringen und sie heilen, und ich will ihnen Fülle von Frieden und Treue offenbaren (Jeremia 33,6).

Was mir wichtig ist: zu verstehen, dass unser Gott ein Herz hat, das für Heilung, Befreiung und Wiederherstellung schlägt. Es ist ein Herz, das nicht wegschaut von Gebrochenheit, sondern diese Gebrochenheit mit seiner heilenden Kraft berührt.

Dieses Geschenk der Wiederherstellung
gilt zunächst dir und mir.
Und aus unserem Heilwerden heraus
sind wir berufen, die heilende Kraft Gottes
in unserem Umfeld freizusetzen.

Spürst du, wie beim Lesen dieser Worte dein Herz sich mit dem Herzen des Heilands synchronisiert?

Kapitel 20

Ein Herz der Sanftmut, der Demut und des Dienens

„Die Gemeinde Jesu braucht starke und visionäre Leiter. Menschen mit einer apostolischen Gabe sind gefragt. Unsere Gemeinden sind zu sehr ‚verhirtet'. Es fehlen Leiter, die nicht nur verwalten, sondern wirklich vorangehen und Neues hervorbringen."

So oder so ähnlich hörte man es die letzten Jahre von den Bühnen christlicher Leiterschaftskonferenzen. Vielem, was da gesagt wurde, kann ich zustimmen. Die Gemeinde Jesu braucht eine starke und bevollmächtigende Leiterschaft. Ich selbst bin nun seit vielen Jahren in einer Freikirche als Pastor tätig. Ich musste mich mit Strukturen und theologischen Verständnissen auseinandersetzen, welche die Leitung nicht fördert und freisetzt, sondern eher klein hält. Die Gemeinden in unserem Bund sind von ihrer Historie her basisdemokratisch organisiert. Leitung wird eher als ausführendes Organ der Beschlüsse der Gemeindeversammlung definiert. Der Pastor wird als pastoraler Angestellter gesehen und nicht als der, der vorangeht. Mich hat das viele Jahre in meinem Pastorensein blockiert.

Seit gut sieben Jahren hat sich in unserer Gemeinde in dieser Hinsicht vieles verändert. Ein neues Leitungsverständnis hielt Einzug und ich erlebte eine geniale Freisetzung als leitender Pastor der Gemeinde. Ich will das nur kurz anreißen: Jedes Leitungsverständnis hat Stärken und Schwächen bzw. Gefahren. Basisdemokratie integriert zwar viele, aber zu viel davon führt zu langen Entscheidungsprozessen. Einzelne sind zum Teil mit der Tragweite der Entscheidungen überfordert und es kann dazu führen, dass gewisse Meinungsmacher den Kurs der Gemeinde bestimmen. Das andere Extrem ist, wenn ein Pastor mehr oder weniger die alleinige bestimmende Person ist. Dies hat zwar eine gewisse Dynamik, aber es besteht die Gefahr, dass viele abgehängt werden; und es bietet auch Raum für einen unguten Umgang mit Macht.

Was für mich vom biblischen Befund her klar ist: Gott baut seine Gemeinde durch jeden Einzelnen **und** durch berufene Leiterschaft. Leiterschaft ist ein biblisches Prinzip. Sie braucht Vertrauen und Entscheidungskompetenzen, aber sie muss auch Transparenz schaffen und die Gemeinde so gut wie möglich an Prozessen partizipieren lassen. Entscheidend für einen segensreichen Dienst von Leiterschaft ist vor allem eines: Das Herz des Leiters! Darauf legt Jesus den Fokus.

Begabung und Berufung haben absolut ihren Stellenwert. Aber entscheidend ist das Herz des Leiters. Ein Herz, das mit dem Herzen Jesu in Einklang bzw. synchronisiert ist.

Wie ist das Herz Jesu? Kurz vor seinem Tod am Kreuz vollzieht Jesus an seinen Jüngern eine tiefgehende prophetische Handlung. Er wäscht ihnen die Füße (vgl. Johannes 13,1-17). Jesus bindet sich die Schürze um und tut das, was sonst ein Diener bzw. ein Sklave tut. Petrus bringt das nicht zusammen: Jesus, der Rabbi und Messias, dient auf diese Weise?! „Jesus, nein tu es nicht!", ruft er aus (vgl. Johannes 13,8). Doch Jesus sagt klipp und klar: *„Ein Beispiel habe ich euch gegeben, dass auch ihr tut, wie ich euch getan habe"* (Johannes 13,15). Es geht um ein gegenseitiges Dienen, aber nicht nur um das bloße Tun, sondern die eigentliche Motivation ist ein dienendes Herz, das für den anderen nur das Gute im Sinn hat. Als seine Jünger darüber streiten, wer mal im Himmelreich der Größte sein wird, da weist Jesus sie zurecht und gibt ihnen eine ganz andere Ausrichtung:

... wenn jemand unter euch groß werden will, wird er euer Diener sein, und wenn jemand unter euch der Erste sein will, wird er euer Sklave sein; so wie der Sohn des Menschen nicht gekommen ist, um bedient zu werden, sondern um zu dienen und sein Leben zu geben als Lösegeld für viele (Matthäus 20,26-28).

Jesu Herz war ein Herz der Hingabe und des Dienens. Es geht nicht darum, ein Erfüller der Erwartungen und Bedürfnisse anderer zu sein; es geht vielmehr um eine Haltung, die sich nicht auf Kosten anderer positioniert, sondern dem anderen ein echter Segen ist. Diese Herzenshaltung ist nicht nur für Leiter wichtig, sondern für jeden Nachfolger Jesu von absoluter Bedeutung (lies dazu Philipper 2,1-11). Die Jünger durften drei Jahre lang mit Jesus unterwegs sein und konnten vieles von ihm lernen. Jüngerschaft heißt: Lernen von Jesus. Lernen von seinen Lehren, seinem Tun, seinem Umgang mit Menschen und mit seinem Vater im Himmel und vieles mehr. Nur an einer Stelle in den Evangelien sagt Jesus explizit „Lernt von mir!" Was sollen wir von ihm lernen?

Nehmt auf euch mein Joch, und lernt von mir! Denn ich bin sanftmütig und von Herzen demütig, und ihr werdet Ruhe finden für eure Seelen; denn mein Joch ist sanft und meine Last ist leicht (Matthäus 11,29-30).

Nachfolge schließt auch herausfordernde Zeiten mit ein. Hier können wir von Jesus lernen.

Aber im Zentrum seiner Aussage steht ein „Ich bin"-Wort. Wie ist er? Sanftmütig und von Herzen demütig. Es gibt einige sogenannte Ich-bin-Worte Jesu in den Evangelien. Aber hier spricht er von seinem innersten Wesen, von seinem Herzen: Ein Herz voller Sanftmut und Demut. Das muss unsere Aufmerksamkeit wecken! Diese Herzensbeschaffenheit hat etwas mit unseren Herzen zu tun.

Was Sanftmut und Demut nicht sind: Harmlosigkeit! Es ist keine Haltung, die einfach alles laufen lässt und aufgrund von einem übersteigerten Harmoniebedürfnis ins Schweigen verfällt. So war Jesus nicht. Sanftmut ist eine Haltung, die Menschen nicht abqualifiziert, sondern ihnen in Wertschätzung und Liebe begegnet. Sanftmut ist ein kraftvolles Erbarmen, gepaart mit Herzensweite.

Das Gegenteil von Demut ist Hochmut. Ein Herz, das sich in Unabhängigkeit verliert und meint, alles selbst im Griff zu haben, verbunden mit einem Herabsehen auf andere, die es scheinbar nicht so gut hinbekommen. Diese Haltung ist so weit weg vom Herzen Jesu. Er wusste um seine beständige Abhängigkeit vom Vater im Himmel. Er ordnete sich dem Willen Gottes unter (vgl. sein Gebetskampf im Garten Gethsemane) und stellte sich nie über andere Menschen. Genau diese Herzenshaltung eröffnete es denjenigen, die sich am Rande der damaligen Gesellschaft befanden, sich aufzumachen und bei diesem Jesus Hoffnung und Heil zu erfahren. Der Eingangsvers zu dem genialen Kapitel 15 im Lukasevangelium lautet: *„Es nahten sich aber zu ihm alle Zöllner und Sünder, um ihn zu hören …“* (Lukas 15,1). Was muss vom Herzen Jesu ausgegangen sein, dass diese Menschen keinen Bogen um ihn machten, sondern sich ihm nahten und ihm zuhörten? Es war sein Herz voller Sanftmut und Demut, das nicht richtete und beschämte.

Das Dienen mit einem sanftmütigen und demütigen Herzen hat eine enorme Veränderungskraft. Wir brauchen als Gemeinden eine mutige Leiterschaft, die sich in der biblischen Art von Demut vor Gott bewegt. Das mit der Demut ist eine bedeutende Sache, sonst würden nicht Jakobus und Petrus in ihren Briefen Folgendes äußern:

> *Gott widersteht den Hochmütigen, den Demütigen aber gibt er Gnade* (Jakobus 4,6; 1. Petrus 5,5).

Echte Demut, nicht eine falsch verstandene Demut in Form von Minderwertigkeit, ist der Schlüssel, um die Gnade Gottes voll und ganz zu erfahren. Wollen wir von diesem Herzen der Sanftmut und Demut lernen? Jesus wartet darauf, unser Herz mit seinem Herzen in diesem Sinne zu synchronisieren.

Kapitel 21

Ein Herz der Freude

Es war Sonntag, der 13. Juli 2014. Ungefähr 300 Menschen, viele bunt bemalt in den Deutschland-Farben Schwarz-Rot-Gold, hatten sich in unserem Gemeindezentrum versammelt. Das Finale der Fußball-Weltmeisterschaft zwischen Deutschland und Argentinien stand an, und wir übertrugen dieses Spiel auf Großleinwand. Es herrschte eine geniale Stimmung an diesem Sommertag, bei Köstlichkeiten vom Grill. Es sollte ein denkwürdiger Abend werden. In der Verlängerung erzielte Mario Götze das entscheidende Tor und somit wurde Deutschland zum vierten Mal Fußballweltmeister. Nach dem Abpfiff lagen sich Jung und Alt in den Armen und wir feierten diesen WM-Titel. Freude pur machte sich breit, und überall auf Deutschlands Straßen wurde dieses Ereignis ausgiebig gefeiert.

Nachdem wir in unserer Gemeinde gegen Mitternacht alles aufgeräumt hatten, ging ich auch noch in die Stadt zum „Weiterfeiern“. Erstaunlich, mit wie vielen Menschen ich in dieser Nacht in den Armen lag. Als ich nach Hause kam, war meine Stimme im Eimer und ich war froh, dass der nächste Tag ein pastorenfreier Montag war. Was für eine Freude hatte sich da Bahn gebrochen! Keine Spur von der „deutschen Zurückhaltung“.

Wir alle wissen, dass unser Leben nicht nur aus „Friede, Freude, Eierkuchen“ besteht. Es gibt harte Zeiten, und doch: Freude heißt Lebensqualität. Echte Freude kommt aus dem Herzen Gottes und soll sich auch in unserem Herzen niederschlagen. Evangelium, so nennen wir doch die Zusammenfassung unseres Glaubens. Und Evangelium heißt „frohe Botschaft“[1], eine Botschaft, die Freude auslösen soll. Über Jahrhunderte hinweg hat sich das Christentum vor allem mit folgenden Dingen beschäftigt: Sünden bekennen und bereuen, Buße tun, Fasten üben und ernsthafte Heiligung. Freude und Glaube waren selten zusammen anzutreffen. Kirche verbindet man zum Teil bis heute mit einer stillen Ernsthaftigkeit, in der Freude keinen Raum hat, geschweige denn ein Lachen.

Freude ist nicht zu verwechseln mit einem oberflächlichen Spaßhaben, sondern mit einem Herzen, das immer wieder eines erkennt: „Ich bin beschenkt von meinem Gott!“ Der katholische Priester Vinzenz Pallotti schrieb vor ca. 200 Jahren: „Durch ein heiteres und frohes Gesicht können wir beweisen, dass die Nachfolge Christi unser Leben mit Freude erfüllt. Heilige Heiterkeit und geistliche Freude sind kostbare Früchte des Heiligen Geistes.“[2] Er bezieht sich auf die Aufzählung in Galater 5,22. Paulus zählt neun Kennzeichen des Wirkens des Heiligen Geistes auf. Die Freude wird an zweiter Stelle erwähnt.

Es geht um eine Spiritualität der Lebensfreude, die im Glauben an Jesus gegründet ist. Diese Spiritualität erhält in uns eine gewisse Leichtigkeit auch in schwierigen Zeiten.

Wie das konkret aussehen kann, dafür gibt uns Paulus ein geniales Beispiel in seinem Brief an die Gemeinde in Philippi. Er, der so voller Elan ist und sich für die Ausbreitung des Reiches Gottes einsetzt, ist ausgeschaltet. Er sitzt im Gefängnis, und

[1] „Evangelium“ zu biblischen Zeiten war die Botschaft eines vom Schlachtfeld Zurückgekommenen, der den Sieg und den jetzigen Frieden verkündigte. Oder es war die Botschaft, dass ein zukünftiger König geboren wurde. In Jesaja 52,7 ist der Grund für das Evangelium folgender: Gott herrscht als König. Folge der „frohen Botschaft“ war immer eine große Freude im Volk.

[2] vgl. Zitat auf folgender Homepage: www.pallottiner-freising.de/?month=201902

es ist noch offen, wie es mit ihm weitergeht, d. h. ob er lebend wieder aus der Situation herauskommt. Neben allen ernsthaften Ermahnungen ist der Brief durchzogen von einer tiefen Freude, die in Paulus ist. Selbst sein augenblickliches Leiden ist eingehüllt in Freude (vgl. Philipper 2,18). Es ist ihm solch ein Anliegen, dass die Gläubigen sich ihrer Freude nicht berauben lassen. Daher der doppelte Aufruf: *„Freut euch im Herrn allezeit! Wiederum will ich sagen: Freut euch!“* (Philipper 4,4).

Ich habe die Vermutung, dass wir uns Gott viel zu ernsthaft vorstellen. Ja, er ist ein Gott, vor dem wir Ehrfurcht haben, ein Gott voller Heiligkeit. In diese Heiligkeit ist aber auch Freude eingebettet. Als er diese Welt erschuf und nach dem sechsten Schöpfungstag ausrief: „Sehr gut!“ (vgl. 1. Mose 1,31), da war das sicher keine emotionslose, sachliche Beschreibung. Nein, sein Herz war voller Freude über die Schönheit der Schöpfung und vor allem über sein Gegenüber namens „Mensch“! Es war ein Ausruf der Freude, ähnlich wie beim Heimkommen des „verlorenen Sohnes“. In dem Gleichnis in Lukas 15 offenbart Jesus so viel über das Herz des Vaters. Als er seinen vom Leben gezeichneten Sohn herannahen sah, da hüpfte sein Herz vor Freude, sodass er losrannte und ihn, so fest er konnte, umarmte. Danach schmiss er eine riesige Party voller Freude über seinen Sohn.

In den drei Jahren mit seinen Jüngern durchlebte Jesus so manche Herausforderung. Es gab Situationen, in denen er unter Druck stand, und auch solche, in denen er sich über seine Jünger aufregte. Und doch: Ich glaube, Jesus hatte mit seinen Jüngern auch richtig Spaß und es gab viel zu lachen. Kannst du dir das vorstellen: Ein Lagerfeuer mit Männern, die sich lustige Geschichten erzählen und Jesus mittendrin? 😊

Jesus wurde in der Kunst auf vielerlei Weise dargestellt. Selten jedoch als fröhlicher und lachender Mann. Vor drei Jahren entdeckte ich ein Poster bei einem Bekannten, auf dem ein lachender Jesus abgebildet war. Mich hat dieses Bild enorm angesprochen, war es doch ein Ausdruck von gelöster

Lebensfreude. In dem Gebet, das Jesus kurz vor seiner Passion gebetet hat, ist ihm neben manchem anderen eines enorm wichtig: Die Freude! Er betet:

> *Jetzt aber komme ich zu dir; und dieses rede ich in der Welt, damit sie meine Freude völlig in sich haben* (Johannes 17,13).

Dieselbe Freude, die in Jesus ist, soll sich auch in seinen Nachfolgern einnisten (vgl. dazu auch Johannes 15,11). Ist dieses Gebet erhört worden? Ich denke, dass die Wirkungskraft dieses Gebetes noch „Luft nach oben" hat.

Freude kann man nicht einfach verordnen. Und dennoch: Freude ist der Ausfluss eines Lebensstils des sich Bewusstmachens, was uns geschenkt worden ist. Auf der Rückreise von dem Besuch der *Bethel Church* in Redding machten wir (unser Jugendpastor und ich) einen Abstecher in die Stadt Sacramento. Wir verbrachten den Abend in „Old Sacramento", das noch im Westernstil aufgebaut ist. Als uns Hunger überfiel, gingen wir in ein Restaurant, und was ich dort erlebte, lässt mir heute noch das Wasser im Munde zusammenlaufen. Ich aß dort das weltbeste Steak! Es war eine pure Freude, dieses saftige, genial gebratene Steak zu verzehren. Wie schön kann das Leben sein! Entdecken wir doch wieder ganz neu, wie reich wir beschenkt sind und lassen dadurch Freude in unseren Herzensraum strömen.

Nun weiß ich, dass unser Leben nicht ständig aus „Steak-Zeiten" besteht. Doch die größte Ursache für Freude besteht nicht in unseren Umständen, sondern in dem, wer unser Gott ist. Der Prophet Jesaja ruft aus:

> *Freuen, ja freuen will ich mich in dem Herrn! Jubeln soll meine Seele in Gott! Denn er hat mich bekleidet mit Kleidern des Heils, den Mantel der Gerechtigkeit mir umgetan, wie der Bräutigam sich nach Priesterart mit dem Kopfschmuck und wie die Braut sich mit ihrem Geschmeide schmückt* (Jesaja 61,10).

Unsere Freude ist begründet in dem, wer unser Gott ist und was uns in ihm geschenkt ist. Sich mit ihm und seinen Segnungen zu beschäftigen, ist eine nie versiegende Quelle der Freude. Wenn Freude in unserem Herzen keinen Raum mehr hat, dann verliert unser Leben die Kraft des Himmels. Dort, wo Menschen mit dem Heiligen Geist erfüllt werden, dort erleben sie auch eine himmlische Dusche mit Freude (vgl. Apostelgeschichte 13,52).

Unsere Freude ist begründet in dem, wer unser Gott ist und was uns in ihm geschenkt ist.

Im Buch Esra wird von einem Ereignis berichtet, das Auslöser für eine tiefgreifende und ausgelassene Freude wurde. Das Volk Israel kehrte aus der langen Gefangenschaft zurück und baute unter widrigen Umständen den Tempel wieder auf. Schon nachdem das Fundament gelegt worden war, begann das Volk mit einer Lobpreis-Session, die es in sich hatte. Mit Instrumenten und lauten Stimmen priesen sie ihren Gott, und immer wieder wird berichtet, dass sie aus voller Kraft jauchzten. In das Jauchzen mischten sich auch Tränen – Tränen der Freude über diesen Neuanfang. Der Bericht endet mit folgender Beschreibung:

> *Das Volk jauchzte mit gewaltigem Jauchzen, sodass die Stimme bis in die Ferne gehört wurde* (Esra 3,13).

Wow! Sind unsere Kirchen und Gemeinden als Ort des Jauchzens bekannt? Als Orte der ausgelassenen Freude? Sehnen wir uns nach dieser Freude in unserem Herzen? Sehnst du dich nach echter Freude? Erkenne die Freude in dem Herzen Gottes, die er über dich hat. Warum nur denken wir, dass Gott nie zufrieden mit uns ist. Ja, er will Dinge in unserem Leben verändern, aber er freut sich als unser Vater an uns.

Als ich am 13.4.2014 mit meinem ältesten Sohn Tobias im Taufwasser stand und er sich von mir taufen ließ, da wäre mein Herz fast zersprungen vor Freude und Stolz. Wie viel größer ist das Herz unseres himmlischen Papas? Es fließt über vor Freude und er ist stolz auf uns. In Gottes Herzen ist Freude in Fülle, und dieses Herz will sich mit unserem Herzen synchronisieren. Er will uns offenbaren, wie sein Herz uns gegenüber positioniert ist und wie er über uns denkt. Möge die Freude des Herrn und die Freude am Herrn unsere Kraft werden. Lassen wir es nicht länger zu, dass diese Freude uns entzogen wird, indem wir unser Bewusstsein über das Wesen Gottes vernebeln lassen. Ich glaube, wir brauchen eine Reformation der Freude in unseren Herzen und in der Gemeinde Jesu. Wir haben Grund genug, in den Psalm 95 mit einzustimmen:

> *Kommt, lasst uns dem Herrn zujubeln, lasst uns zujauchzen dem Fels unseres Heils! Lasst uns vor sein Angesicht treten mit Dank! Lasst uns mit Psalmen ihm zujauchzen!* (Psalm 95,1-2).

Lobpreis und Anbetung sind Schlüssel für die Freisetzung von neuer Freude in unseren Herzen. Unser Gott ist die Quelle aller Freude. Möge diese Freude an ihm und am Leben selbst ganz neu unsere Herzen durchströmen und verändern. Vor seinem Angesicht ist die Fülle von Freuden (vgl. Psalm 16,11). Ihn anzuschauen setzt Freude frei. Halleluja!

Kapitel 22

Ein Herz der Großzügigkeit

Vor einigen Jahren erlebten wir einen besonders krassen Gottesdienst, der viele im Nachgang noch stark bewegte. Wir hatten als Prediger den Leiter der Vineyard-Bewegung im deutschsprachigen Raum, Martin Bühlmann, zu Gast. Wer Martin kennt, der weiß um seine Leidenschaft für das Reich Gottes und um seine manchmal unkonventionelle, herausfordernde Art. Er predigte an dem Sonntag über Großzügigkeit.

Ich erinnere mich nicht mehr im Einzelnen an den Predigttext. Aber Martin machte deutlich, wie voll das Herz Gottes mit Großzügigkeit ist. Eine Großzügigkeit, die ihren Ursprung in seiner unermesslichen Liebe zu uns hat. Als er an das Ende seiner Predigt gekommen war, dachten wir alle, dass nun ein Lied gespielt werde (so wie es im Programm stand). Doch Martin hatte einen anderen Impuls. Sinngemäß sagte er: „Wir wollen die Predigt gleich praktisch umsetzen." Er fragte, ob es Menschen im Raum gebe, die unter einer finanziellen Not litten. Diese sollten jetzt mal nach vorne kommen.

Es kamen drei Frauen nach vorne, die ich gut kannte. Die eine war eine alleinerziehende Mutter, die sich gerade selbstständig machen wollte. Außerdem eine Frau, verheiratet, und sie hatte zwei Kinder. Die Familie kämpfte schon seit längerem mit finanziellen Problemen. Wir als Gemeinde hatten sie auch schon über unseren Sozialfonds unterstützt. Und schließlich noch eine jüngere Frau, die in einer Wohngruppe für psychisch Kranke lebte. Sie trug immer alte Klamotten und musste wohl sehr mit ihren Finanzen haushalten.

Nun standen dieses drei Frauen vorne an der Bühne. Martin gab ihnen eine Plastiktüte in die Hand. Keine von ihnen musste irgendetwas sagen. Martin forderte nun die Gemeinde auf (wir waren ca. 350 Gottesdienstbesucher), Großzügigkeit konkret werden zu lassen. Das hieß, dass wir nach vorne kommen und Geld in die Tüten legen sollten. Jeder könne prüfen, was er gebe und wem er es geben mochte. Dann begann die Band zu spielen. Nach einer kurzen Zeit der Ruhe (oder auch Schockstarre) erhoben sich nach und nach Menschen und legten Geld in die Tüten ein. Es war solch ein Flow, eine spürbare Gegenwart Gottes, wie ich sie bis dahin selten in einem Gottesdienst erlebt hatte. Die Tüten füllten sich, Tränen flossen und die drei Frauen wurden reich gesegnet. Wir als Leitung überlegten uns, ob wir unsere übliche Sonntagskollekte ausfallen lassen sollten. Aber wir entschieden uns, dennoch eine Kollekte für die Gemeinde einzusammeln. Und siehe da: Obwohl die drei Frauen mit viel beschenkt worden waren, war die Kollekte an diesem Sonntag nicht wesentlich geringer als sonst.

Ich weiß: Man kann darüber diskutieren, ob Martins Vorgehensweise in Bezug auf seelsorgerliche Aspekte richtig war, denn die drei Frauen outeten sich ja mit ihren Finanzsorgen vor der Gemeinde. Es gab dahingehend auch manche Kritik. Ich verstehe diese Sichtweise, und doch kann ich eines bezeugen: In dem Gottesdienst, als die Menschen nach vorne strömten, wehte der Geist Gottes, der Geist der Großzügigkeit, durch unseren Gottesdienstsaal. Es war wie eine Freisetzung zum freudigen Loslassen.

Gottes Herz ist ein Herz der Großzügigkeit. Woran das sichtbar wird? Schau dir seine Schöpfung an. Welch eine Großzügigkeit liegt überall in der Natur! Nichts in seiner Schöpfung ist nur „quadratisch und praktisch", sondern sie ist durchzogen von verschwenderischer Großzügigkeit. Paulus beschreibt die Großzügigkeit Gottes folgendermaßen:

> *Er, der doch seinen eigenen Sohn nicht verschont, sondern ihn für uns alle hingegeben hat – wie wird er uns mit ihm nicht auch alles schenken?* (Römer 8,32).

Die Sendung, die Hingabe seines Sohnes ist das stärkste Zeichen göttlicher Liebe und Großzügigkeit. Gott hält nichts zurück, sondern er verschenkt sich an uns. Das ist sein Herz.

Das menschliche Herz ist oft so anders: Es hält zurück, es rafft gierig und hat Angst, selbst zu kurz zu kommen. Wir haben fünf geniale Kinder, von denen drei bereits erwachsen sind. Bei besonders leckeren Mahlzeiten achtete jeder darauf, dass alles genau aufgeteilt wurde. Denn jeder hatte die Sorge, zu kurz zu kommen. Es ist gut, gerecht zu teilen, und doch ist dieses Verhalten auch ein Ausdruck, dass uns die Großzügigkeit nicht in die Wiege gelegt worden ist.

Gottes Herz ist ein Herz, das gerne schenkt. David sagt in Psalm 23, dass Gott ihm einen Tisch im Angesicht seiner Feinde bereitet und ihm voll einschenkt (vgl. Psalm 23,5). Wenn Gott das Weinglas füllt, dann eben nicht nur halbvoll, sondern überfließend. Mich bewegt dies, wenn ich hin und wieder an einem Freitagabend Sabbat feiere. Ein Ritual bei der Sabbatfeier ist, ein Weinglas so zu füllen, dass es überläuft. Dies ist ein Zeichen des überfließenden Segens Gottes. Gott ist weder knausrig noch sparsam, sondern er teilt gerne aus. Warum? Weil in ihm die Fülle ist. Er ist eine nie endende Quelle von Leben und Segen. Er hat Freude daran, großzügig zu sein. Schau dir nur die Schöpfung an. Diese Vielfalt und Schönheit zeugen von der Großzügigkeit des Schöpfers.

Immer wieder berichtet die Bibel von Situationen, in denen Menschen vom Geist der Großzügigkeit bewegt wurden. Als David dazu aufrief, für den Bau eines Tempels zu sammeln, da bekam das Ganze eine enorme Dynamik (vgl. 1. Chronik 29,1-9). David ging mit gutem Beispiel voran und spendete sehr viel. Dies ermutigte auch die anderen Leiter, freigiebig zu sein. Wir lesen in Vers 9: *„Und das Volk freute sich über ihre Bereitwilligkeit, denn mit ungeteiltem Herzen zeigten sie sich* *bereitwillig für den Herrn; und auch der König David freute sich mit großer Freude.“*

Die Frucht echter Großzügigkeit ist Freude. Damals die Freude darüber, am Bau des Tempels mitzuwirken. Freude darüber, Segen freizusetzen. In ähnlicher Weise lesen wir es bei Mose, als er die Stiftshütte herstellen ließ. Auch hier brachten die Menschen viele Gaben. Sogar so viel, dass die Verantwortlichen einen „Spenden-Stopp“ ausrufen mussten (vgl. 2. Mose 36,5).

Das Gegenteil von Großzügigkeit ist Gier. Und Gier ist immer der Ausdruck eines Herzens, das Angst hat, zu wenig zu haben. Gier bzw. Habsucht steht auf derselben Ebene wie Unzucht (vgl. Epheser 5,3). Sie zerstört Gemeinschaft und ist eine Frucht von mangelndem Vertrauen in Gottes Versorgung. Eine der ersten Auswirkungen der Erfüllung mit dem Heiligen Geist war die Großzügigkeit. Die erste Gemeinde öffnete ihr Herz für die Bedürftigen. Es wurde Geld zusammengelegt und jeder hatte genug (vgl. Apostelgeschichte 2,44 f.). Paulus fasst es so zusammen:

> *Jeder gebe, wie er sich in seinem Herzen vorgenommen hat: nicht mit Verdruss oder aus Zwang, denn einen fröhlichen Geber liebt Gott. Gott aber vermag euch jede Gnade überreichlich zu geben, damit ihr in allem allezeit alle Genüge habt und überreich seid zu jedem guten Werk …* (2. Korinther 9,7-8).

Wow, was für eine Aussage! Gottes Großzügigkeit befähigt uns, selbst großzügig zu geben. Wir geben nie aus einem Mangel heraus, sondern als Beschenkte.

Ich glaube, Großzügigkeit bezieht sich nicht nur auf die materielle Ebene. Auch Investitionen von Zeit, Kraft und Kreativität sind ein Ausfluss eines großzügigen Herzes, das sich gerne verschenkt. Verschwenderisch und nicht berechnend, das ist die Herzenshaltung im Reich Gottes. Deshalb ist Jesus so berührt von Maria, als sie ihn mit diesem kostbaren Nardenöl salbt (vgl. Johannes 12,3). Ein von tiefer Liebe motiviertes Herz berechnet nicht, sondern verschenkt sich in verschwenderischer Großzügigkeit.

Einer meiner wenig liebsamen Aufgaben als Pastor ist es, mit Gemeindemitgliedern zu sprechen, die sich überhaupt nicht am Finanzhaushalt der Gemeinde beteiligen. Mir ist es dabei ein Anliegen, nicht nur an ihre Mitverantwortung zu appellieren, sondern ich versuche, ihr Herz zu erreichen. Zuerst will ich verstehen, warum sie nichts in die Gemeinde investieren. Die Gründe hierfür sind sehr vielfältig, und doch: Ein Grund besteht darin, dass die Herzen hinsichtlich Großzügigkeit nicht transformiert worden sind. Das sind Herzen, die kein Verständnis für den unermesslichen Segen Gottes haben, aus dem sie schöpfen dürfen. So viel ist im Reich Gottes blockiert, weil Gläubige noch keine innere Freisetzung zur Großzügigkeit erlebt haben. Wie viele Gemeinden und Werke sind in ihrem Wirken begrenzt, weil Menschen im wahrsten Sinne des Wortes „zurück-haltend“ sind. Unsere Herzen brauchen eine Freisetzung zur Großzügigkeit. Lasst uns erkennen, wie reich unser Vater im Himmel ist, und wie wir aus seinem Reichtum leben dürfen. Eine Synchronisierung unseres Herzens mit seinem Herzen würde unser eigenes Leben, unsere Gemeinden und unser gesellschaftliches Miteinander enorm verändern.

Ein von tiefer Liebe motiviertes Herz berechnet nicht, sondern verschenkt sich in verschwenderischer Großzügigkeit.

Kapitel 23

Ein Herz der Hoffnung

„Hoffnung ist der feste Glaube daran, dass das letzte Wort noch nicht gesprochen ist.“ Ich weiß nicht mehr, wo ich dieses Zitat aufgeschnappt habe. Es fasst für mich auf wunderbare Weise zusammen, was Hoffnung bedeutet. Es ist die Zuversicht, dass Veränderung möglich ist. Auch angesichts der Endgültigkeit des Todes gilt dieser Satz. Denn: Der Tod hat nicht das letzte Wort, sondern das Leben. Im Sommer 2021 war in den sozialen Medien viel von Philipp Mickenbecker zu lesen. Philipp war ein junger Mann im Alter von 23 Jahren, der an einer Krebserkrankung verstarb. Zusammen mit seinem Zwillingsbruder Johannes hatte er den YouTube-Kanal „The Real Life Guys“ begründet. Sie ermutigten ihre Generation dazu, sich nicht nur in der virtuellen Welt aufzuhalten, sondern das reale Leben neu zu entdecken. Die Zwillingsbrüder bastelten verrückte Dinge, wie z.B. eine Drohne aus einer Badewanne. Ihr YouTube-Kanal hat über 1,3 Millionen Follower und gehört zu den bekanntesten in ganz Deutschland.

Im Oktober 2020 hatte Philipp seine Krebserkrankung öffentlich gemacht. Die Ärzte gaben ihm noch maximal zwei Monate zu leben. In den sozialen Medien und in vielen Talkshows sprach er über seine Krankheit und wie er damit umgeht. Er redete auch ganz offen über seinen Glauben an Jesus Christus. Er wusste sich in Jesus geborgen, und dieser Jesus war seine Hoffnung. Ja, Philipp hoffte gesund zu werden, aber er sagte auch: „Egal was kommt, ich bin in seiner Hand.“ Durch seine authentische Art hat er viele Menschen ermutigt und sie auf den hingewiesen, von dem alle Hoffnung ausgeht.

Seine Freunde berichten, dass er in seiner Todesstunde ein Lächeln auf dem Gesicht hatte und im Frieden gehen konnte. Am Abend als Philipp starb, ließ sich ein sehr enger Freund von ihm taufen. Die Bilder davon waren bewegend. Auch die ganze Trauerfeier war ein Feuerwerk der Hoffnung. Der Schmerz ist bei der Familie und den Freunden groß, und dennoch: Hoffnung erhob sich über diese Trauerfeier.

Hoffnung ist weit mehr als Optimismus. Hoffnung ist eine feste Zuversicht, die sich in der Güte und Treue Gottes gründet. Paulus drückt es so aus:

> *Der Gott der Hoffnung aber erfülle euch mit aller Freude und allem Frieden im Glauben, damit ihr überreich seid in der Hoffnung durch die Kraft des Heiligen Geistes* (Römer 15,13).

Weil Gott ein Gott der Hoffnung ist, sollen auch wir mit Hoffnung erfüllt sein! Gottes Herz ist ein Herz der Hoffnung. Er ist nie überrascht und ratlos, sondern weiß immer einen Weg zum Leben, zum Heil. Wie viele Christen sind mehr als Bedenkenträger bekannt, anstatt als Hoffnungsträger? Dabei geht es nicht darum, alles rosarot zu sehen, sondern aus einem tiefen Vertrauen zu Gott der Zuversicht Raum zu geben. Von was ist unser Herz erfüllt? Von Hoffnung oder von Resignation? Wir alle wissen um die Kraft der Hoffnung. Hoffnungsvolle Menschen gehen Wagnisse ein und haben die Chance, ganz neue Erfahrungen zu machen. Resignative Menschen ziehen sich zurück und bleiben in der Enge ihres bisherigen Erlebens stecken.

Die Bibel ist voller Geschichten, in denen Gott Menschen aus Resignation herausholt und sie mit seiner Hoffnung berührt. Als Josua in Moses Fußstapfen treten soll, hat er weiche Knie. Gott spricht ihm zu:

> *Ich sage dir: Sei stark und mutig! Hab keine Angst und verzweifle nicht. Denn ich, der Herr, dein Gott, bin bei dir, wohin du auch gehst* (Josua 1,9 NLB).

Diese Zusage setzte in Josuas Herz Hoffnung frei.

Bei Gideon war es ähnlich. Voller Resignation drischt er im Verborgenen seinen Weizen. Die Feinde sind stark und man muss ja irgendwie schauen, wie man durchkommt. An Veränderung glaubt niemand. Doch Gott spricht ihn an; und durch das Gespräch und gewisse Zeichen keimt in Gideon Hoffnung auf. Er lässt sich auf Gottes Zusagen ein und wird so zum Befreier seines Volkes (nachzulesen in Richter 6–8).

Diese Welt braucht Hoffnungsträger. Und wir als Kinder Gottes sind genau dazu berufen.

Jesus selbst war der Hoffnungsträger in Person. Er traf auf so viele resignierte Menschen. Menschen, die in schwierigen Umständen waren, die sich in den Wirrungen des Lebens verirrt hatten. Einer seiner engsten Begleiter war einer von ihnen: Petrus. Nach der Verleugnung weinte er bitterlich, und die Macht der Selbstanklage und Resignation machte sich in ihm breit. Es ist so genial, nachzulesen, wie der auferstandene Jesus sich dieses Jüngers annahm und ihn Schicht um Schicht von Resignation befreite. So pflanzte Jesus in das Herz des Petrus Hoffnung hinein und sprach ihm eine neue Berufung zu (vgl. Johannes 21,15-23).

Diese Welt braucht Hoffnungsträger. Und wir als Kinder Gottes sind genau dazu berufen. Nach dem Tod meines Vaters im Winter 2010 ging ich für ein paar Tage in ein Kloster. Ich wollte allein sein mit meinem Gott und das Erlebte mit ihm bewegen. Auf dem Klostergelände ist eine kleine Kapelle mit einer Marienskulptur. Maria hält ihren toten Sohn in ihren Armen. Ich saß dort und betrachtete die Szene. Plötzlich kam ein Lichtstrahl durch ein Fenster und beleuchtete die Skulptur, die bisher im Dunkeln gelegen hatte. Für mich war das ein Zeichen: Selbst in den Raum des Todes bricht sich das Licht der Hoffnung Bahn.

In diesen Klostertagen machte ich noch eine ähnliche Erfahrung. Ich spazierte durch den verschneiten Wald. Ein kleiner Waldweg eröffnete sich, auf dem einige abgefallene Äste lagen. Genau in diesen Waldweg hinein schien die Morgensonne. Es war ein wunderbares, fast schon mystisches Licht, und ich stand dort und dachte: „So muss wohl der Übergang in die Ewigkeit sein. Ein Licht empfängt einen – ein Licht der Hoffnung." Diese beiden Lichterfahrungen haben mich in meiner Trauerbewältigung nach dem Tod meines Vaters enorm ermutigt.

Synchronisierung mit dem Herzen Gottes beinhaltet ein Überschwappen der Hoffnung vom Herzen Gottes in mein Herz hinein. Das führt nicht zu einem „Triumphalismus", der immer über allem steht. Aber es führt zu einem Lebensstil, in dem man sich nicht resignierend einigelt, sondern das Leben im Aufblick auf Jesus proaktiv gestaltet. Um mit Martin Luther zu sprechen: „Wenn ich wüsste, dass morgen die Welt unterginge, würde ich heute noch ein Apfelbäumchen pflanzen."[1]

[1] Vgl. www.luther2017.de/martin-luther/geschichte-geschichten/luther-und-das-apfelbaeumchen/index.html.

Kapitel 24

Ein schöpferisches Herz

„Bereschit bara Elohim ...“ – das sind die ersten Worte der Bibel. *„Am Anfang schuf Gott ...“* (1. Mose 1,1 NLB), so lautet die deutsche Übersetzung. Das Allererste, was von Gott berichtet wird, ist, dass er „schuf“. Dass er Neues hervorbringt. Dass er Leben ins Dasein ruft. Die Erschaffung von Himmel und Erde war nicht eine einmalige Handlung, um alles in Gang zu bringen, sondern sie drückt aus, was das Herz Gottes ausmacht. Er liebt es, Neues zu schaffen, und das ist bis heute so. Es ist sein Wesen. Woher ich das weiß? Im vorletzten Kapitel der Bibel spricht der, der auf dem Thron sitzt, Christus:

> *Siehe, ich mache alles neu* (Offenbarung 21,5).

Das ist der große Bogen des Schöpfungshandelns Gottes. Die Erde ist voll von seiner Schönheit und Kreativität. Jeder Mensch zeugt von Gottes unendlicher Vielfalt.

Durch den Propheten Jesaja ruft Gott aus:

> *Siehe, ich wirke Neues. Jetzt sprosst es auf. Erkennt ihr es denn nicht?* (Jesaja 43,19).

In Kreativität Neues hervorzubringen, das ist Gottes beständiges Wirken. Jede Geburt eines Babys zeugt davon. Und was das Geniale ist: Gott hat uns als Menschen berufen, an seinem Wirken teilzuhaben. In uns ist Kreativität hineingelegt – die Fähigkeit, Neues hervorzubringen. Als der dreieinige Gott diese wunderbare Welt geschaffen hatte, lautete das Fazit: *„... siehe, es war sehr gut“* (1. Mose 1,31). Dies bezeichnet zwar eine Art von „Vollkommenheit“, aber nicht in der Weise, dass dieser Vollkommenheit nichts hinzugefügt werden könnte. Denn Gott wählt den Menschen aus, diese vollkommene Schöpfung zu bebauen, zu bewahren und (in verantwortlicher Weise) über sie zu herrschen (vgl. 1. Mose 1,28 und 2,15).

Gott beteiligt den Menschen an seinem kreativen Handeln. Bezalel ist der erste Mensch, von dem berichtet wird, dass er mit Gottes Geist erfüllt wurde (vgl. 2. Mose 31,3). Wofür? Für jedes Kunsthandwerk und im Umgang mit verschiedenen Materialien zur Herstellung der Stiftshütte.

In unserer Gemeinde ist eine Frau, die es liebt, sich künstlerisch auszudrücken. Vor einiger Zeit realisierte sie ihr erstes Großprojekt. Sie bemalte eine große Wand, nicht bei sich zu Hause, sondern in dem Friseursalon, in dem sie seit vielen Jahren Kundin ist. Sie konnte die Besitzerin von ihrem Projekt begeistern, und es entstand ein wundervolles, inspirierendes Bild mit tanzenden, anbetenden Menschen. Das Zentrum des Bildes ist ein Art Lichtstrudel, auf den alles hinausläuft. Seit der Vernissage zu diesem Bild ist dieser Friseur auch mein Stammfriseur geworden. Und immer, wenn ich dort bin, staune ich über die Schönheit dieses Bildes, eine Schönheit, die Hoffnung und Kraft ausstrahlt.

Auch wenn nicht jeder ein Künstler im engeren Sinn ist, so sind wir berufen, Leben bzw. Neues hervorzubringen. Dies kann auf unterschiedliche Weise geschehen: durch das praktische Tun, aber vor allem auch durch Worte. So wie Gott durch sein Wort Dinge ins Leben gerufen hat, so dürfen auch wir im Gebet das, was noch nicht ist, in Existenz rufen. Dies ist für mich ein wichtiger Aspekt von Gebet bzw. Fürbitte. Gebet ist nicht, dass ich meinen Gott informieren muss, was er zu tun hat, sondern ich spreche aus, was an Veränderung bzw. Neuschöpfung nötig ist. In unserer Zunge, in unseren Worten ist die Macht von Tod und Leben (vgl. Sprüche 18,21).

Ein wichtiger Schöpfungsakt ist, dass wir Neues „hervorlieben“ dürfen. Was meine ich damit? Die Liebe ist die stärkste Kraft des Universums. Gott selbst ist Liebe. Und ich glaube, dass die Liebe die Kraft ist, die Leben, die Neues hervorbringt. Dort wo die Liebe Raum hat, dort wird Neues aufsprießen. In Epheser 2,6 lesen wir die unglaublichen Worte:

Gott hat uns mitauferweckt und mitsitzen lassen in der Himmelswelt in Christus.

Das heißt, dass wir zusammen mit Jesus schon jetzt in diese Welt hineinregieren können und so mitwirken, dass sein Königreich, das Reich des Lebens, sich immer mehr ausbreitet.

Menschsein heißt, kreativ sein!
Die Ebenbildlichkeit von uns Menschen
drückt sich ganz besonders hierin aus:
In der schöpferischen Kraft, die in uns ist.

Gottes Herz ist ein Herz, das sich immer wieder Neues ausdenkt und Neues hervorbringt, und durch die Synchronisierung mit seinem Herzen wird genau dies auch immer mehr aus unseren Herzen heraussprudeln – bei jedem auf unterschiedliche Weise, aber Neues hervorzubringen, ist keine Fähigkeit für besonders Privilegierte, sondern ist in uns alle hineingelegt. Nur Mut, probiere es aus! Lass aus deinem Herzen das Leben fließen!

Epilog

Nun sind wir am Ende dieses Buches angelangt. Fast – noch nicht ganz. Danke, dass ich mit dir, liebe Leserin und lieber Leser, diese Gedanken teilen durfte. Diese Gedanken und durchlebten Erfahrungen über das Kostbarste im Universum: das Herz unseres Gottes, das Herz des Abba-Vaters, das Herz des Erlösers Jesus und das Herz des Heiligen Geistes. „Offenbare mein Herz", so hörte ich vor Jahren das Reden Gottes zu mir. Dieses Buch soll dazu dienen, diesen göttlichen Herzschlag deutlicher zu vernehmen. Ich habe es an einer anderen Stelle schon einmal gesagt: Niemals kann ein Mensch den vollkommenen Herzschlag Gottes erfassen. Da gibt es immer noch so viel mehr. Dieses Buch ist ein Versuch, dem Herzen Gottes näherzukommen. Und das Geniale: Wenn wir diesem Herzen näherkommen, dann macht das auch etwas mit unserem Herzen.

Wie geschieht denn die Synchronisierung mit dem Herzen Gottes? Auf diese Frage möchte ich noch eingehen. Sie ist entscheidend. Wir fragen uns: Was muss ich tun? Was ist mein Beitrag, damit mein Herz transformiert wird? Meine erste Antwort ist:

- Bleib gelassen!

Die zweite:

- Gott ist der Handelnde, nicht wir sind es.

Der Prophet Jeremia beschreibt, wie Gott ihm den Auftrag gibt, in die Werkstatt eines Töpfers zu gehen (vgl. Jeremia 18,1 ff.). Jeremia schaut einem Töpfer zu, wie er mit dem Ton umgeht und ihn formt. Der Töpfer entscheidet, was er mit dem Ton macht. Wenn man diesen Abschnitt liest, könnte man meinen, dass Gott sehr willkürlich mit dem Ton (hier:

seinem Volk) verfährt. Jedoch durch die ganze Bibel hindurch wird deutlich, dass Gott kein willkürlicher Gott ist, sondern durch und durch von Liebe motiviert ist und nur das eine Ziel hat: Wunderbare Gefäße hervorzubringen. Er formt unsere Herzen in seiner wunderbaren Kreativität. Wir sind Ton in seiner Hand.

Glauben heißt, Gott die Erlaubnis zu geben, mich zu verändern. Ihm zu vertrauen, dass er es vollkommen gut mit mir meint.

Einen Unterschied zwischen dem Ton und uns gibt es jedoch. Während der Ton sich nicht selbst entscheiden kann, ob er auf die Töpferscheibe gelegt wird, können wir sehr wohl eine Wahl treffen, ob wir auf der himmlischen Töpferscheibe bleiben oder herunterspringen. Gott wartet auf unsere Zustimmung.

Martin Schleske formulierte es einmal so: „Glauben heißt erlauben".[1] Was für ein genialer Satz. Glauben heißt, Gott die Erlaubnis zu geben, mich zu verändern. Ihm zu vertrauen, dass er es vollkommen gut mit mir meint. Ich vertraue mich ihm an. Mein Herz lege ich in seine Hände, und er formt es und gibt ihm einen Rhythmus, der sich an seinem eigenen Herzen orientiert.

Eines dürfen wir dabei jedoch nicht vergessen: Die Synchronisierung des Herzens ist keine Serienproduktion des Himmels, sondern ein individuelles, einzigartiges Handeln Gottes. So wie jeder Ton seine eigene Beschaffenheit hat, so ist jedes menschliche Herz unterschiedlich. Und unser Schöpfer weiß am besten, wie er unsere so verschiedenartigen Herzen bearbeiten muss. Er sieht dabei unser „Gewordensein", und in seiner Behutsamkeit geht er an unser Herz heran.

Nachdem ein vollmächtiger Prediger unsere Gemeinde besucht hatte, kamen gutmeinende Leute auf mich zu und sagten: „Günter, in der Klarheit und mit der Kante musst du auch predigen." Das setzte mich zuerst unter Druck. Was sagte mein Papa im Himmel dazu? „Günter, kopiere nicht!

[1] Martin Schleske, *Herztöne,* a.a.O., S.221.

Ja, zeige Profil, aber tue es mit dem Herzen, das ich in dich hineingelegt habe!"

Gott will unser Herz nicht zu etwas Perfektem umgestalten, sondern vor allem zu einem Ort der tiefen Empfänglichkeit seiner Präsenz. Gottes Gegenwart ist so kostbar. Sie ereignet sich immer wieder auch in alltäglichen Situationen, und sie ist die Kraft, die unsere Herzen verändert. Als ich im Mai 2018 auf der Dachterrasse des lutherischen Gästehauses in Jerusalem genüsslich meinen Cappuccino schlürfte, da war sie: Diese Gegenwart Gottes – ein Moment, von dem ich wusste, dass ich ihn nicht festhalten konnte. Aber indem ich ihn tief in mich aufsaugte, spürte ich, wie mein Herz sich weitete und sich mit dem Frieden füllte, der aus Gottes Gegenwart ausströmt. Auch das ist ein Akt von Herzenssynchronisierung.

Ich will das nochmals betonen: Das Synchronisieren unserer Herzen mit dem Herzen Gottes ist keine mühsame Anstrengung unsererseits, sondern es ist ein Wirken des Heiligen Geistes in uns, indem er in uns das wirkt *„was vor ihm wohlgefällig ist"* (Hebräer 13,21 SLT). Diese Tatsache ist so befreiend.

Unser Part besteht aus zwei Dingen:

- Erstens: *Wir müssen es wollen.*
  Dieses Wollen drückt sich vor allem in einem aus: In einem fragenden und suchenden Herzen. Ich zitiere hier nochmals Martin Schleske: „Nur das fragende Herz ist weich. Denn die Fragen machen den inneren Menschen unsicher. Nur Unsicherheit aber macht ihn formbar. Wie sollte der Himmel je einen festen Glauben formen? Er würde zerbrechen."[2]
  Das Wollen ist gleichbedeutend mit dem Suchen und Fragen, das unsere Herzen für die himmlischen Formungen weich hält.

- Zweitens: *Wir brauchen ein inneres Bild, wohin sich unser Herz verändern soll.*

[2] Ebd, S. 234.

> Orientierungspunkt ist das Herz Jesu, das Herz des Vaters, das Herz des Heiligen Geistes. Diesen Orientierungspunkt ein Stück weit zu offenbaren, das ist das Ziel dieses Buches.

Noch ein praktischer Hinweis, der dich entlasten und motivieren soll: Wenn es um die Veränderung unserer Herzen geht, dann ist das kein Geschehen von heute auf morgen. In dem Buch habe ich 24 Herzensaspekte Gottes beschrieben. Welche „Facette“ des Herzens Gottes hat dich besonders angesprochen? In welchem Bereich sehnt sich dein Herz am stärksten nach Veränderung? Nimm dir doch pro Jahr zwei Bereiche vor, mit denen du dich intensiv beschäftigst. Bleib dran, bringe sie im Gebet vor Gott, sprich mit vertrauten Personen darüber und habe Geduld mit dir. Gott hat sie auch ☺. Du wirst erleben, wie dein Herz von oben her synchronisiert wird.

Der Lebensstil einer fortwährenden Synchronisierung meines Herzes mit dem Herzen Gottes ist vergleichbar mit dem Unterwegssein mit einem Fahrrad-Tandem; oder mit einem vierhändigen Klavierspiel. Es ist ein Miteinander, ein Austausch, ein Fließen zwischen mir und meinem Gott.

Eine Verheißung Gottes fasst auf geniale Weise zusammen, was ich durch dieses Buch zum Ausdruck bringen wollte. Durch den Propheten Jeremia lässt er sagen: *„Ich werde euch Hirten nach meinem Herzen geben“* (Jeremia 3,5). Gott ist der Hirte der Menschheit (vgl. Psalm 23) und Jesus beschreibt sich als den „guten Hirten“ (vgl. Johannes 10). Hirten leiten Menschen. Sie inspirieren, gehen voran, schützen und vieles mehr. Gute Hirten brauchen besondere Gaben, aber sie müssen vor allem eines sein: Solche, die nach dem Herzen Gottes sind. Das entscheidende Kriterium ist nicht Qualifikation, sondern Herzenseinstellung – eben ein Herz, das im Einklang mit dem Herzen Gottes schlägt. Ein Herz, das den Prozess der Synchronisierung durchlebt hat und bis zum letzten Atemzug durchlebt. Ja, Herr, Abba-Vater: Das will ich!

Mein Wunsch und mein Gebet ist es, dass von diesem Buch Segen ausgeht. So wie der Spätregen, der das Land nochmals durchdringt und fruchtbar macht. Ein Spätregen, der in Sanftheit herabkommt und bis in die Tiefen unseres Seins Leben freisetzt. Denke daran: Dein Herz ist für Gott der kostbarste Ort auf dieser Welt.

Daher schließe ich mit dem wunderbaren Vers aus dem Buch der Sprüche:

> ***Mehr als alles, was man sonst bewahrt, behüte dein Herz! Denn in ihm entspringt die Quelle des Lebens***
> (Sprüche 4,23).

Weitere Produkte von GloryWorld-Medien

„Himmlische Bücher für die Erde"

Phil Mason, Die Ergründung des Herzens

Eine Einführung in die Herzensrevolution; 240 S., Pb.

Band 1 der Reihe „Übernatürliche Transformation"

Willkommen zur Herzensrevolution! Phil Mason bringt uns mit diesem Buch wieder mit dem Herzen Gottes – und somit auch unserem eigenen Herzen – in Verbindung. Begegnen wir der verschwenderischen Liebe des Vaters, erweckt sie in unserem Herzen eine neue Begeisterung und Leidenschaft.

Jesu Modell der Herzensverwandlung stützt sich nicht auf irdische Weisheit und Methoden. Er möchte, dass wir durch eine Begegnung mit der Herrlichkeit und Macht Gottes verwandelt werden.

Phil Mason, Das Wunder der Neuen Schöpfung

Die Grundlage der Herzensrevolution; 264 S., Pb.

Band 2 der Reihe „Übernatürliche Transformation"

Was genau passiert bei der Wiedergeburt eines Christen? Welche Segnungen gehen damit einher? Wie kommen wir dahin, vom Geist bestimmt zu werden? Und wie geschieht es, dass wir ganz heil werden und immer mehr Christus widerspiegeln?

Phil Mason legt die umfassende Grundlage dafür, dass jeder Christ die Tatsachen und Prozesse versteht, die uns zu siegreichen Christus-Nachfolgern machen. Das ist Voraussetzung für die Revolution, die Gott in seiner Gemeinde gerade in Gang bringt.

Phil Mason, Die Reise des Herzens

Das Handbuch zur Herzensrevolution; 464 S., Pb.

Band 3 der Reihe „Übernatürliche Transformation"

Phil Mason untersucht den Zusammenhang zwischen dem in Band 2 behandelten „Wunder der Neuen Schöpfung" und unserem anhaltenden Bedürfnis nach Befreiung, innerer Heilung und der physischen Transformation unserer neuronalen Pfade, die durch die revolutionäre Wissenschaft der Neuroplastizität offenbart werden.

Das Kreuz ist das Tor zur Herrlichkeit der Neuen Schöpfung, muss aber bewusst ergriffen werden, wenn wir in die Fülle des Lebens eintreten wollen. Lernen Sie den Plan des Himmels für extreme Freiheit und den Empfang der Herrlichkeit des Himmels kennen!

Phil Mason, Die Herrlichkeit Gottes und übernatürliche Transformation

Die geistlichen Prozesse der Herzensrevolution

Band 4 der Reihe „Übernatürliche Transformation"; 560 S.

Die große Verheißung des Neuen Testaments ist die einer übernatürlichen Verwandlung.

Egal, wie sündig oder kaputt unsere Vergangenheit war, Gott hat versprochen, unser Herz vollkommen zu verwandeln und zu heilen.

Die Begegnung mit der Herrlichkeit Gottes ist der Schlüssel für die Verwandlung unserer Herzen. Unser Vater bringt viele Söhne und Töchter zur Herrlichkeit, damit sie dieser Welt seine Herrlichkeit vor Augen führen!

Dr. Charity Virkler-Kayembe / Dr. Mark Virkler

Höre Gott durch deine Träume

Gottes Reden in der Nacht verstehen; 288 S., Pb.

In der Bibel finden wir sehr viele Beispiele für Gottes Reden durch Träume. Auch heute möchte er uns durch Träume wichtige Botschaften zukommen lassen. Doch beachten wir sie oft wenig oder wissen nicht, wie sie zu deuten sind.

Diesem Missstand möchte dieses Buches abhelfen. Die Autoren haben sehr viele Erfahrungen im Umgang mit Gottes Reden gesammelt. Das Buch ist ein praktischer, leicht verständlicher und biblischer Leitfaden, um die Sprache zu verstehen, die Gott in unseren Träumen benutzt.

James Goll

Die Gaben des Heiligen Geistes freisetzen

216 S., Paperback

Der Heilige Geist demonstriert Gottes übernatürliche Kraft durch seine Gemeinde heute, indem seine Herrlichkeit auf globaler Ebene freigesetzt wird. Alle Gaben Gottes sind immer noch voll funktionsfähig, und jeder einzelne Gläubige ist dazu bestimmt, im Fluss Gottes zu leben und seine Bestimmung zu erfüllen.

James Goll zeigt auf, wie der Heilige Geist durch die neun bekanntesten Geistesgaben wirkt und wie wir sie unter Gottes Leitung für die Erfüllung des Missionsbefehls einsetzen können.

Anhand vieler anschaulicher Beispiele aus der Bibel und aus der Gegenwart lernen wir, wie geistliche Gaben in der Praxis funktionieren. Aber es geht in diesem Buch nicht nur darum, wie man seine geistlichen Gaben entdeckt oder empfängt, sondern wie man sie freisetzt und weitergibt!

Für das vertiefte Studium ist ein Arbeitsbuch erhältlich.

Don Atkin, Wie der Vater, so der Sohn

Jünger machen nach dem Herzen Gottes; 192 S., Paperback

Wie können die Vaterlosigkeit und Waisenmentalität, die sowohl unsere Gesellschaft als auch weite Teile der Kirche/Gemeinde prägen, im Geist Christi überwunden werden?

Jesus, der vollkommene Sohn offenbarte Vater- und Sohnschaft als Weg unserer Bestimmung. Don Atkin zeigt auf, wie dadurch, dass natürliche und geistliche Väter – im Einklang mit dem Wirken des Heiligen Geistes – für Einzelne Verantwortung übernehmen, reife Söhne und Töchter hervorgehen. Weiter gibt er praktische Richtlinien zur persönlichen Jüngerschaft. Eine Pionierleistung auf diesem dringlichen Themenfeld.

Wayne Jacobsen

Die Gemeinschaft der Neuen Schöpfung

Wie wir sie finden und warum es noch so viel mehr gibt

272 S.; Paperback

Wenn Sie sich, wie viele andere, gefragt haben, ob die Gemeinde Jesu noch mehr sein könnte als die religiösen Institutionen, die wir nach 2000 Jahren vorfinden, werden Sie sich mit diesem Buch befassen wollen.

Gottes Gemeinde kann unmöglich durch menschliche Anstrengungen geformt und erhalten werden, sondern ist die Frucht einer neuen Schöpfung von Männern und Frauen, die jenseits menschlicher gesellschaftlicher Konventionen leben und ein Leben in Jesus teilen, das auch ihren größten Hunger stillt.

Henk Bruggeman

Das Herz des Vaters entdecken

Unsere Identität als Söhne und Töchter Gottes empfangen;

200 S., Paperback

Gott sehnt sich mehr denn je danach, seinen Kindern sein Vaterherz zu offenbaren. Er möchte, dass wir ihn nicht nur mit dem Kopf, sondern vor allem mit dem Herzen kennenlernen. Statt einer Distanziertheit soll eine innige Vertrautheit unsere Beziehung zu ihm prägen. Darüber hinaus möchte er uns aber eine neue Identität schenken: die Identität der Sohnschaft.

Diese Botschaft verändert nicht nur einzelne Menschen, sondern hat auch Folgen für die Struktur von Kirchen und Gemeinden. Das Beste ist aber, dass wir den Vater so kennenlernen werden, wie er wirklich ist. Dadurch entdecken wir mehr und mehr, wie wir als echte Söhne und Töchter Gottes leben können.

Wayne Jacobsen, Geliebt!

Tag für Tag in der Zuneigung des himmlischen Vaters leben

240 S., Paperback

Jeden Tag ein Leben zu führen, in dem wir völlig sicher sind, dass wir bedingungslos von Gott geliebt sind – ist das tatsächlich möglich, und wie sieht das konkret aus?

Wayne Jacobsen bringt uns Schritt für Schritt nahe, wie tief die Liebe Gottes zu uns tatsächlich ist. Wir entdecken dabei, dass wir zu Söhnen und Töchtern berufen sind. Die liebevolle Zuneigung unseres Vaters im Himmel gilt uns in allen Umständen. Wir erfahren eine lebendige Beziehung zu ihm, die uns von der Qual der Scham befreit und uns so verändert, dass wir als seine Kinder leben können.

Blake K. Healy, Durch den Schleier sehen

Eine Einladung in die unsichtbare Welt; 176 S. Paperback

Blake K. Healy sieht Engel und Dämonen seit seiner Kindheit – und zwar so klar wie natürlich sichtbare Dinge. Er sieht zum Beispiel Engel in Anbetungsgottesdiensten tanzen und Ermutigungsworte in die Ohren von Menschen flüstern, doch genauso sieht er auch Dämonen, die sich an Leute heften und so Abhängigkeiten, Lügen und Bitterkeit in deren Herzen und Gedanken aufrechterhalten.

In diesem Buch erzählt er einige dieser Begegnungen und wie er in dieser Gabe reifte und dabei die Angst und Verwirrung über die Dinge, welche er sah, überwand. Und ebenso, und wie er lernte, die Gabe des Sehens zu Gottes Verherrlichung zu nutzen und andere darin zu lehren. „Ich wollte nicht, dass dieses Buch jemals endet!" (Bill Johnson)

Blake K. Healy, Unzerstörbar

Führe deine geistlichen Kämpfe aus der Perspektive des Himmels; 192 S., Pb.

Welche Fallen und Taktiken wenden Dämonen an, und wie können wir diese meiden?

Blake K. Healy kann schon seit seiner Kindheit Engel und Dämonen sehen. Dieses Buch fasst zusammen, was er in über dreißig Jahren über die Pläne des Feindes und ebenso die des Himmels entdeckt hat.

Wir lernen, wie wir die Komplotte, Pläne und Lügen des Feindes aufdecken und abwehren können und gleichzeitig die Pläne des Himmel vorantreiben können.

Sein Hauptanliegen ist dabei, dass wir den geistlichen Kampf nicht aus eigener Kraft, sondern aus der Perspektive des Himmels führen, und ein Leben aufbauen, das unzerstörbar ist.

Dann können wir in unserem Umfeld – unserem Wohnviertel, unseren Schulen, Städten und Ländern – zu einem Leuchtfeuer der Herrlichkeit Gottes werden.